2023年度教育部人文社会科学研究规划基金项目：
精准思政视域下高校学生成长智慧社区构建研究
项目批准号：23YJA710046

# 精准思政视域下高校学生成长智慧社区构建的理论与实践

徐初娜 著

中国旅游出版社

# 前　言

高素质技术技能人才是高质量发展的重要支撑，培养适应新质生产力发展要求和行业产业发展变革所急需的高素质人才是高等职业教育的使命担当。而高素质人才关键是"德技并修"，既要技艺精湛，更要德智体美劳全面发展。然而，在高校人才培养中如何真正做到立德树人，推动学生由被自主学习向真正自主学习转化，并通过提升学生综合素质，促进其职业技能和应用能力提升以适应新质态仍面临诸多挑战。

浙江旅游职业学院因地制宜建立16个学生社区小单元，通过信息技术与教育教学深度融合，创新性地构建了集思政教育精准化、学生成长多元化、应用场景数字化于一体的"一站式"智慧社区，形成精准育人大场景。为学校提高成长教育的智能化、精细化水平，更好引导学生个性发展和全面成长提供了范式。

浙江旅游职业学院学生成长教育"一站式"智慧社区的形成经历两个阶段：① 2009—2017年，学校以"阳光工程"系列育人项目为载体，实施了思想素质、人文素质、职业素质与身心素质并重的"四位一体"综合素质教育改革，通过多元融合的教育实践，有效提升学生综合素质，在学生成长教育方面取得了明显成效；② 2017—2019年，以教育部首批信息化试点项目为契机，探索了智慧协同育人内涵、机制，构建学生成长教育"一站式"智慧社区，充分发挥数字化优势，实施"一生一策"精准提升学生综合素质，并基于社区育人和数字化融合的理念，经过多年探索与实践，于2019年建成"小单元、大场景：学生成长教育'一站式'智慧社区"。

学生成长教育"一站式"智慧社区主要解决三大问题。一是学校在思政育人中存在精准施策、精深落实不到位问题；二是学校在学生素质教育中存在重技能轻综合素质培养问题；三是学校在学生成长教育中缺乏动态、立体的评价体系问题。针对这三大问题，学校解决方案如下：

**1. 创建"24小时不打烊"成长教育"一站式"智慧社区应用场景，促使思政育人精准水平全面提升**

构建思政育人大场景。以学生为中心构建了党建、乐学、乐业、劳作、创新、书香、润心等16个功能型"社区活动"小单元；构建了"实践啦·劳动在线""每天运动1小时·活力在线""综合素质·成长在线""学工助手·帮扶在线""智慧后勤·服务在线"等应用场景；构建了社区育人协同联动机制，各级领导干部践行"一线规则"，扎根社区，建立由干部、师生、校友、匠师等组成的12支共计289人的社区育人队伍，形成"处处、人人、时时"的育人大场景。

实施成长育人数智化。建立了学生工作数据中枢，实现社区育人数据互联互通；搭建了全场域的无感智能化预警平台，学生行为预警有效率从98%提升到99.92%；构筑了家校社学共治的"一站式"育人共同体，形成了全员育人信息化、全过程育人可视化、全方位育人一体化格局；打造了"一站式"云学习平台，沉浸式育人场景100%覆盖。

**2. 创建思想与人文、职业、身心和劳动教育"四维融合"的素质教育模式，促使学生综合素质全面提升**

思想与人文素质教育融合。链接16个社区单元建成人文素质教育导航空间站，实现"高雅艺术进校园"活动全时空，"特长+"文旅融创竞赛全年段。建立人文素质提升实践清单，强化校园隐性课程体系化教学，使学生从单纯"工具人"转变成"技高""品端"的全面人。

思想与职业素质教育融合。打造创业就业智慧服务平台，企业家、劳模工匠进社区，赋能"思想素质+职业技能"融合培养，使学生牢固树立敬业爱岗精神。用人单位满意度达98.7%。

思想与劳动素质教育融合。创建"实践啦·劳动在线"劳育平台，成为全省特色应用场景之一。将思想素质教育与劳动教育相结合，设立"劳动素养学分制"，开展"中国服务之美"劳动教育。每年学生通过"一站式"平台参与劳动实践达6万人次以上。

思想与身心素质教育融合。建成"智慧心理"和"每天运动1小时"数字化应用场景，将思想素质教育与心理育人、美育、体育相结合，开展"阳光心理""阳光体育"等系列活动。学生满意度99.34%。

**3. 创建"阳光育人""三证制"学生成长评价体系，促使学生的成长评价更加立体化、科学化、精准化**

2007年起实施"阳光育人"评价改革，构建一路阳光（人文素质）、一技之长（职业素质）、一生微笑（身心素质）、一流服务（劳动素质）综合素质模块化评价体系。2019年起利用"一站式"的数字化平台推行毕业证、职业技能证、综合素质学分证"三证制"评价改革，对学生成长进行全过程增值性评价。该项改革入选全省典型案例。

浙江旅游职业学院学生成长教育"一站式"智慧社区经历了5年实践检验，秉持智慧化精准育人理念，为高职院校学生成长教育提供了新路径；倡导多元融合的素质教育理念，为高职校由"谋业"教育向"人本"教育转变提供了新模式；推崇学生成长个性化和全面发展相融合理念，为高职校成长教育评价提供了新体系。其创新点在于：

**1. 探索了融物理空间、精神空间、虚拟空间一体的精准育人新路径**

精准驱动思政育人。充分发挥"一站式"智慧社区融物理空间和数智化社区育人协同联动机制的育人功能，将传统思想政治教育与大数据、人工智能应用技术等数字技术深度融合，实现成长育人精准化。

精准聚焦学生成长。通过无感采集"一站式"学生社区各类学生行为大数据，构建学生工作数据中枢和无感预警机制，整合社区育人资源，实现了学生成长教育"一生一策"。

精准解决重难问题。通过学生成长的大数据分析及预警管理，充分挖掘数据价值，聚集学生成长的重点难点问题，整合育人资源，注重实践教育、知行合一，增强了成才成长教育的针对性。

**2. 构建了思想与人文、职业、身心、劳育相融合的素质教育新模式**

思想教育与人本化教育深度融合。突出"德性"建构和人文化育人"人本"导向，深化了德智体美劳五育并举的育人体系，实现学生综合素质全面提升，使学生成长教育由单一技能掌握的"谋业"教育向个体综合发展的"人本"教育升级。

教育目标、内容、场景深度融合。通过创建"一站式"学生社区核心应用场景，建立社区育人活动数字化管理机制，系统设计综合素质类的社区育人活动，将学生成长教育目标、内容和场景深度融合，推动育人活动"智"理有道、"慧"及学生。

**3. 创建了学生成长中共性和个性相融合的全过程增值性评价新体系**

注重学生德智体美劳全面评价。通过设立六项标兵评选的荣誉性评价，有效推行"阳光工程"育人行动的实施，构建了"德智体美劳"五育综合评价体系。真正摒弃了以数据呈现的"满分"替代育人现实的"满分"。

创新学生综合素质多元化评价。通过推行"三证制"学生综合评价制度改革，实施模块化综合素质评价改革，借助"一站式"智慧平台，使学生成长教育评价从主观经验评价向数智化精准评价转变，从而促使对学生成长教育由事后被动帮扶向即时主动帮扶转变。

浙江旅游职业学院学生成长教育"一站式"智慧社区的推广应用效果显著。

首先，人才培养质量高度认可，体现在学生就业竞争力持续提升，毕业生就业率始终在98%以上，2021年的疫情期间就业率达到99.27%水平，用人单位满意度达98.7%。学生德智体美劳全面发展。学生综合素质整体水平持续提升，涌现出"全国技术能手"阎晗、"全国青年岗位能手"江博、"最美浙江人"夏振辉等为代表的一大批优秀学生，连续5年有学生获国家奖学金特别奖。学生创新达成力明显增强。"一站式"成长教育使学生创新能力不断增强，近年，共获全国职业院校技能竞赛奖56项，其中，由团队教师指导的"阳光工程"获世界职业院校与技术大学联盟（WFCP）"学生支持服务卓越奖"，《路易面团——冷冻面团全球化行业领军者》《旅邦科技——中小旅行社数字化革新引领者》分获中国国际大学生创新大赛金奖和铜奖，《云知村——数字赋能旅游业振兴乡村引领者》获"振兴杯"全国青年职业技能大赛金奖冠军。

其次，成长育人水平显著提升，团队教师牵头制定《浙江省高校智慧校园建设评价指标体系》《旅游职业教育人文素养课程设置指南》（标准）。团队教师的《精准思政视域下高校学生成长智慧社区构建研究》等3个教育成果相关项目获教育部人文社科研究项目立项，《以精准思政为抓手，创建"一站式"学生成长智慧社区》获教育部2023年度高校思想政治工作精品项目，数治"五个一"打造有温度的育人服务、"实践啦·劳动在线"高校劳动教育"一站式"解决方案入选2022浙江省高校数字化改革成果巡展成果，在国内高职院校中被广泛借鉴。"一站式"成长教育成果入选教育部职业院校"三全育人"典型案例，成果负责人"以智慧思政助力学生成长"为主题在中国高等教育学会举办的有350所高校800多人参加的会议上做典型经验交流发言。

最后，成长教育团队示范引领作用强，团队中有省级教学名师2名、国家级课程思政教学名师7名，有国家级课程思政示范课教学名师团队2个、教育部辅导员名师工作室1个、国家技能大师工作室1个，"旅游劳模大师工作室"获文旅部"全国模范团队"称号。团队教师获省级及以上思政教育荣誉60项，围绕本成果建设，完成省级及以上相关课题31项，出版专著2部，发表成果相关论文18篇，出版本成果相关的教材7部，特别是"精准思政""一站式"成长教育模式和实践创新成果在高职教育界产生了广泛影响。

浙江旅游职业学院学生成长教育"一站式"智慧社区在全国同类院校影

响广。学校是教育部首批信息化试点高校、教育部第一批职业院校数字校园建设试点学校、教育部"一站式"学生综合管理模式建设试点单位、是全国首批高等职业院校"育人成效50强"学校和学生发展指数优秀校，是浙江省首批智慧思政特色应用试点高校、浙江省职业教育"三全育人"典型校，《"四维合一"深化"三全育人"改革》作为全国职业院校"三全育人"典型案例在中国教育新闻网及相关媒体展示，影响广泛。团队成员在全国及省内各类会议上作为典型发言20多次，杭州师范大学、浙江机电职业技术大学、上海旅游高等专科学校等150余所省内外高校来校交流学习，我校学生成长教育"一站式"智慧社区建设的经验和成效得到社会、新闻媒体、高校同行和教育管理部门的充分肯定受到社会和媒体高度关注。《人民日报》、《中国教育报》、《浙江日报》、《浙江教育报》、《中国旅游报》、教育部网站、人民网、光明网、浙江在线、新浪网等主流媒体广泛报道，关注量达100多万人次。

徐初娜<br>
2024年6月

# 目 录

**第一章　精准思政的理论与现实意义** ········································ 1
第一节　精准思政的理论来源 ················································ 1
第二节　精准思政的演进及内涵 ············································· 11
第三节　精准思政的理论价值与实践意义 ································· 22
第四节　精准思政的实践探索与启示 ······································· 33

**第二章　高校学生成长智慧社区的价值与作用** ···························· 45
第一节　高校学生智慧社区的理论依据及概念阐释 ····················· 45
第二节　高校学生智慧社区与学生成长的关系 ··························· 55
第三节　学生成长智慧社区与精准思政的关系 ··························· 67
第四节　学生成长智慧社区与精准思政的融合体系 ····················· 78

**第三章　高校学生成长智慧社区的实践探索** ······························· 90
第一节　学生成长智慧社区的构建原则与基本路径 ····················· 91
第二节　学生成长智慧社区的构建方法与具体步骤 ··················· 102
第三节　以学生成长为中心的精准思政策略的应用体系 ············· 117

**第四章　精准思政在学生成长智慧社区中的样本案例研究** ·········· 127
第一节　劳动育人：实践啦·劳动在线 ································· 127
第二节　体育育人：每天运动1小时·活力在线 ······················ 141
第三节　服务育人：智慧后勤·服务在线 ······························ 149

| 第四节 | 实践育人：综合素质·成长在线 | 162 |
| --- | --- | --- |
| 第五节 | 管理育人：学工助手·帮扶在线 | 172 |

## 第五章　高校学生成长智慧社区的功能探析......183

| 第一节 | 智慧化识别 | 183 |
| --- | --- | --- |
| 第二节 | 智慧化协同 | 194 |
| 第三节 | 精准性辅助 | 207 |
| 第四节 | 精准性分析 | 215 |

## 第六章　高校学生成长智慧社区的展望......231

| 第一节 | 本书研究结论总结 | 231 |
| --- | --- | --- |
| 第二节 | 对高校学生成长智慧社区建设的建议与对策 | 241 |
| 第三节 | 对未来研究的展望与期待 | 247 |

致　谢......253

# 第一章
# 精准思政的理论与现实意义

随着全球化和信息化的深入发展,思想政治教育面临着前所未有的挑战和机遇,传统的思政教育方式已经难以适应新时代大学生的需求。如何更好地适应时代发展的需要,提高思想政治教育的针对性和实效性,成为摆在教育者面前的重要课题。在这样的背景下,"精准思政"应运而生,成为引领高校思想政治教育创新发展的重要理念。

## 第一节 精准思政的理论来源

"精准思政"作为新时代思想政治教育的重要理念和实践方向,其理论来源是多元化的,涵盖了马克思主义人学理论、思想政治教育学原理、心理学理论以及教育学原理等多个领域。这些理论为"精准思政"提供了坚实的理论基础和丰富的实践指导。通过对理论来源的深入剖析,可以更好地理解"精准思政"的核心要义和实践要求,为新时代大学生思想政治教育的创新发展提供理论支撑和实践指导。

# 一、马克思主义人学理论

马克思主义人学理论的科学内涵涵盖了人的本质、自由全面发展、价值和尊严以及社会实践等方面，为我们认识和理解人的存在和发展提供了科学的理论指导。

## （一）马克思主义人学理论的基本内涵

第一，关于人的存在。人的存在是人学理论的基本出发点，是所有与人有关的事物的开端。人学理论认为人的存在是一种现实性的存在，是存在于某一时空始终的真实生活着的人。以往的思想政治教育往往将教育对象（学生）视为抽象个体，忽略了人是基于现实生活的实体存在，其精神活动植根于物质实践活动之中。马克思曾明确指出，人的精神活动起源于物质活动，即使社会历经长期演变，人的精神世界依旧深深根植于现实基础。因此，当下的思想政治教育理应牢固把握"现实的人"这一根本出发点，紧密贴合教育对象的实际生活状态，这样才能真正触及思想政治教育的实施关键。

在当今物质文明高度发达而精神生活日益紧迫的社会背景下，大学生群体表现出对物质成就的追求和精神寄托的双重需求。社会的快速变迁刺激了大学生对物质成功的向往，使他们更倾向于从实际出发，但同时，年青一代对精神引领和关怀的渴求也更为显著，这种需求比过去任何时期都显得更为强烈。思想政治教育工作者的任务，便是立足于大学生的现实情境，深入理解他们在现实生活中的物质与精神双方面的真实需求，以此为依据，探索适应当前时代的教育规律。这意味着要细致入微地洞察学生的实际状态，兼顾他们的物质追求与精神向往，从而精准有效地开展思想政治教育，确保教育活动既贴近学生的现实需求，又符合时代的发展趋势。

第二，关于人的本质。马克思主义人学理论的核心观点认为，人的本质在于其社会关系的总和，这揭示了人的存在和发展是社会性的，是在社会实践的动态过程中逐渐形成和发展起来的。人的本质属性深受社会环境的塑造，表明人的行为模式和思维观念都深受社会结构和文化的影响。人的本质作为马克思主义人学理论的核心议题，构成了研究个体与他人、个体与社会关系的逻辑起点，强调人类与动物的根本区别在于人的社会属性，即人通过意识活动构建复杂社会结构，这是动物所不具备的。

人的本质特征可以概括为三个基本维度：首先是劳动或实践活动，这是人类社会关系产生的基础，也是人类实现自我存在和发展的关键途径；其次是社会关系的多样性,任何个体都不可能孤立存在,而是处于多种社会关系的交织中,这些关系共同构成了人的本质;最后是人的需求,它是推动劳动实践和社会关系形成的根本动力。人的需求、实践活动与社会关系相互作用,共同定义了人的本质属性。

思想政治教育的根基正是建立在对人的本质深刻理解之上,旨在培养个体成为符合特定社会需求的人[1]。在高等教育领域,思想政治教育应深入借鉴马克思主义人学视角,将教育对象视为具有本质特性的个体,深入剖析和响应其真实需求,理解并引导人性的健康发展,旨在培养教育对象形成正确的人际关系观和社会角色意识。这要求教育者从更深层次把握个体本质,通过教育活动引导学生深入理解个人与他人、个人与社会的互动关系,使他们能够在明确的目标和方向指引下,更加自觉和有效地参与到社会实践中去。

第三,关于人的自由全面发展。马克思主义人学理论强调,人的自由全面发展是人类社会的最高价值追求。自由是指人在认识和改造世界的过程中,能够摆脱各种束缚和限制,实现自我发展和自我实现。全面发展则是指人在身体、智力、情感、道德等各个方面都得到充分的发展和提升。马克思主义人学之所以在哲学体系中占据核心地位,关键在于其深刻揭示了人类社会的本质——人的中心地位。人学理论在聚焦人的本质与存在的同时兼顾人的发展进程,强调人的价值的彰显与实现,为思想政治教育提供了坚实的基础。加强对大学生个性化特质的发掘与培养,是顺应社会多元化趋势、促进社会全面发展的关键策略,意味着思想政治教育在此背景下应当扮演更为积极主动的角色,采取更为高效与针对性的教育模式,超越传统知识灌输的局限,转向关注学生个性化成长的需求,深度履行其在人才培养、人格塑形及成就未来领导者方面的根本职责。从实践层面考虑,将个体发展作为教育的导向,易于在大学生群体中激发共鸣,首先激发个人成长的动力,继而引导个人发展目标与社会发展愿景相协调,使个人成长成为社会发展的重要驱动力。

第四,关于人的价值和尊严。马克思主义人学理论认为,每个人都具有独特的价值和尊严。人的价值和尊严不仅体现在个人的自由全面发展上,还体现在对社会和他人的贡献上。马克思主义强调要尊重和保护每个人的权利和尊严,反对任何形式的剥削和压迫。

第五,关于人的社会实践。马克思主义人学理论认为,人的社会实践是人的存在和发展的基础。社会实践不仅创造了物质财富和精神财富,还塑造

---

[1] 苏文伟,王茜. 马克思主义人学视角下高校思想政治教育有效性问题研究[J]. 黑龙江教师发展学院学报,2020(1).

了人的性格、价值观和行为方式。人的社会实践具有历史性、阶级性和世界性等特点，是马克思主义人学理论的重要组成部分。

## （二）马克思主义人学理论与精准思政的内在联系

"精准思政"的理论来源，首先可以追溯到马克思主义人学理论。马克思主义人学理论视人的全面发展为社会发展的最高目标，为此精准实施思想政治教育奠定了坚实的哲学基础与实践策略框架，在此框架下，思想政治教育担当着催化个体全面发展关键杠杆的角色。"精准思政"强调要关注学生的个性化需求和发展，尊重学生的主体地位和差异性，通过精准的教育策略和方法，促进学生全面成长，为马克思主义人学理论在高校思想政治教育领域的发展提供了现实基础和实践条件，这既是对马克思主义人学理论的继承，也是对新时代高校思想政治教育工作的创新探索。思想政治教育则被视为推动这一目标实现的关键路径。在此基础上，精准思政理念的提出是对马克思主义人学理论的当代发展与创新应用，旨在针对高校学生群体的多样性与个性化需求，实施更加精确、高效的教育策略。

马克思主义人学理论是一个广泛而深刻的体系，尽管并未直接阐述"精准思政"这一术语，其核心思想与原则却与精准思政理念有着内在的一致性与相辅相成的关系，"精准思政"的理念与马克思主义人学理论中的某些核心观点是相契合的。比如，在"精准思政"中，教育者需要关注学生在社会关系中的成长和发展，根据他们的社会关系背景来制定精准的教育策略；如"人的需要即他们的本性""人的自由发展是一切发展的前提"，这一观点强调了指出了人的需要是推动人发展的内在动力，在"精准思政"中，教育者应该尊重学生的个性，深入了解学生的需要，根据他们的实际需要来制定教育内容和方法，提供多样化的教育路径，以促进他们的自由而全面地发展，满足学生的个性化需求；如"一切发展生产的手段都同时是发展个人才能的手段""教育必须与生产劳动相结合"，教育者应当关注学生在不同领域和层面的才能发展，以及学生的社会实践和劳动经验，将思想政治教育与实际生活和工作相结合，帮助他们充分发展自己的潜能和才能，以提高教育的针对性和实效性。另外，列宁提出，"教育应当使每一个人，无论他是哪个民族的，无论他在什么社会地位上，都能在自己身上培养和发展出他的体力和智力"。列宁强调了教育的普遍性和平等性，认为每个人都应该有机会发展自己的体力和智力。在"精准思政"中，这意味着教育者需要关注每个学生的个体差异和多样性，确保每个学生都能得到适合自己的教育资源和机会，实现全面而均衡的发展。

综上所述，精准思政策略的提出与实施强调教育的个性化、实践性和发展性，通过深入分析和理解学生个体差异，精准设计教育策略，提升教育的针对性和实效性，推动学生的自由全面发展，体现了马克思主义人学理论的现实指导意义，是对马克思主义人学理论在高校思政教育领域的创新运用，为新时代思想政治教育工作提供了理论指导和实践框架。

### （三）马克思主义人学理论对思政教育的价值

第一，强调以生为本，注重育人需求。在探讨高校思政教育的实效性提升问题时，我们需要深入理解和运用马克思主义人学理论，以确保教育过程与现实世界紧密相连。当前，高校思政教育面临的挑战之一在于部分教育者在实践中过于理想化，将大学生视为抽象的、理想的个体，而非现实的、具有个性化需求的个体。这种倾向不仅与马克思主义人学理论相悖，还制约了思政教育实效性的提高。马克思主义人学理论强调，人是现实的、具体的存在，其需求、动机和行为都受到特定历史和社会条件的制约。因此，在高校思政教育中，教育者应当更加注重学生的现实需求和个性化发展，不仅要满足大学生对于知识、技能和价值观的基本需求，还要尊重他们的个人兴趣、特长和职业规划，帮助他们实现自我价值。

通过融入马克思主义人学理论，我们可以更好地理解思政教育的本质，即"以人为本"的育人理念。这一理念要求我们在教育过程中，既要关注社会的需要，也要关注个体的需要，既要注重知识的传授，也要注重能力的培养和价值的塑造。只有这样，我们才能培养出既符合社会需求，又具备个性化价值的人才。同时，马克思主义人学理论还强调，人生活的世界是现实的、具体的。因此，在思政教育中，我们应当注重引导学生关注现实世界，了解社会现状和发展趋势，培养他们的社会责任感和使命感。通过引导学生关注现实、思考现实，我们可以提高思政教育内容的亲和力，增强学生的学习兴趣和参与度。

第二，坚持发展眼光，注重学生需求。思政教育历来强调"以人为本"的理念，旨在彰显教育的人文关怀。然而，这种理念往往偏重于塑造学生成为社会所需的人才，主要侧重于塑造学生以符合社会期望的角色，而忽视了学生个性化发展的需求。对于当代大学生而言，他们更渴望得到尊重和理解，而不是被强制塑造成某种形象。因此，借鉴马克思主义人学理论对思政教育进行改进显得尤为重要。

马克思主义人学理论的引入，旨在从根本上转变思政教育的定位，即从促进学生的全面发展出发，实现教育视角向学生主体的真正转移。这要求教育实践需紧密贴合学生的实际成长需求，设计出既能激发学生精神动力，又符合其个性发展蓝图的思想意识形态培养方案。该过程强调对学生的多元价值观和个性化需求持开放与尊重态度，教师需扮演引导者的角色，在鼓励个性发展的同时，微妙调整引导策略，确保学生发展方向的正确性，并巧妙地将思政教育元素融入其中，激励学生主动将个人成长目标与社会需求相协调，形成积极的自我驱动机制。深入探究马克思主义人学理论，有助于教育者深化对个体与社会互动关系的理解，明确思政教育的精准切入点与评价标准。与过往偏重单一维度——学生对社会发展责任的强调不同，人学理论强调了个人价值实现与社会价值需求间的相互促进关系，这一现实主义视角促使学生更加深刻地认识到，个人的成长与贡献是与社会进步紧密相连、相辅相成的。因此，通过马克思主义人学理论指导下的思政教育改革，不仅能够增强教育的人文关怀与时代适应性，还能有效激发大学生的内在潜能，促进其在实现自我价值的同时，为社会和谐与国家建设贡献力量。

第三，丰富育人手段，充实育人内涵。思政教育的核心任务是培育全面发展的人才，其本质并非简单灌输既定观念，而是促进个体自主认知与发展。随着国家发展蓝图的升级，增强民众幸福感成为社会发展的重要指标，这不仅体现了深化的人文关怀，也凸显了以人民利益为核心的发展导向。在这一框架下，思政教育的目标在于锻造既符合社会进步所需，又能体验个人幸福与成就感的综合型人才。融合马克思主义人学视角，思政教育能更精准地对接学生的实际需求，教育模式亦将变得更加灵活多维。人学理论的融入，为教育实践开辟了新路径，教育者得以采用更多元、更具实践性的策略，替代单一的理论传授，促使学生能从"生活实践者"的角度，主动探索自我、现实世界与思政教育间的内在联系，内化道德观念与精神导向。更进一步，人学理论提升了思政教育的文化内涵与深度，使之成为一种富含人文精神的教育实践。它促使学生在领悟人际关系及社会动态的过程中，深刻把握人的存在意义与价值追求，从而在心灵深处激发起对个人成长和自我完善的渴望。总之，人学理论的应用不仅丰富了思政教育的方法论，还增强了其引导学生自我觉醒、实现个人价值与社会责任和谐统一的能力。

## 二、习近平总书记关于精准思维的重要论述

精准思维闪耀着马克思主义世界观和方法论的光辉，为高校思想政治教育工作提供了新思路、新方法。学习研究和系统阐释习近平总书记关于"强化精准思维"的重要论述，对提升新时代广大高校思政工作者的精准思维能力和水平具有重要现实意义。

### （一）精准思维的科学内涵

首先，精准思维是一种哲学思维，集中体现事物的质量度辩证统一。质、量、度都具有精准性，要求进行精准分析、把握分寸。精准思维之准，须在质、量和度三个方面体现出来。如果在质、量、度上不精准，就难以把握事物的质、量、度的规定性，就谈不上精准把握事物了。定性、定量、定度上的精准是精准思维的第一个内涵，具有哲学基础。

其次，精准思维是一种思想方法，集中体现了实事求是的内在要求。实事求是既是马克思主义的认识路线，也是我们党的思想路线。作为认识路线和思想路线，实事求是内在要求对"实事""求是"作精准研析，反对主观臆想，反对用一般代替具体，杜绝研析中的"大概""大约""估计"。只有做到精准研析，才有助于做到实事求是。要真正做到实事求是，就必须注重精准研析，精准思维是实事求是思想路线在新时代的发展。用大众化的表述，就是"把准脉""开准方"，它既要求以科学精神来看待事物，以实证分析方法分析问题，做到精准把脉，又要求"开准方"，即对症下药、量体裁衣、因材施教，方法准、见效准。习近平总书记注重精准调研，坚持的就是这种思想方法。为了做到精准调研，他提出调查研究"五字经"，即"深、实、细、准、效"。精准研析是精准思维的第二个内涵，表达的是一种科学思想方法。

再次，精准思维是一种敬业态度，集中体现为弘扬工匠精神。弘扬工匠精神，就是找准穴位、对准焦距、下点要准，就像工匠打铁一样，一锤一锤地敲，敲准敲实，久久为功。一件工艺品做得精致，就与工匠精打细敲有关。工匠精神的核心，就是好比"绣花功夫"的执着专注、一丝不苟、精雕细刻、持之以恒、精益求精、追求卓越、久久为功，它追求的是"专""准""细""恒""精""卓"的"道技合一"的境界。弘扬"工匠精神"，就要在一定意义上坚持少而精、小而美，避免多而粗、大而丑，把事业做到极致。习近平总书记多次强调要弘扬工匠精神。弘扬工匠精神是精准思维的第三个内涵，彰显的是一种敬业态度。

最后，精准思维是一种管理方式，集中体现为精细化管理。管理方式众多，精细化管理是其中一种。精细化管理有三种含义：一是注重细节管理。在管理中注重微观、细节，从大处着眼、从小处着手，"件件有着落、事事有回音"，善于将各项工作任务精细化为若干具体的小任务并逐一解决，强调任务精准到点、责任落实到人，确保"今日事今日毕"。二是注重差异管理。任何事物都具有质、量、度的差异，要管理得好，就必须注重差异管理。差异管理的具体体现，就是分层管理或分级管理。因为事物因质、量、度不同而区别开来并呈现出差异，这种差异具体体现为事物是分层次、分层级、分级别的。只有注重分层管理或分级管理，才有助于做到精准。三是注重精细管理。在管理成效上，要强化精准落地、精细效果，不能把说了当成做了、把做了当成做好了，要加强精准监督评价。精细化管理是精准思维的第四个内涵，倡导的是一种精致的管理方式。

## （二）精准思维指导精准思政的开展

党的十八大以来，精准思维作为一种重要思想和工作方法，贯穿高校思政工作的方方面面，精准思维要求高校在开展思政工作过程中在准确判断基础上进行精准谋划、精准施策、精耕细作、精准发力、精深落实、精益求精，积极回答培养什么样的人、如何培养人以及为谁培养人这个根本问题。精准思维作为一种科学的分析与决策方法，为高校精准思政工作的有效开展提供了理论支撑与实践路径。

第一，信息采集与分析的智能化，奠定精准思政的数据基础。在精准思维模式的严谨指引下，高等学府思想政治教育活动的首要战略目标，是建构一套高效率、智能化的信息获取与解析体系。该体系需巧妙融合大数据技术的广度、云计算的灵活性以及人工智能的深度学习力量，对涉及学生互联网行为模式、社交平台活动轨迹、学业成就等多个维度的数据实施深度探索与综合性评估，以绘制出全方位、多层析的学生特征肖像。此进程不仅着重于数据的广泛捕获，更侧重于数据的精细阐释与实战应用，力保所采集信息的最新时效性与无误精确性，为后续的精细化策略规划铺设坚实的分析地基。借助先进的算法模型工具，系统能够精准解码学生的思想趋向、价值观念框架及未显需求，为实行高度针对性的思想政治教育策略提供坚实的理论与实证支撑。实例而言，采纳自然语言处理技术来剖析学生在论坛、社交媒体上的言语表达，能够敏锐探测到学生的思想微妙变化及当前关注焦点，从而为设计有的放矢的思想政治教育方案输送关键性的导向信息。

第二，个性化教育方案的构建，实现精准施教的教育愿景。精准思维指导下的精准思政的核心在于"因材施教"，即根据不同学生的特点与需求，定制个性化教育方案。在高校思政工作中，这意味着要打破"一刀切"的教育模式，转向更加灵活多样的教育策略。通过深入的数据先行分析，学校能够构思出层次分明、针对鲜明的思政教育课程结构，比如创设与各学科专业紧密接轨的思政课程，旨在将价值观培育巧妙嵌入专业教育的机制之中；利用智能化的资源匹配算法，为学生推送符合其兴趣与认知水平的思政学习资源，以此深化学习体验的个性化维度。鼓励教师运用案例教学、情景模拟等教学法，旨在拉近理论与现实的距离，提升教学内容的亲和力与感染力，激励学生积极参与思维互动，进而内化并认同既有的价值观念体系。这种精细化的操作不仅强化了教育的针对性与实效性，也促进了学生批判性思维与道德判断能力的均衡发展，彰显了精准思维在优化高校思想政治教育实践中的核心价值与深远意义。

第三，交互式平台的搭建，促进师生互动与社群共融。精准思政的实施还需依托先进的数字平台，创建开放、互动的学习环境。这类平台应集在线学习、交流讨论、意见反馈于一体，成为连接师生、学生之间思想碰撞与情感交流的桥梁。通过建立思政教育专题社区、在线论坛、直播讲座等形式，鼓励学生积极参与讨论，表达个人观点，形成正向的价值观互动。同时，平台应集成智能化辅导与心理咨询服务，为学生提供即时的情感支持与心理疏导，营造包容、健康的校园文化氛围。交互式平台的高效运作，有助于构建基于精准思维的思政教育生态系统，实现教育过程的持续优化与迭代。

第四，效果评估与反馈机制的完善，确保精准思政的持续改进。精准思维在高校思政中的应用，不仅要体现在前端的策略制定与实施，还应贯穿于后端的效果评估与反馈调整。构建一套科学、系统的评估体系，运用量化与质性相结合的方法，定期检测思政工作的实际成效，包括学生的思想变化、行为表现、满意度等关键指标。评估过程中，应重视学生的主观感受与反馈，通过问卷调查、小组访谈等方式，深入了解教育活动的实际影响。基于评估结果，及时调整教育策略，形成"评估—反馈—优化—再评估"的闭环管理机制，确保思政工作的持续改进与创新。

精准思维是推进新时代高校思政工作向纵深发展的内在要求，对于加强高校思政工作、提升高校思政教育具有重要意义。高校思政工作者要主动树立精准思维方式、提高精准思维能力，把握学生特点、推动需求精准对接，探索精准评价、不断提升育人实效，坚持改革创新、实现各方力量有效联动。

精准思政是精准思维在思想政治教育领域的具体实践和生动体现，是思想政治教育的新形态。精准思政强调遵循思政教育规律，以服务学生个性化成长成才需求为目标导向，系统性、差异性、精准性实施思政教育。为顺应高校思政教育工作的发展趋势，必须坚持精准思维、推进精准育人，将精准思政这一基本方略贯通高校教育全过程、全方位，推进高校精准思政向纵深发展。

## 三、中华优秀传统文化中关于"因材施教"思想的论述

"因材施教"是我国古代重要的教育方法之一，是从春秋时期孔子创办私学的实践活动中凝练出的理论成果，对于我国教育思想发展具有重要价值。"因材施教"的"因"是依据、根据的意思；"材"是人的意思，这里指学生；"施"是实施、实行；"教"是教育教诲。孔子的因材而教并不是单纯客观知识的授受，"因材"的目的是导向"道"，依照个性之"材"与普遍之"道"的关联方式，导出一条契合于个人自身发展潜能与特点的个性化路径，是把"因材"之"教"放在个体成人的整体视域之中，让每个人都能找到自我成人的可能性。[1]孟子守正创新，在继承孔子"因材施教"思想的基础上对理论进行丰富发展，提出"教亦复述"的观点。此后，"因材施教"思想经过演化，在不同朝代得到不同阐释和发展。例如，汉代徐干认为治水要因势，教人要因性；唐代韩愈认为无论学生才能水平高低如何，都有用武之地和可塑之处，需遵循学生原本的品性深入改造他们；北宋教育家、思想家胡瑗设立"分斋教学法"是因材施教教育理念的具体实践。南宋书院大师、理学大儒朱熹在解读《论语》过程中对孔子的教育方式加以概括，提出"孔子教人，各因其材"[2]。

除此之外，心理学理论为"精准思政"提供了深入了解学生内心世界的方法和手段。现代心理学理论认为，人的心理世界是复杂而多变的，不同的个体有着不同的心理特点和需求。教育者在思想政治教育中，需要运用心理学理论和方法，深入了解学生的心理特点和需求，从而制定出更加精准的教育策略。例如，通过人格理论的应用，教育者可以更加准确地把握学生的个性特点、兴趣爱好和价值取向，为精准教育提供有力支持；通过认知理论的应用，教育者可以更加深入地了解学生的思维方式和学习习惯，从而制定出更加有效的教育方法。

---

[1] 刘铁芳.进退之间：从《论语》看因材施教的意涵和路径[J].贵州社会科学，2022（6）:103-108.
[2] 朱熹.四书章句集注[M].北京：中华书局，2011:118.

社会学理论为"精准思政"提供了分析社会现象和问题的视角和方法，认为在思想政治教育中，教育者需要关注社会变迁对学生思想观念的影响，以及学生在社会中的角色和责任。通过运用社会学理论，教育者可以更加深入地分析社会现象和问题，从而制定出更加具有针对性的教育方案，帮助学生树立正确的社会观和责任感。

这些理论来源共同构成了"精准思政"的理论基础，为其在新时代高校思想政治教育工作中的广泛应用提供了有力支撑。通过对"精准思政"理论来源的深入阐述，我们可以看到其理论体系的丰富性和实践应用的广泛性。在未来的思想政治教育实践中，教育者需要继续深化对"精准思政"理论的学习和研究，不断探索和创新教育方法和手段，以适应新时代大学生的需求和发展。同时，教育者还需要注重与其他学科的交叉融合，不断拓展"精准思政"的理论视野和实践领域，为培养德智体美劳全面发展的社会主义建设者和接班人做出更大的贡献。

综上所述，"精准思政"的理论来源是多元化的，它涵盖了马克思主义人学理论、习近平总书记关于精准思维的重要论述、思想政治教育学原理、心理学理论、教育学原理以及社会学理论等多个领域。这些理论为"精准思政"提供了坚实的理论基础和丰富的实践指导，为新时代高校思想政治教育的创新发展提供了有力支撑。

## 第二节　精准思政的演进及内涵

面对新时代思想政治工作的新要求，精准思政应运而生。它强调通过精准识别、精准定制、精准供给及精准评估四个维度，实现思想政治教育的个性化与高效化。从发展历程看，精准思政源于对传统思政工作模式的反思与创新，旨在解决思想政治教育中存在的形式主义等问题。本书将梳理学者对于精准思政基本内涵的理解、精准思政的提出历程，以及精准思政建设典型案例，力求为高校思想政治教育提供新的视角和实践路径。

## 一、研究现状

根据中国知网（CNKI）文献库显示，截至2024年2月，以"精准思政"为篇名的文献共有408篇，2018年后发文量出现较大增长，呈逐年增长趋势。主要主题包含"精准思政""思政工作""课程思政"，其中，按篇数数量排序，前三位分别为"精准思政""思政课""高校思政课"，以"精准思政"为主要主题的文章共185篇（图1-1，图1-2）。

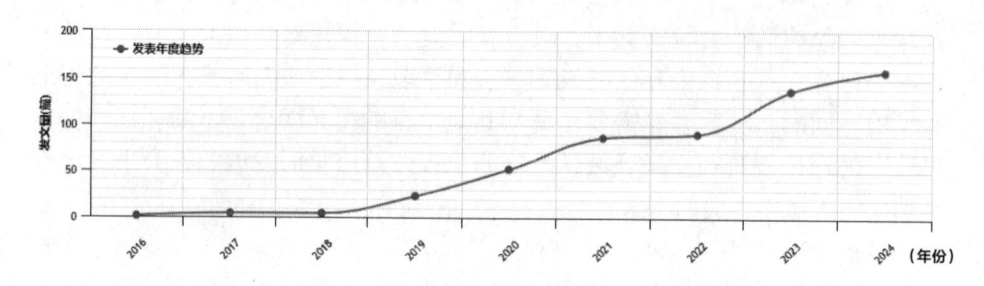

图1-1 以"精准思政"为篇名的文献发文量年度趋势

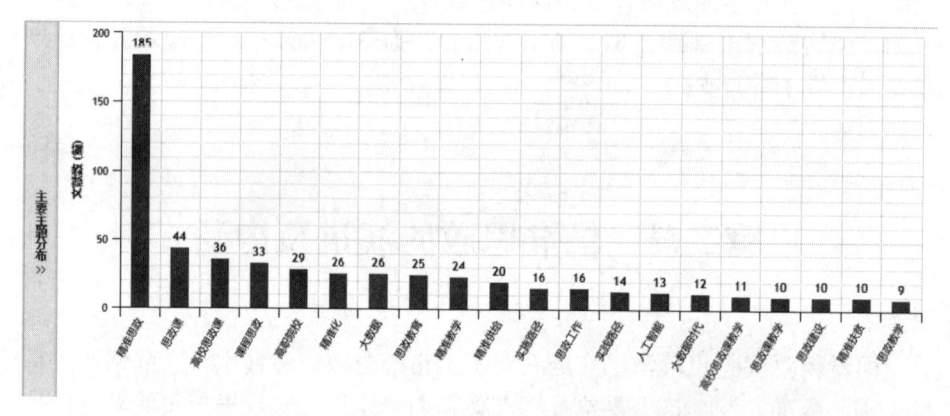

图1-2 主要主题分布

精准思政作为新时代高校思想政治教育的创新模式，旨在通过精确识别教育对象的需求，提供个性化、精准化的教育内容与方法，以提升思想政治教育的实效性和针对性。近年来，众多学者从不同维度对该主题进行了深入研究，形成了丰富的理论成果和实践探索，具体体现在以下方面：

## （一）关于精准思政的理论基础与内涵

精准思政的概念源于精准思维，是习近平新时代中国特色社会主义思想指导下，对思想政治教育工作模式的创新。秦蕾等人指出，精准思政强调遵循客观规律、立足实际、个性化育人，要求在全局层面构建完善的思想政治教育体系，利用数据驱动实现工作态势的精准感知和应对。周明鹏、吴满意等学者则认为，精准思政的内涵在于精准识别教育对象，精确分析教育需求，精准提供教育内容，科学评估教育效果，实现育人目标的精准化。

## （二）关于精准思政的实践路径与策略

精准思政的实施路径与策略多样化，包括技术应用、内容供给、方法创新等。张燕、柏申等人的研究强调，精准思政应结合大数据、云计算等现代信息技术，实现教育对象的精准画像，以此为基础进行精准教育、管理和服务。张晓婧、李辉等学者则提出，精准思政的实践应遵循"因事而化、因时而进、因势而新"的原则，注重教育内容与方法的个性化、针对性，以及教育效果的科学评估。

## （三）关于精准思政与课程思政的融合

精准思政与课程思政的融合是提升教育实效的关键。都晓、王胡英等人认为，精准思政需与课程内容深度结合，把握教育规律，精准定位教学导向，以学生为中心，注重教学内容的精准供给和教学方法的精准选择，实现"精准滴灌"。周远、黄文林等学者进一步指出，构建精准思政需借助大数据分析，优化课程设计，实现教育内容与学生需求的精准对接。

## （四）关于精准思政面对的挑战与对策

精准思政在实施过程中也面临诸多挑战，如教育对象的个性化差异、教育内容的精准匹配、教育效果的科学评价等。陈圣军、潘治等学者强调，应对这些挑战需加强理论研究，优化实践路径，处理好"道"与"术"的关系，注重教育的系统性和协同性，同时加强教师队伍的专业化建设，确保精准思政的实施效果。

## （五）关于精准思政与学生精神需求的满足

精准思政还需关注学生的精神需求。操菊华、司鹏军等人的研究指出，精准思政应注重学生情感、认知、价值追求的个性化满足，通过构建全时性、智能化的教育环境，强化学生的挫折教育，引导学生形成积极向上的精神风貌，提升其心理韧性和综合素质。

综上所述，精准思政已成为新时代高校思想政治教育的重要趋势，其理论研究和实践探索不断深入。未来，精准思政的发展还需进一步强化理论与实践的结合，深化对教育对象的精准识别与分析，创新教育内容与方法，优化教育评价体系，同时加强师资队伍建设和技术平台支持，以实现思想政治教育的高质量发展，培养更多符合时代需求的高素质人才。

## 二、演进历程

近年来，随着社交媒体和短视频应用程序的爆炸式增长，网络空间充斥着多样性和信息碎片化，这对传统思想政治教育的内容传递和方法提出了严峻考验。原有的广泛普及、缺乏针对性的教育模式渐渐显得力不从心，特别是对于在网络环境下长大的、个性突出的当代学生，其教育需求更加复杂多元。因此，高校思政课程与日常思想教育迫切需要提高贴近性和精准度，以更好地吸引并满足学生的个性化需求。与此同时，大数据技术的飞速发展与人工智能领域的急剧进展，为思想政治教育的转型与创新提供了史无前例的契机。这些尖端技术的集成运用，不仅极大拓宽了教育资源的维度与深度，还经由精细的数据解析与智能化教学策略的实施，促成了教育方法论的个性化适应性增强与成效评估的显著精进。此进程促使思想政治教育能够更为精确地契合时代特性的需求，高效对接受教育者的多样化认知倾向，进而在孵化兼具卓越思想素质与高尚伦理标准的当代英才教育实践中，彰显其无可比拟的优势及广阔的应用前景。党的十九大报告也明确指出："加强互联网内容建设，建立网络综合治理体系，营造清朗的网络空间。"[1] 紧随其后，2018 年教育部推出了《教育信息化 2.0 行动计划》，预示着思想政治教育与信息技术的高度融合已成为不可逆转的趋势，实现思想政治教育的"精细化"成为该领域信息化进程中的核心目标与实质内涵。

自 2019 年起，"着力推进精准思政"这一新时代思想政治教育发展的新要求在全国教育工作会议上被明确提出以来，如何提高思想政治教育针对性、

---

[1] 习近平. 决胜全面建成小康社会 夺取新时代中国特色社会主义伟大胜利——在中国共产党第十九次全国代表大会上的报告 [N]. 人民日报，2017-10-28.

优化学生精准化培养成为学界关注的话题。针对思想政治教育面临的新挑战和新要求，诸多学者对"精准思政"这一创新教育理念和教育模式展开研究与讨论，其提出过程主要可以分为以下几个阶段：

### （一）理念萌芽阶段

在这一阶段，一些学者和教育者开始意识到，传统的"一刀切"的教育方式已经难以适应学生的个体差异和需求。例如，某知名学者在2015年的一次学术会议上提出："我们需要更加关注学生的个性化需求，实现思政教育的精准化。"这一观点标志着"精准思政"理念的初步萌芽。

### （二）理念的明确提出与实践探索

在这一阶段，"精准思政"的理念得到了更加明确的提出和实践探索。2017年年初，教育部指出："'精准思政'是我们未来思政工作的方向，必须确保教育资源能够精准地投向每一个学生。"2017年12月，全国高校思想政治工作会议召开。同年，教育部出台《高校思想政治工作质量提升工程实施纲要》，《纲要》明确指出，要不断增强亲和力和针对性，更好地适应和满足学生成长诉求、时代发展要求、社会进步需求，不断提升工作科学化水平。需要推动思政教育向精准化方向发展，实现教育资源的优化配置和教育效果的精准评估。随后，一些高校开始尝试将"精准思政"理念融入实际教育中，通过制定个性化的教育方案、运用现代科技手段等方式进行实践探索。同年秋季，多所高校开始正式实施"精准思政"教育计划，包括制定个性化的教育方案、运用大数据分析学生需求等。

### （三）理念的深化与理论总结

随着实践探索的深入，"精准思政"是在遵照思想教育内在规律的前提下，聚焦于促进每个现实个体的全面发展，瞄准实际问题为干预起点，通过一套系统化、高度定制的方法来执行思想政治教育实践活动的过程。这一观点得到越来越多学者的关注和认同。2019年8月，中共中央办公厅、国务院办公厅印发了《关于深化新时代学校思想政治理论课改革创新的若干意见》，明确提出要加强"精准思政"建设。随后，各级教育部门和高校纷纷出台相关政策，全面推广"精准思政"教育理念，并加强实践探索。2020年年初，刘教授在接受采访时说："'精准思政'不仅仅是一个教育理念，更是一种教育责任。我们需要确保每一个学生都能从中受益。"

综上所述,"精准思政"的提出过程是一个逐步演进和深化的过程。从最初的理念萌芽到后来的明确提出与实践探索,再到现在的理念深化与理论总结,这一过程体现了对思政教育时代价值的深入认识和对大学生成长成才规律的科学把握。同时,也离不开广大学者和教育者的共同努力和探索。

## 三、主要内涵及典型案例

从广义上来说,多数学者认为"精准思政"是区别于以往"大水漫灌"式思政教育的更加强调针对性、精准化的思政教育模式。例如,有学者认为,精准思政是在遵循思想政治教育工作规律的前提下,教育工作者以立德树人为目标,对不同情况的学生开展"精准滴灌"式的教育[1];精准思政以精准思维为方法遵循,精准把握学生现实需求,寻找合适时机,借助体验场景,将所需知识传导给学生,解决教育供需矛盾,培养青少年成长成才[2]。从狭义上而言,精准思政必然要依托大数据、人工智能、虚拟场景等新兴技术。代表性观点认为精准思政是指基于前沿技术,在精准思维引导下,实现思想政治教育的精准育人活动[3]。

### （一）基本内涵

精准思政是指以精准思维为指导,紧密围绕立德树人的根本教育目标,深度融合现代化信息技术资源,实现对学生特征与需求的精准获取和识别,推进教育内容与形式的定制化设计,借助技术工具的力量,开展精准实施供给,持续对思想政治教育的成效进行精密量化与分析,为后续长期思政育人提供科学依据的思想政治工作模式。

一是精准识别,切实解决"学生是什么样"的问题。高校"精准思政"意味着要及时把握大学生的思想行为动态,了解教学方案的落实度和适合度,把握学生受教育过程中呈现出的前后差异,以便教育者不断优化培养方案,实现高效率的立德树人。新信息技术的介入能够帮助教育者及时有效地获取学生信息,进而描摹开展精准教学的场域和条件[4]。精准思政教育策略的成功

---

[1] 徐士元.高校精准思政论[J].浙江海洋大学学报(人文科学版),2019(1):85-89.
[2] 操菊华.精准思政理念下青年学生的精神需求图景及其引导[J].湖北社会科学,2021(6):138-143.
[3] 吴满意,景星维.精准思政:内涵生成与结构演化[J].学术论坛,2019(5):133-139.
[4] 王露.以思政课推进铸牢大学生中华民族共同体意识:思政教学"N+4+3"模式探究[J].民族教育研究,2021(1):57-64.

部署，首要在于实现深度精准的辨识能力，这不仅涵盖了对目标对象信息的精确捕捉与解析，也强调在识别过程中动态适应与交互调控机制的紧密耦合。换言之，精准思政的根基在于建立一个既能系统性挖掘并解析学生个性化数据，又能灵活响应这些数据变化，实时调整教育策略与互动模式的双轨并行体系。这不仅要求对信息的精确捕捉，还包括了信息识别与动态管理机制间的协调互动。此过程不仅强调对信息本身的精确定位，还涉及信息辨识与灵活应对策略的有机结合。核心在于利用信息的特性，如附着性、时效性、表现形式、变化趋势、导向功能及创新价值，广泛汲取并深刻挖掘思想政治信息资源。这涵盖了文本编码方式、嵌入数据的分析，同时也深入探究技术应用、主体交互的微细构造及目标群体的深层心理行为模式。借力大数据技术的辅助，当前高校正运用智慧媒体工具，对学生的思维动态与行为习惯实施可视化监控、数据化记录、智能化分析和实时信息反馈。在此基础上，通过运用数据分析技术提取其在综合素质发展、校园社会实践、课程学习情况及日上常作息等方面的共通性指标，并将其归纳总结为一套公式化的成长模型，构建学生个体的"数字肖像"，旨在实现行为预测的极高准确度和对潜在异常行为的早期识别机制，为在校学生明晰了一条可借鉴的成功发展路径。

二是精准定制，切实解决"教育引导什么"的问题。"精准思政"模式凭借其高度的个性化与针对性设计，从众多传统教育模式中脱颖而出，其精髓不仅限于理论传授，更在于通过精心打造符合每位学子特性的培养蓝图，确保教育内容与形式与学生的需求精准对接，实现了从"一刀切"到"量体裁衣"的根本转变。

个性化培养方案的制定，是精准思政实践中的一大亮点。该方案依据对学生个体差异的深入分析，精确判定每位学生的成长需求与潜力空间，科学规划从知识结构构建、能力培养到价值观念塑造的全方位路径。这种定制不仅体现在课程设置上，更融入实践活动、心理咨询、职业规划等多个维度，力求在每一个成长节点给予学生最适宜的引导与支持。通过这种方向明确、资源高效整合的顶层架构设计，确保教育过程的每一步都紧密围绕学生个人发展轨迹，最大化教育的正面效应。与此同时，精准思政还充分利用现代信息技术的力量，通过大数据分析等手段，动态监测与深入挖掘学生的在线行为模式。这包括但不限于分析学生偏好的网络学习资源、追踪其关注的社会热点趋势、揭示其网络浏览与互动的规律性特征。基于这些翔实数据，系统自动生成包含学生兴趣图谱、网络行为概览的个性化报告，为教育者提供了直观的视觉化工具，使得对学生思想动态的把握更为及时且准确。在此基础上，高校能够创新性地设计出一系列贴近学生实际、回应时代关切的精准思政活动与教学内容，不仅增强了教育的吸引力与感染力，也极大提升了育人工作的实效性与前瞻性。最终，通过精准定制的策略，高校思政工作得以精准把脉学生成长的每一个细微需求，有效激发学生的内在潜能，为其全面发展铺设一条清晰而个性化的道路。

三是精准供给，切实解决"怎么引导"的问题。"精准供给"作为高校思想政治教育实践的神经末梢激活策略，旨在彻底打通教育效果传导的"最后一纳米"，是"精准思政"理念的实践精髓与内涵深化的关键体现。一方面，有研究者指出，高校在实施精准思政时，必须提升顶层设计的科学性与前瞻性，确保资源的最优配置与任务的精细分解，以达到思想政治教育内容与形式的精准适配。另一方面，精准思政的实践逻辑还要求教育者能够全面梳理与优化教育资源，精心挑选符合时代脉搏、贴近学生兴趣的优质教学素材，并巧妙选取与学生生活实际密切相关的切入点，利用富有创意、易于被学生接纳的教学方法与媒介，有效传达思政教育的深层意涵。在此基础上，"精准供给"还需进一步深化信息资源的智慧化改造，将原本抽象的思想政治教育内容通过大数据、云计算等技术手段转化为富有吸引力、易于学生消化吸收的信息产品，使之成为促进学生全面发展、增强思政教育实效性的"数字营养剂"。同时，利用智慧教育平台，通过实时互动、个性化推送等方式，不仅提升教育过程的趣味性与互动性，还充分尊重并激发学生的主体性，确保每项思想政治教育活动都能精准对接学生需求，实现教育效果的最大化。

四是精准评估，切实解决"学生成什么样"的问题。大数据挖掘、精准评估作为精准思想政治教育实践的核心维度，其理论内涵侧重于运用先进的信息技术与数据科学原理，对思想政治教育实践活动的实施进程与成效进行深度剖析与精细化测评。该理念旨在显著提升教育干预的指向性与效能，确保教育内容及形式与受教育者的实际需求及心理特质精确契合，实现教育资源与受教者特性之间的最优化匹配。

精准评估涵盖以下几个关键层面：第一，个体差异化解析。通过大数据技术的深度挖掘功能，系统性地分析每位受教育者的学习模式、兴趣倾向、价值取向等多维度信息，建构高度个性化的"数字身份档案"。此档案为定制化教育干预措施的制定提供了坚实的实证基础。第二，动态监控与实时反馈机制。建立一套即时监控体系，持续追踪受教育者的思维动态、学习进度及行为表现，利用智能化分析手段迅速识别并响应教育过程中出现的问题与需求变动，实现教育反馈的即时性与精确度的双重提升。第三，效果评估的量化与质性融合分析法：精准评估框架强调将量化评估指标与质性评价维度（如情感态度的转变、价值观的形成与发展）相结合，采取综合性分析策略，以全貌式视角评估教育影响的深度与广度。第四，目标导向下的过程管理与优化。明确界定教育目标，并将其细化为一系列可操作、可量化的评估标准，确保教育实施的每一步骤均紧密围绕既定目标推进。在此基础上，持续性地对教育过程进行优化调整，确保教育路径与最终目标的高度一致性。第五，资源整合与策略的灵活性调整。精准评估还涉及高效整合与灵活调配教育资源，依据翔实的评估反馈，科学指导教育资源的配置流向，确保资源的精准投放满足受教育者的个性化需求，最大化教育资源的利用效率与教育成果的产出。精准评估在精准思想政治教育中扮演着桥梁与导航的角色，它不仅是一种结果导向的评价机制，还是教育实践全周期中的一种动态管理策略与优化工具，致力于通过科学的数据驱动分析与高度个性化的策略制定，推动教育质量与效果的全面提升。

总体而言，研究者们主要从技术层面和管理层面探讨高校"精准思政"的基本内涵。然而，"精准思政"中的"精准"内涵不应该仅仅局限于新兴技术的赋能，还应当从培养担当民族复兴大任的时代新人的高度，从培养党和国家事业发展需要的人才角度，从党对思想政治教育的总体目标要求的视角，以及"精准思政"实施群体不能仅仅局限于学生，还需要针对高校教育对象与教育者等方面，对"精准思政"的内涵进一步进行多向多维的理解和阐释。

## （二）高校优秀案例

精准思政的内涵解读，是对这一理念内在逻辑和核心要素的深入剖析。它不仅是思政教育方法的创新，更是对思政教育目标和内容的精准定位和有效实施。下面，我们将围绕精准思政的内涵，结合全国知名高校的案例，从精准把握航向、精准识别对象、精准供需对接和精准创新机制四个方面进行深入拓展。

第一，精准把握航向，坚定政治方向。在全球化和信息化的时代背景下，各种思潮和价值观相互激荡，青年学生的思想动态更加复杂多变。同时，国内外政治经济形势的深刻变化也对高校思政教育提出了新的挑战。因此，精准把握航向，坚定政治方向，成为高校思政工作的首要任务。精准把握航向，就是要始终坚持党的领导，以马克思主义为指导，确保思政教育的正确性和有效性。这要求我们在思政教育中要旗帜鲜明地坚持马克思主义的指导地位，深入理解和传播社会主义核心价值观，引导学生树立正确的世界观、人生观和价值观。

　　清华大学始终坚持党的领导,将马克思主义理论作为思政教育的核心内容,确保思政教育的正确性和有效性。学校通过开设马克思主义理论课程、举办学术讲座等方式,引导学生深入理解马克思主义的基本原理和立场观点,坚定共产主义信仰。同时,积极发挥校园文化的育人作用,通过开展各种主题教育,在润物细无声中向学生灌输思想政治教育内容。

　　第二,精准识别对象,因材施教,个性化培养。随着高等教育的普及和多样化,学生的个体差异越来越明显。不同学生的成长背景、兴趣爱好、性格特点等都有所不同,对思政教育的需求也呈现出多样化的趋势。精准识别对象,就是要深入了解每个学生的个体差异和需求,根据他们的特点制定针对性的教育方案。这要求我们在思政教育中要注重因材施教,关注学生的个性发展,激发他们的学习兴趣和积极性;建立完善的学生信息管理系统,全面记录学生的成长历程和学习情况;通过问卷调查、个别访谈等方式,深入了解学生的需求和困惑,根据学生的特点和需求,制订个性化的教学计划和辅导方案。

　　北京大学注重对学生个体差异的深入了解和分析,通过问卷调查、谈心谈话等方式,全面掌握学生的思想动态和需求。在此基础上,学校针对不同学生的特点和需求,制定个性化的思政教育方案。例如,对于思想活跃、创新能力强的学生,学校为他们提供更多的实践机会和创新平台;对于存在困惑和问题的学生,学校则加强心理疏导和关怀帮助,引导他们走出困境。这种因材施教的方式,使得思政教育更加贴近学生的实际需求,提高了教育的针对性和实效性。

　　第三,精准供需对接,提升思政教育的实效性。在新时代背景下,传统的思政工作模式已经难以适应新的形势和任务要求。同时,现代信息技术的快速发展也为思政工作提供了新的手段和平台。精准创新机制,就是要通过创新和改革,推动思政工作的理念、内容、方法、手段等方面的创新。这要求我们在思政工作中要注重与时俱进,积极探索新的思政工作模式和方法。通过加强思政工作的理论研究,推动思政工作理念的创新和发展;结合时代特点和学生需求,不断更新思政教育的内容和形式;积极利用现代信息技术手段,提高思政工作的效率和精准性。

　　复旦大学密切关注社会对思政人才的需求变化,及时调整思政教育的内容和方法。学校通过与用人单位的合作与交流,了解社会对思政人才的具体要求和标准,然后将这些要求和标准融入思政教育中。与此同时,复旦大学还注重将思政课程与专业课程进行有机融合，通过社会实践、志愿服务等教学实践方式使学生在学习专业知识的同时感受思政教育的魅力和价值。

第四，精准创新机制，推动思政工作创新发展。精准创新机制是推动思政工作创新发展的动力。上海交通大学在这一方面取得了显著成果。上海交通大学建立了完善的思政工作长效机制，确保思政工作的持续性和稳定性。学校通过制订详细的工作计划、明确工作职责、加强监督评估等方式，确保思政工作的有序开展。同时，学校还积极利用现代信息技术手段，如大数据、人工智能等，对学生的思想状况和需求进行精准分析和预测，为制定精准的教育方案提供数据支持。此外，上海交通大学还积极探索思政工作与社会服务相结合的新模式，如开展社区服务、支教等活动，让学生在服务社会中感受思政教育的意义和价值。

综上所述，精准思政的内涵包括精准把握方向、精准识别对象、精准供需对接和精准创新机制四个方面。通过结合全国知名高校的案例，我们可以看到这些高校在实践中如何深入理解和把握这四个方面的内涵和要求，推动思政工作的创新发展。这些案例不仅为我们提供了宝贵的经验和启示，也为我们进一步推进精准思政工作提供了有力的支撑和借鉴。

第五，精准评估育人成效，优化思政教育体系。思政教育作为高等教育的重要组成部分，其育人成效的评估一直是一个重要而复杂的课题。然而，传统的评估方式往往过于笼统，难以精准反映每个学生的成长和发展情况。因此，精准评估育人成效，成为提高思政教育质量和效果的关键环节。精准评估育人成效，就是要通过科学的方法和手段，全面、客观地评估思政教育在学生成长和发展中的实际作用。这要求我们建立完善的评估指标体系，涵盖思政教育的各个方面和环节，在评估过程中要注重数据的收集和分析，采用多元化的评估方法，如问卷调查、访谈、观察等，确保评估结果的客观性和全面性。同时，关注学生的个体差异和动态变化，根据评估结果调整和优化思政教育方案，确保教育内容和方法与学生的实际需求相匹配，定期对评估结果进行分析和总结，发现问题和不足，提出改进措施和建议，以便为优化思政教育体系提供有力支撑。

浙江大学近年来在精准思政学生管理评估方面取得了显著进步。根据最新的统计数据，该校通过引入大数据分析技术，对超过90%的学生思政学习数据进行了深度挖掘和分析。评估体系涵盖了课堂表现、实践活动、在线学习等多个维度，确保评估的全面性和准确性。此外，浙江大学还建立了一个学生思政数据库，通过实时监测学生的学习行为和情感变化，及时发现学生在思政学习中的困难和需求。这一创新举措使得学校能够为学生提供更加个性化的学习支持和指导，有效提升了学生的思政学习效果。

综上所述，精准思政的内涵包括精准把握航向、精准识别对象、精准创新机制以及精准评估育人成效等方面。通过深入理解和把握这些方面的实施背景、内涵阐释和实施要点，我们可以更好地推进精准思政工作，提高思政教育的针对性和实效性，为培养担当民族复兴大任的时代新人贡献力量。

## 第三节　精准思政的理论价值与实践意义

精准思政作为新时代思想政治教育的重要理念，其理论价值在于深化了对思想政治教育规律的认识，提出了基于个体差异的教育方法论，为思想政治教育的现代化提供了新思路。在实践意义上，精准思政通过精准识别学生的思想特征、精准定制教育内容、精准供给教育资源以及精准评估教育成效，有效解决了传统思政工作中存在的"一刀切"问题，增强了思想政治工作的针对性和实效性。

### 一、理论价值

精准思政建设与新时代高校思想政治教育发展有效对接，符合立德树人事业建设要求，而且顺应了现阶段高校思想政治教育发展的必然趋势。精准思政对于高校思想政治教育创新发展的理论价值突出，包括促进思想政治教育理念创新、深化思想政治教育三大规律、推动思想政治教育与时俱进、促进思政教育跨学科交叉融合等方面，为高校实施精准思政提供了坚实的理论支撑和实践指导。

#### （一）促进思想政治教育理念创新

第一，个性化教育理念的精进。精准思政的首要贡献在于其对个性化教育理念的精练与拓展。精准思想政治教育策略摒弃了传统"千人一面"的教学模式，转而采纳一种以学生为中心，基于大数据分析与人工智能技术的个性化教学路径。这一创新性模式通过深度挖掘与科学分析每位学生的多元化信息，包括但不限于他们的学术背景、兴趣偏好、学习习惯及心理状态等，确保了教育内容与教学方法能够与学生的个性化特征精准对接，从而实现了从广泛覆盖的粗放型教育模式到针对个体精准施教的精细模式转变，就如同从大水漫灌的传统农业灌溉方式转变为现代化的精准滴灌技术，显著提高了教育的针对性与效能。这一教育模式的转变，不仅大大提升了教育实践的精准度与效率，使得教育资源能够更加合理且高效地配置，还为教育公平的实现开辟了新径。它确保了不同背景、不同需求的学生都能够享受到量身定制的教育体验，就如同在各自最适合的土壤中播种，让每一颗种子都能在最适合的环境中发芽、生长、开花、结果。教育公平不再仅仅停留于机会的平等给予，而是深入到了教育资源的个性化分配与利用，确保了教育的普惠性和质量的双重提升。

第二，人本主义教育哲学的现代表达。精准思政的实践是对马克思主义人学理论与人本主义教育哲学的创新性诠释与应用。它深刻体现了教育理念从单纯追求知识传授的"物化"阶段，向关注个体心灵成长、人格完善与能力提升的"人化"阶段的转型。精准思政不仅关注学生知识结构的构建，更侧重于个体潜能的激活与情感智力的培育，强调在尊重学生个性差异的基础上，通过精细化、个性化的方法，激发学生的主体意识，引导其形成独立思考与批判性思维的习惯，同时，鼓励创新精神与实践能力的培养，为学生提供了一个全面发展、自我实现的广阔舞台。通过精准定位个体需求，教育过程被赋予了更强的人文关怀，旨在唤醒学生的内在潜能，促进其身心健康与人格完善，实现了教育理念从"物化"向"人化"的重要转向。精准思政还强调情感教育与价值观教育的融合，认为教育应触及学生的情感世界，关注其情感发展与道德认知的同步提升，通过构建积极向上的校园文化，营造尊重、信任、理解的教育氛围，促进学生形成健康向上的人格特质与道德情操。在这一过程中，教育者不再是单纯的知识传递者，而是成为学生情感发展的引导者、价值观形成的伙伴，通过情感共鸣与价值共享，激发学生内心的正向能量，促进其身心和谐发展，最终实现个体价值与社会价值的有机统一。

第三，教育技术融合的深度探索。精准思想政治教育实践的深入推进，象征着教育领域与信息技术深度融合的新纪元已经开启，展现了技术赋能下教育模式的深刻转型。通过对大数据、云计算等前沿科技的有效整合与运用，精准思政不仅革新了教育资源的分配机制，使之更加精细、高效，而且促进了教育管理向智慧化、动态化的方向迈进。这一革新举措，通过实时收集、分析学生的思想行为数据，能够及时调整教育策略，实现教育干预的个性化与精准化，从而大幅度提高了教育活动的针对性与实效性，确保了教育质量的持续优化与提升。在此过程中，精准思政不仅是一种技术应用上的突破，更是对传统思想政治教育理念的深刻反思与超越。它倡导的是一种以学生为中心，结合其个性化需求与心理特征的教育范式，强调在快速变化的信息时代背景下，教育理念的更新必须与科技进步保持同步，形成一种互促共进的良性循环。这意味着，教育者需要具备跨界融合的视野，将先进的信息技术与教育学、心理学等多学科知识有机结合，以科学严谨的态度和人文关怀的精神，探索适合时代需求的思想政治教育新模式。精准思政所体现的教育理念创新，进一步凸显了教育作为社会发展驱动力的角色。它不仅要求教育内容与形式的现代化，更重要的是促使教育目标向培养具有高度社会责任感、良好道德品质、创新思维能力及适应未来社会挑战的复合型人才聚焦。这一转变要求教育体系在注重知识传授的同时，更加重视价值观引领、情感培养及批判性思维能力的塑造，旨在通过全方位、深层次的教育影响，激发学生的内在潜能，促进其全面发展。

## （二）深化思想政治教育三大规律

习近平总书记强调，做好高校思想政治工作，"要遵循思想政治工作规律，遵循教书育人规律，遵循学生成长规律"[1]。这一重要论述为实施精准思政指明了方法论和着力点。高校实施精准思政不仅彰显了教育理念的深刻变革，而且深化了对思想政治教育三大规律的理解与应用。

首先，遵循思想政治工作规律，实现精准引导。精准思想政治教育工作的实践，紧密遵循思想政治工作内在规律，体现出对个体差异的高度尊重与精准把握。该模式立足于深入洞察学生的思想动态与心理特征，通过严谨的科学研究与策略部署，旨在对学生的价值观念和思想倾向进行精细划分与针对性引导。这一过程不仅要求教育者具备深刻的理论素养与高度的实践智慧，还强调对教育对象的全方位认知，确保教育策略与学生个性化需求的精准匹配。精准思政要求教育者运用科学的调研方法，如量化分析、质性研究等，细致区分不同学生群体在成长背景、兴趣爱好、价值取向等方面的异同，从而构建起多元化、分层次的学生画像。在此基础上，根据学生的认知发展规律与信息接收偏好，设计并实施差异化、个性化的教育方案。

此外，精准思政还注重构建一个积极正向、富含人文关怀的校园文化生态。

---

[1] 习近平在全国高校思想政治工作会议上强调：把思想政治工作贯穿教育教学全过程开创我国高等教育事业发展新局面 [N]. 人民日报，2016-12-09（1）．

这包括但不限于打造健康向上的网络环境，促进高质量的师生互动与生生交流，以及举办丰富多彩的文化活动与社会实践，让学生在潜移默化中受到熏陶，形成良好的集体意识与社会责任感。通过这些举措，精准思政在微观层面实现了对学生个体的深度影响，在宏观层面则营造了一个整体和谐、积极进取的教育环境，有效增强了思想政治教育的吸引力、说服力和感召力。精准思想政治教育是对传统教育模式的深刻变革与创新，它通过深入遵循并科学运用思想政治工作规律，实现了教育策略的精准投放与教育资源的高效利用，不仅提升了教育的针对性与实效性，也为培养具有时代责任感、创新精神和社会适应能力的高素质人才提供了坚实的保障。

其次，遵循教书育人规律，促进知识传授与价值塑造的统一。精准思想政治教育在遵循教书育人的深层规律时，展现出了一种教育理念与实践策略的高阶融合，力图实现知识传授与价值引领的无缝对接。其核心在于，教育内容与教育形式的创造性整合，旨在通过教育过程的每一个环节，不仅丰富学生的专业知识结构，更深层次地触及并塑造其人格特质与道德情操。精准思政倡导的是一种全面教育观，它超越了单纯的知识灌输，而是将社会主义核心价值观作为灵魂，巧妙地嵌入到各学科的教学之中，形成一种润物无声的价值观渗透机制。精准思政强调采用多元化、互动式的教学方法，如案例教学、情景模拟、小组研讨等，这些方法能够密切贴合学生的学习习惯与认知特点，增强教学内容的现实关联性和情感共鸣度，使学生能够在具体情境中理解抽象概念，体验价值判断的过程，进而内化为个人的信念体系。通过这些创新教学模式，精准思政不仅增强了课堂的吸引力和教学效果，更重要的是，它促进了学生批判性思维、创新能力和道德判断力的协同发展，帮助学生在多元文化的碰撞与交融中，树立起正确的世界观、人生观和价值观。此外，精准思政还注重构建全方位、全过程的育人体系，将第一课堂与第二课堂有机结合，通过社会实践、志愿服务、文化体验等多种途径，拓宽学生的社会视野，深化其对社会现实的理解与思考。这种跨领域的教育实践，不仅巩固了学生在课堂上获得的知识与价值观，还通过实践检验和情境体验，进一步强化了他们的社会责任感、国家认同感和国际视野，实现了从知到行、从学到用的完整教育闭环。精准思想政治教育在遵循教书育人规律的探索中，通过教育内容与形式的深度融合、教学方法的创新应用，以及全人教育体系的构建，成功地推动了知识学习与品德修养的同步提升，为培养德才兼备、全面发展的人才提供了有效的路径和方法论支撑。这一教育模式，不仅是对传统教书育人方式的革新，更是新时代背景下教育理念与实践互动演进的生动体现。

最后，遵循学生成长规律，支持个性化与全面发展。精准思政紧密贴合学生成长规律，坚持"以生为本"的核心理念，将学生个体视为教育实践的中心，充分重视并尊重每一位学生的独特性与多样性。该教育模式通过细致入微地观察与记录，构建起一套翔实的学生个人成长轨迹档案，档案涵盖了学生从心理变化、生理成熟到社会角色适应等多维度的发展情况。这种精细化管理策略，不仅有助于教育者深刻理解学生在各个成长阶段的具体需求，而且为精准施策提供了坚实的数据支撑。在此基础上，精准思政进一步推进教育的个性化与差异化，依据学生个人成长档案的综合分析结果，量身定制符合其阶段性特征与长远发展需求的培养方案。这种方案设计既考虑到学生当前的能力水平与兴趣偏好，又着眼于其潜能开发与未来社会角色的预期定位，确保教育干预措施的前瞻性和实效性。通过实施包括但不限于学术辅导、心理健康教育、社会实践、领导力培养等一系列定制化项目，精准思政致力于智力激发、情感培育、社交技能提升等关键领域，为学生营造一个全方位、多层次的支持系统，助力其健康成长。精准思政模式下，教育不再是简单的知识灌输，而是转变为一种引导式、启发式的成长陪伴。它鼓励学生主动探索自我，激发内在动力，同时，通过构建积极的师生互动关系，为学生提供必要的情感支持与心理疏导，帮助他们有效应对成长过程中的挑战与困惑。此外，精准思政还特别注重培养学生的社会参与意识与责任感，通过组织多样化的社会实践和志愿服务活动，让学生在真实的社会情境中锻炼能力，增强公民意识，逐步成长为具有全球视野和社会责任感的时代新人。

### （三）推动思想政治教育与时俱进

西方多元思潮的涌入对青年学生的世界观、价值观形成构成潜在影响，对高校思想政治教育工作提出了更高要求，必须主动作为、有效应对，不仅要在理论上深入剖析西方思潮的本质与影响，更要创新教育方式，引导学生理性辨析，树立坚定的文化自信和正确的价值取向。与此同时，大数据、人工智能以及新媒体平台的蓬勃兴起，为思想政治教育提供了技术赋权的新契机。高校应积极拥抱技术变革，提升信息媒介素养，强化其对新技术的驾驭能力，利用大数据分析精准识别学生思想动态，通过新媒体平台构建起即时互动、内容丰富的教育生态系统，实现教育内容与形式的个性化定制，增强教育的吸引力与实效性。因此，高校思想政治教育工作应秉持主动应对、创新发展的工作思路，既要坚守教育初心，强化主流意识形态的引领作用，又要紧跟时代步伐，善用科技手段，构建起线上线下融合、内容形式并重的立体化教育模式，以期在复杂多变的国际国内环境下，培养出具有深厚爱国情怀、宽广国际视野和强烈社会责任感的新时代青年。

精准思政强调思想政治教育与社会现实的紧密结合。思想政治教育应该紧密关注社会现实和时代发展，及时反映和解决社会热点问题。因此，精准思政要求教育者在教学过程中，注重引入社会现实案例和实践经验，帮助学生更好地理解和把握社会现实。这种与社会现实紧密结合的教育理念，有助于增强学生的社会责任感和使命感，提高思想政治教育的针对性和实效性。

## （四）促进思政教育跨学科交叉融合

精准思政促进了思想政治教育与其他学科的交叉融合。思想政治教育是一门综合性很强的学科，需要与其他学科进行交叉融合，共同推动学生的全面发展。

首先，从教育学角度来看，精准思政强调因材施教，注重个性化教育。通过深入了解每个学生的特点和需求，教育者能够更精准地制定教育方案，将思政教育与其他学科知识相结合，实现跨学科知识的融合。通过运用心理学原理和方法，教育者能够更深入地了解学生的心理特点和需求，从而更有针对性地开展思政教育。例如，通过心理测试和访谈等方式，教育者可以精准把握学生的心理动态，进而调整教育策略，提升思政教育的针对性和实效性。这种心理学与思政教育的结合，有助于打破传统学科界限，实现跨学科交叉融合。

其次，社会学为精准思政提供了丰富的理论支持和实证依据。社会学关注社会现象、社会结构和社会关系，为理解思政教育在社会环境中的运作提供了重要视角。通过引入社会学理论和方法，教育者可以更全面地分析思政教育与社会发展的关系，推动思政教育与社会学等其他学科的交叉融合。这种融合有助于增强思政教育的社会适应性和影响力，提升其在人才培养和社会治理中的作用。

最后，数字化技术的发展为精准思政的实施提供了有力支持。通过运用大数据、人工智能等数字化技术，教育者可以实现对教育对象的精准识别、精准分析和精准供给。例如，通过数据分析，教育者可以精准掌握学生的学习情况和需求，进而制订个性化的教育方案；通过智能推荐系统，教育者可以为学生提供更加精准的学习资源和路径。这种数字化技术的应用不仅提升了思政教育的效率和效果，还推动了思政教育与其他学科的数字化交叉融合，为构建创新型人才培养体系提供了有力支撑。

总而言之，精准思政的实施有效促进了思想政治教育跨学科交叉融合，这种融合不仅有助于提升思政教育的质量和水平，还能够培养学生的跨学科思维和能力，为未来的社会发展和人才培养贡献重要力量。因此，精准思政要求教育者在教学过程中，注重引入其他学科的知识和方法，帮助学生从多角度、多层面理解和把握思想政治教育的内容和要求。这种与其他学科的交叉融合，有助于拓宽学生的知识视野和思维方式，提高思想政治教育的综合性和系统性。

综上所述，精准思政在理论与实践层面展现出多维度价值，主要体现在四个方面：第一，它创新了思想政治教育理念，通过个性化教育与人本主义的强调，提升了学生主体性和教育的针对性。第二，精准思政深化了遵循思想政治工作规律、教书育人规律及学生成长规律的实践，确保教育活动与学生发展需求精准匹配。第三，该模式促进了思想政治教育与时代发展的同步，加强了教育内容的时代性和现实关联性，增强了教育的时效性和有效性。第四，精准思政加速了跨学科融合的进程，通过与心理学、信息技术等领域的结合，丰富了教育方法与资源，增强了教育的科学性和实践性。这些价值不仅为高校思政教育体系的充实与革新提供了理论基石，还为高校实施精准思政策略给予了明确的实践导向与科学指导。

## 二、实践意义

精准思政是精准思维在思想政治教育中的具体运用，精准思政坚持问题导向，以学生为本的原则，体现了新时代高校思想政治教育强调满足差异化需要，注重人文关怀的新特点，这对于思想政治教育的针对性和实效性的提升意义重大。

### （一）持续推进育人模式转型升级

在当前高等教育领域，思想政治教育实践中暴露的供需错位问题——即广泛采用的规模化集体教育模式与学生日益多样化、个性化需求之间的不匹配，凸显了教育供给侧结构性改革的紧迫性。精准思想政治教育策略，以其独到的"精准化"思维导向，引领了一场教育供给侧结构性改革的新浪潮，这场改革超越了简单的教育策略调整，体现为从粗放式教育模式到精细化管理的转变,从单纯追求教育规模到注重教育质量和效果的深度转变,更深层次上则是教育理念向追求教育质量和教育影响最大化演进的标志。

精准思政的精髓,在于其深度定制与高度个性化的教育供给策略,这要求教育实践者具备高度敏锐的观察力和细腻的教育感知,能深入洞悉每位学生的独特性,涵盖学习偏好、个人兴趣、价值观等多维特征,并基于此设计出触动学生心灵的个性化教育方案。在此基础上,通过融合运用大数据分析、人工智能等先进技术手段,对学生个体需求进行精准勾勒,从而达到教育资源的智能匹配和高效利用,实现"精准滴灌"。这种模式不仅大幅提高了教育资源的使用效率,更重要的是,使得教育过程科学化、精细化,确保每个教育步骤均基于严谨的逻辑和明确的目标,直接解决学生的思维困惑与成长挑战,增强了教育的实效性。

精准思政的实践,其深远意义远远超出了教育模式的表层更新,它是一场触及教育理念至实践操作全链条的深刻变革。一方面,精准思政模式的推广,促使教学理念从单一的大众化教育模式向多元化、个性化教育深度转型,对教育者提出了更高要求,不仅需要深厚的学科专业素养,还需具备高度的教育敏感性和创新能力,以适应和满足学生个性化学习的需求,设计出富有创意的教学方案。另一方面,这一策略极大地促进了教育管理的精细化程度,通过构建以学生为中心的教育生态系统,达成了教育管理和服务的精准化、智能化,优化了教育资源配置,确保教育活动能更灵活高效地响应和支持学生的成长轨迹,体现了"学生中心主义"的教育原则。更关键的是,精准思政在实现个体精准培育的同时,为社会培养创新型、复合型人才提供了强有力的支撑体系,通过深入发掘学生的内在潜能,尊重并激发其个性与创造性,促进学生在全面发展的基础上,增强其社会适应性、问题解决能力和价值判断力,为社会的持续进步和可持续发展储备了宝贵的人才资源。

综上所述,精准思政教育模式的实践,不仅标志着教育方式的革命性变迁,更是教育理念、目标及实践路径的根本性重塑,为缓解教育供需矛盾、提升教学质量、促进学生综合素质提升及构建一个更加公正、高效、人本化的教育生态提供了切实可行的解决方案,预示着我国高等教育正在向更加现代化、国际化的发展轨道稳健前行。

## (二)促进学生身心健康全面成长

在当前社会迅速转型的宏观环境下,大学生的心理特质、价值观念及行为模型正处于前所未有的动态演化之中,这对高校思想政治教育提出了更高层次的要求。传统同质化教育策略已难以满足新时代学生多元化与个性化的需求，其局限性不仅体现在对学生个体差异性和丰富性的应对不足，还可能成为制约学生创新思维及批判性思维能力发展的障碍，进而对学生的心理健康状态及整体发展造成不利影响。鉴于此，高校思想政治教育必须转型升级，将关注点从单纯的知识传播扩展至学生的全面成长，尤其是身心健康的发展。实施精准思政，本质上是对这一理念的深入实践。

精准思政的实践，要求教育者树立以学生为主体的精准教育观，通过科学的方法识别每个学生的特有需求、兴趣与潜能，以及他们在思想、心理、学习和生活各方面可能遇到的具体问题。这一过程不仅仅是对问题的精确识别，更是基于问题的深度分析来定制教育资源和教育策略，以实现教育干预的个性化与有效性最大化。充分利用现代信息技术特别是大数据分析的优势，使教育者得以洞悉每位学生的成长轨迹与内在需求，从而在尊重学生个体差异、发展阶段性和成长不平衡性的基础上，采取适时、适度、适宜的教育措施。这种教育模式不仅能够提高教育的针对性和吸引力，还有助于营造一个包容、理解和支持的学习环境，让学生感受到被听见、被看见，这对他们的自尊心、自信心建立以及抗压能力的培养至关重要。此外，精准思政还着眼于"怎样培养人"的深层次问题，通过构建多样化、分层次的教育体系，为不同背景、不同需求的学生提供量身定制的成长路径。它鼓励教师根据学生的实际情况调整教学内容和方法，通过启发式、参与式和案例式教学等多种手段，激发学生的主动探索精神和批判性思维，从而在提升学生思想认识的同时，促进其情感成熟、人格完善和社交能力的提升。

精准思政在促进学生身心健康全面成长方面发挥着不可或缺的作用，不仅是一种教育策略的革新，更是对教育本质的深刻理解和实践，旨在培养适应时代要求、具有健康人格和综合素养的新时代人才。通过精准思政的深入实施，高校能够更好地响应学生的成长诉求，助力每一位学生在复杂多变的社会环境中茁壮成长，实现个人价值和社会价值的和谐统一。

## （三）提升思政育人队伍工作效能

高校在推进精准思想政治教育的过程中，深度融合了智能算法等前沿科技，旨在不仅彻底革新日常思想政治教育的操作模式，而且追求教育资源配置的深层优化与教育实践效果的显著增强，这对全面提升思政教育队伍的工作效能具有深远的战略意涵和实践价值。

首先，精准思政通过构建一套即时响应与个性化支持系统，开创性地整合了连续、动态的数据收集与分析机制，覆盖学生的思想动态、心理健康、学业进展和日常生活等多个维度。这一系统为思政教育实践者搭建了实时的数据洞察与决策辅助平台，显著加速了从数据获取到干预实施的整个流程，诸如快速部署个性化学习辅导和即时启动心理健康支持等，极大缩短了从认知到行动的间隔，提升了教育干预的即时性和精确性，确保了教育行动的高效率与高针对性。

其次，精准思政通过智能算法的引入，催化了教育内容与方法的科学化与定制化演进，引领了从传统经验指导到数据驱动决策的教育策略转型。基于大数据分析，高校得以针对每位学生实施"量身定做"的教育方案，即所谓的"一人一策"，这种精细化匹配模式成功规避了过去"一概而论"的教育弊端，确保了教育内容与每位学生的个性化需求和兴趣点精准对接。此策略不仅激发了学生的学习动力和参与意愿，还促进了核心价值观念的高效传播，实现了教育资源与学生个性化需求的精准耦合，进一步优化了个性化教育的服务品质与成效。

最后，精准思政实践在教育管理和效果评估方面实现了智能化与动态优化的显著提升。凭借智能算法支持的动态监控机制，高校能够持续监控教育实施过程，实时发现并应对潜在问题，灵活调整教育策略以适应学生的动态变化，保证教育活动的高效运作与高度适应性。这一过程中，教育决策的科学性与合理性得到了大幅提升，深度数据挖掘与分析不仅为教育政策的精准化制定提供了强有力的数据支持，还为教育创新和科研活动注入了新的活力，为培养既具备创新精神、深厚专业知识，又富有社会责任感的复合型人才奠定了坚实的基础。可以说，精准思政的实施不仅在教育内容和方法上实现了创新与飞跃，还在教育管理与评价体系上实现了智能化、动态优化的实质性突破，为构建面向未来的高质量教育体系奠定了坚实的实践和理论基础。

## （四）提升学生主体性和参与性

精准思政教育的实施在提升学生自我效能、促进深度学习、强化社会责任感等方面的积极影响，旨在全面展现其在构建高质量教育生态中的核心作用。

第一，增强自我效能与主动精神。精准思政通过细致入微地了解每位学生的个性化特征，构建了一种以学生为中心的教育模式，这不仅增强了学生的自我意识，还显著提升了其自我效能感。自我效能感是指个体对自己完成某项任务或达成某一目标的信心，是推动个体积极参与、主动探索的重要心理机制。在精准思政框架下，学生在感受到教育内容与其个人经历、兴趣和需求的高度相关性后，会更加自信地投入学习过程中，这种高度的个体相关性促进了学生的自我认同，进而激发了内在学习动机。学生在自我效能感的驱动下，不再仅是知识的被动接受者，而是成为主动探索、质疑、构建知识的主体，这种转变对于培养具有批判性思维和创新能力的未来人才至关重要。与此同时，精准思政倡导多元评价与过程性评价相结合，强调对学生学习过程的关注和评价，包括学生在学习中的态度、努力程度、团队合作能力、创新思维等多方面。通过建立全面、动态的学生评价档案，精准记录学生的成长轨迹，不仅能够更公正、全面地反映学生的学习成效，还能及时发现学生的优势和不足，为个性化教学提供反馈和依据。此外，过程性评价鼓励学生在学习过程中不断反思和自我调整，培养了学生的自主学习能力和终身学习的意识，为学生在未来社会的持续发展打下坚实的基础。

第二，促进深度学习与批判性思维。精准思政教育模式强调实践教学与理论教学的深度融合，通过设计丰富多样的实践活动，如案例分析、项目式学习、社会服务等，不仅为学生提供了将理论知识应用于解决实际问题的机会，还促进了深度学习的发生。深度学习是指超越表面理解，达到对知识本质和内在联系的深入探究。在精准思政的实践活动中，学生不仅要吸收理论知识，更要学会在复杂情境中运用思政原理进行独立判断与理性评估，有效提升了学生在多元信息中甄别真伪、批判性思考及独立判断的能力，深化了他们对思政理论的实质理解和实际应用水平。教育实践中融入的案例研讨、辩论论坛等形式，激发了学生主动质疑、辨析信息的习惯，不仅强化了问题导向的学习方法，还内化了批判性思维技巧，使学生能够在多元观点中去伪存真，形成独到见解。通过这些实践活动，学生能够在真实世界的情境中检验理论，通过反思和讨论，形成更为成熟和全面的价值观。在此过程中，学生不再被动接受信息，而是成为积极的问题探索者，学会了在不同观点的碰撞中提炼独到见解，这种以问题为中心的学习路径，促使学生掌握了在实际情境中验证理论、通过深入反思和多方讨论以塑造全面、成熟价值观的技巧。精准思政的实施，不仅丰富了学生的学习经历，还使其成为知识的主动构建者，这种学习方式为学生提供了更为丰富的学习体验，使他们成为主动的知识创造者而非简单的信息接收者。

第三，增强团队精神与家国情怀。精准思政教育体系中的小组合作学习模式，为学生提供了培养团队合作与沟通能力的宝贵平台。通过小组讨论、项目合作等互动学习方式，不仅促进了学生之间知识与观点的交流，还锻炼了他们在团队合作中的领导力、协调能力和沟通技巧,这对于学生适应未来多元化、协作性强的社会环境至关重要,有效提升了学生的社交适应性和团队合作精神。在参与社会调查、志愿服务等过程中,学生不仅能够直观地观察社会现象,理解社会问题的复杂性,还能通过亲身体验,感受到个人行动对社会的正面影响。这种"做中学"的模式,让学生在实践中体会到作为社会成员的责任与义务,激发了他们的公共精神和社会责任感。尤为重要的是,精准思政通过引导学生关注国家发展、社会进步,参与公共议题讨论,使学生能够在思考和行动中逐渐形成正确的历史观、民族观、国家观,为培养具有国际视野、家国情怀的新时代青年提供了坚实的基础。

综上所述,精准思政教育模式的实施,不仅是对传统教育模式的一次重大革新,更是对教育本质和目的的深刻反思。通过精准定位学生需求,强化实践教学,培养社会责任感,以及优化评价机制,精准思政为学生提供了更加个性化、深入、全面的学习体验,不仅提升了教育的针对性和效率,还为学生综合素质的全面发展提供了有力支撑。这一模式的持续探索与实践,对于构建面向未来、适应社会需求的高质量教育体系,培养具有全球视野、创新精神和社会责任感的时代新人,具有不可估量的价值与意义。

## 第四节 精准思政的实践探索与启示

习近平新时代中国特色社会主义思想政治教育的核心任务在于实施精准思政,这不仅是培养德智体美劳全面发展的高素质人才的应有之义,也是对传统思想政治教育理念和教育模式的革新。较之于传统思想政治教育的"大水漫灌",精准思政强调"精准滴灌",即以精准思维为引领,与现代信息技术紧密结合,动员各方力量,整合多方资源,力求在思想政治教育的对象选择、内容安排、方法运用和效果评估等多个层面与环节实现"精"与"准"的有机统一,进而化解传统思想政治教育供需不匹配、不平衡、不充分发展的矛盾,通过教育教学实践与管理的逐步深化,实现高校思想政治教育的精准育人目标。本文旨在从多重维度分析比较当前各个高校开展精准思政的具体实践,探索其有益启示及借鉴意义。

# 一、精准思政的实践探索

## （一）精准思政的核心要义

### 1. 精准识别教育对象

"精准思政"理念强调教育活动的"精"与"准"，即教育实践要有的放矢。因此，思政活动的首要任务是深入了解和全面把握教育对象的基本特性及其独特需求，从而实现教育内容的有效供给，确保教育策略与教育对象需求相契合。

**（1）精准把握教育对象的特征**

习近平总书记指出，"现在这一代年轻人，也在变化之中，他们的思想、心态也正在改变"。在新时代背景下，大学生所处的成长环境较为优越，丰富的物质条件为其成长提供了广阔的发展空间。同时，作为网络原住民，大学生易受多重社会思潮的影响，具有多元文化冲突下个体意识与价值观念分化、异化的特征，显示出对多样性和个性化的追求。

一是价值取向多元复杂。大学生身心发展尚未完全成熟，同时个人成长环境、家庭背景、教育经历的不同使得其价值判断、为人处世也不尽相同。而泛在信息化时代又为大学生快速获取海量信息资源提供便利，促使其在思想观念和价值取向上呈现多元化、复杂化的态势。这既是个体充分发展的必然结果，也是社会结构变迁的现实反映。

二是主体意识觉醒明显。中国经济的高速稳定发展为大学生的成长提供了丰富的资源和多样的选择，同时提升了个体自信心，他们更趋向于在网络上表达自己的观点。经历了社会转型期，大学生对个体以及个体所处的社会环境、社会角色和定位有了更加清晰的认知和理解，群体意识较为淡薄，个体意识高度凸显。网络显著弱化了现实生活中因社会地位和文化背景而造成的个体差异，大学生平等意识强烈，渴望平等地表达自己的观点和看法，其意见的表达呈现出去权威化、去中心化的特征，主体意识觉醒较为明显。

三是信息消费意愿强烈。作为"数字原住民"，大学生群体体现出强烈的信息消费意愿和能力，网络使用频次和网络依赖性日益增强。网络不仅是其获取信息媒介的主要渠道，更是其学习、社交、娱乐的主要方式，在塑造他们的三观的同时，散落在虚拟空间的各类数字足迹也体现其生活习惯、日常偏好等，折射出其思想状态和价值观念。

**（2）精准了解教育对象需求**

马克思认为，需要是促使人类发展和社会进步的重要力量，需要应该被认识。思想政治教育归根结底是做人的工作，理应充分认识和科学把握人的真实需求。实施精准思政，需要从及时回应学生关切入手，想学生所想，思学生所思，从而提升思想政治教育的针对性和有效性。

根据马斯洛的需要层次理论，需要是多重维度的，不仅包含物质层面的需求，也包含精神层面的现实需要；同时需求并非一成不变的，当某一层次的需求得以满足时，通常会产生新的需求。因此，分析教育对象的需求时，应从其作为确定的人，现实的人出发，既要识别教育对象因年龄、性别、民族、地域等产生的群体需求差异，也要识别教育对象因成长经历、兴趣爱好、娱乐及消费偏好等引起的个体需求差异，既要将教育对象放在特定的历史时期、成长阶段分析其现实需要，又要对其行为轨迹进行模型建构与分析预测，充分挖掘其动态需求，精准了解教育对象的现实样态，既要关注教育对象衣、食、住、行、用等物质层面需求，也要关注其学习、社交、个人发展及自我价值实现等精神层面需要。

"'思想'一旦离开'利益'，就一定会使自己出丑。"开展思想政治教育时，唯有从教育对象的现实需要与根本利益出发，将学生成长成才的个体需求与社会的全面发展需要融合，才能切实有效提升思政育人质效。面对当前教育对象需求日趋多样化和复杂化的趋势，应紧密结合高校思想政治教育的育人目标和内在规律，以最大限度地满足其多元化、个性化需求为出发点和最终归宿，实现人的自由而全面的发展。

**2. 精准供给教育内容**

在新时代背景下，机械的重复式、说教式教育内容难以引起教育对象的思想共振和情感共鸣。究其原因，教育内容并未真正嫁接教育对象真实需求，供需错位、失衡的矛盾仍未根本解决。而精准思政强调内容的精准供给，即基于教育对象的个性特征和现实需要，精心设计贴合学生实际的思想教育内容和服务，确保教育内容与教育对象同向同行。

一是教育内容定制化。区别于传统思想政治教育的"应然性"假设与立场，精准思政注重从需求端发力，强调"内容为王"。在设计准确有效的教育内容时，一方面应注重差异性，将教育对象作为"现实的人"，充分考量受教育者的群体差异和个体差异。即坚持一切从实际出发，聚焦受教育者的年龄、性别、专业背景、地域、民族等群体差异设计不同教学内容，实施有计划、分层次、针对性教学。同时关注个体差异，精确把握受教育者的认知差异、性格差异、偏好差异等，通过对教育内容模块的重组与集成，采用符合受教育者的认知能力和接受能力的话语进行重新叙事。另一方面需突出实践性，思想政治教育话语与内容应充分尊重学生主体地位，引导学生在学中做，在做中学，做到理论联系实际。坚持问题导向，注重回应学生现实关切，以解决学生实际问题为旨归，在引导学生运用思想政治理论解决实际问题中进一步增强学生认同感与获得感。

二是教育内容动态化。传统思想政治教育供需错位的矛盾导致教育内容落后于学生现实需求，缺乏时代感、生命力的话语内容造成学生因兴趣缺失而难以感同身受，从而导致教育效果大打折扣。精准思政遵循唯物史观的发展理念，聚焦教育对象不同成长阶段的实际需求，注重适时调整，以此保持教育内容与教育对象需求的动态平衡。大学生的需要受社会宏观环境和个体微观因素的双重影响而处于变动发展中，因此教育者的话语体系不能一成不变，不能机械重复，而应充分运用大数据、云计算等现代信息技术，精准洞察教育对象的个性化需求，灵活调整教育内容，以此化解传统思想政治教育的供需错位、失衡、滞后问题，以达到精准发力，靶向施策。

### 3. 精准选择教育方法

方法得当，就会事半功倍。构建行之有效的思想政治教育策略，可有效推动思想政治教育育人成效。精准思政强调从教育对象实际出发，针对性地选择教育方法与策略，精准施策，同时注重根据教育内容综合运用育人方式方法，使教育方法与教育内容、教育对象精准匹配，打好组合拳，从而显著提升思想政治教育效果。

一是因材施教，创新思想政治教育叙事方式。传统的灌输式思想政治教育方式已不适合个体意识、自我意识突出的新时代大学生。区别于"被动接受"，他们更倾向"主动探寻"，享受自我获取的体验感和满足感。同时,全媒体时代，学生获取信息的途径更为多样化，各种思想、观点影响着他们的价值判断和价值选择。因此，思想政治教育应注重以学生为本，充分尊重学生主体地位，根据教育对象特征与需求适当选择教育方法。

对症下药方能药到病除，思想理论的传播不仅要注重科学性，更要注重艺术性，唯有用学生喜闻乐见的教育方式才能润物无声。"理论一经掌握群众，也会变成物质力量"。创新思想政治教育叙事方式，融入时代发展、学生实际、鲜活素材的话语方式和话语表达技巧能大大提升思想政治教育的趣味性和亲和力，增进受教育者的情感共鸣，从而引导其将理论深刻内化，使之成为个人独特的世界观、思考模式和价值规范，在实践中自觉实现规律性与目的性的统一，促使精神力量变成物质力量，推动社会的进步与发展。

二是因事而化，精准对接思想政治教育内容。随着社会的发展进步，思想政治教育内容也随之经历了内涵式发展和深度拓展。借助现代信息技术，思想政治教育内容从主要依靠文字到结合图像、音频、视频、符号等声像信息与可视化素材，内容更为丰富、立体、生动，而传统的思想政治教育方法无法予以呈现，显得力不从心。鉴于此，高校思想政治教育须不断探索和创新教育方法，紧跟时代步伐，与教育内容适配。此外，由于思想政治教育内容的多元复杂，单纯依赖某一种教育方法难以全面、精准展现其内在价值与深层次含义，教育者应充分把握各种教育方式的特点和独特优势，综合运用议题式、情景式、体验式、活动式等多种教育策略并加以融会贯通，同时借助现代信息技术拓展育人场域，如基于大数据技术挖掘思想政治教育元素，构建知识图谱，基于智能化设施设备构建虚拟实践场景以增强学生体验感，通过灵活的、精细的、隐性的教育方式增强全媒体时代社会主义意识形态引领力。

**4. 精准评价教育成效**

精准评价教育成效是精准思政中衡量育人效果的重要一环，其重要性不仅体现在对教育效果的现实考量，更在于对教育内容、教育过程和教育策略的及时纠偏和持续优化。大数据、人工智能、算法技术等为精准思政提供了强有力的技术支撑，通过准确、快速、全面的各项思政数据指标，可对思想政治教育全过程动态评估和快速调整，进一步提升思想政治教育精准度，推动其螺旋式上升和波浪式发展。

一是贯穿式评价，实现全过程育人。贯穿式成长画像可收集学生各个成长阶段的数据和信息，从多个维度构建全面而精准的个人成长图景，当前广泛应用于各个高校思想政治教育的具体实践，以帮助教育者全面掌握学生成长轨迹和个体差异，从而提供个性化的帮助与指导。由于学生的身心成熟和成长成才并非一蹴而就，在此过程中其思想观念、价值判断与行为选择处于复杂的动态变化、发展中，因此对其效果评价也应动态化，长期追踪并覆盖其成长成才全过程，并针对其不同成长阶段的身心特点、兴趣爱好、思想状况、社会实践等方面的数据信息动态调整，及时校准教育者的教育内容和教育方式，推动教育教学改革，确保教育主体和教育对象精准适配，达到教育反馈目的，实现全程育人。

二是多维度评价，实现全方位育人。传统的思想政治教育评价大多基于某一特定的标准对教育对象进行结果衡量，评价方法较为单一，不适用全部教育对象，也忽视了教育对象的个体差异和身心发展的阶段差异，评价有失偏颇。此外教育评价的调整从接收信息反馈到修正纠偏行为周期较长，常常滞后于教育活动实际。良好的教育评价体系并非一成不变，并非简单粗暴，需要构建客观、合理、全面的评价指标体系对学生成长发展进行综合考量，同时适时根据实际情况不断完善更新。精准思政则在充分利用大数据、算法技术进行学生行为指标数据读取、计算、分析的基础上进行数字化考核，同时考虑学生现实差异和综合素质的提升，从知、情、意、行等入手，全方位考查学生德智体美劳各方面，形成综合性评价，同时根据教育过程中的问题动态调整更新，进一步提升思想政治教育整体质量。

## （二）精准思政的实践路径

### 1. 整合资源，搭建一体化的思政教育平台

大数据不仅代表着一种先进的技术手段，更象征着一种前瞻性的思维模式和高效的管理策略。在当今互联网领域，平台模式的资源整合与服务集成已成为主导潮流。高校应紧抓这一时代机遇，通过构建大数据模型，搭建大数据服务平台，将大数据与思想政治教育深度融合，以此推动教育模式的创新。

第一，平台助力精准识别教育对象。精准识别是精准思政的前提和基础。在获取学生信息和数据分析方面，传统的思想政治教育常常需要花费大量的时间、人力、物力，不够节约与高效。借助现代信息技术，可快捷全面地获取学生信息与成长相关数据，并在此基础上对学生开展群体画像和个体画像，精准而全面地把握学生成长规律和身心特征。此外，随着互联网技术的蓬勃发展，人们日益倾向于在网络空间内开展各类活动，其行为轨迹和活动详情均在网络上留下了清晰的印记。这些全时段、无间断的数字足迹也折射了其背后的思想动态和现实需求。同时，网络成为学生表达需求、意见与建议的重要平台，弥补了传统思想政治教育单一化、粗放式的教育模式，其作为教育主体的个性化需求得以尊重，极大实现了人的自由和全面的发展。

第二，平台助力全面整合教育资源。学生在哪里，思想政治教育就应该

在哪里。"互联网是当前宣传思想工作的主阵地,这个阵地,我们不去占领,人家就会去占领,我们不去团结,人家就会去拉拢。"当前,网络成为重要活动空间,教育的场域也应从线下拓展至线上。在构建思想政治教育平台时,应广泛吸纳多元化的教育主体与资源,以实现"平台即校园"的教育理念。通过全面整合区域资源、校友资源、地方资源、行业资源、教师资源等,充分挖掘思想政治教育的现实素材,整合校内校外、线上线下、有形无形等资源,搭建一体化思想政治教育大平台,构建多维、立体、丰富的"大思政"育人格局。

**2. 科学设计,优化精准思政的教育内容**

大数据时代,以往的思想政治教育难以突破虚拟空间和现实空间的巧妙融合,加之教育对象更为活跃、个性化的现实特点,需要科学设计并优化精准思政的教育内容,重新优化思想政治教育叙事方式,相比较"灌输","溶解"更符合当前思想政治教育实际,结合前沿技术精心谋划教育内容,可视化、场景化、体验式的教育内容,不仅有助于提升思政教育的实效性,还能更好地满足当代学生的多元化需求。

首先,内容的数字化是思政教育现代化的必然趋势。通过利用现代信息技术手段,将传统的文字教材转化为多媒体、互动性强的数字内容,构建数字化思政教育资源库。这种转化不仅使教育内容更加丰富多维、生动立体,如音频、视频、动画等符号化、音像化思想政治教育话语素材等,以及虚拟现实(VR)和增强现实(AR)技术带来的虚拟场景,不仅带给沉浸式的学习体验,让其身临其境地感受历史事件、历史人物和人物精神等,增强学习的真实感和体验感,同时可以打破时间和空间的限制,营造全天候的学习氛围,让学生随时随地都能接受到思政教育,实现教育资源的全球共享。

其次,内容的艺术化是提升思政教育吸引力与感染力的关键。思政教育不仅仅包含传授理论知识,同时也包括三观的塑造和情感纽带的维系。因此思想政治教育内容应该是科学性和艺术性的双重结合。在注重理论传播的同时,也应精心谋划教育内容。"好的思想政治工作应该像盐,但不能光吃盐,最好的方式是将盐溶解到各种食物中自然而然地吸收。"通过隐秘地、巧妙地将艺术元素融入思政教育内容中,如通过音乐、绘画、影视作品等艺术形式展现思政教育内容,不仅能提高学生的学习兴趣和参与度,而且让学生在欣赏艺术的同时,潜移默化地实现情感与认知的共鸣,深刻领悟思想政治教育的内在逻辑与要义,使思政教育更加具有感染力和吸引力。

### 3. 强化素养，打造专业而协作的思政队伍

随着信息技术的迅猛发展和教育改革的持续推进，思政教育的重要性日益凸显。为了适应时代发展的需要，思政队伍必须具备更高的专业素养和协同能力，唯有强化思政队伍的综合素养与综合能力，才能切实提升思政教育的精准度和有效性，为培养德智体美劳全面发展的社会主义建设者和接班人提供有力保障。

一是具备数字思维。精准思政需要精心谋划，精准施策，首先需要从需求端发力，借助大数据、算法技术等精准识别教育对象，之后从供给端着手，通过精心策划教育内容，注重教育方法，完善教育评价等，达到供需匹配和有机统一。其复杂性决定了高校教育者必需信息技术素养，能够通过大数据、算法推荐等收集思想政治教育相关数据信息，并行之有效地进行数据分析与数据预测，快速从海量数据信息及浏览记录中挖掘、识别教育对象，通过精准画像，深入而全面了解教育对象，为精准施策提供科学依据。

二是具备专业知识。思政队伍的专业素养是其履行职责的基础。为了提升教育者的专业知识和素养，首先要加强其思想政治教育理论的学习，深入理解党的路线、方针、政策，把握思想政治教育的基本规律和原则，增强理论自觉，在大是大非面前保持正确的立场，明辨是非，做政治上的明白人。其次，要关注学生成长规律，了解学生的心理特点和成长需求，对学生身心特征和现实需求心中有数，能用学生可接受的方式开展工作，为学生提供有针对性的思政教育。此外，还应加强思政教育者的跨学科学习，拓宽其知识视野，同时增强其对社会前沿问题、热点问题的敏感程度，并巧妙引导风向，增强社会主义意识形态引领力。

三是优化人才培养。为了打造一支高素质、专业化的思政队伍，需要不断优化人才培养机制。首先，应建立完善的培训体系，提供系统的培训和进修机会。精准思政离不开前沿技术的广泛应用，而新技术处于不断地更新迭代升级中，因此，思想政治工作者应不断更新知识和技能，提高自身综合素质和思想政治工作能力。其次，要完善激励机制，根据业绩水平给予相关绩效，同时提高待遇和地位，设立职业发展专业化通道和晋升机会，激发工作积极性和创造力。最后，要加强思政队伍的交流与合作，建立协同工作机制，形成全员育人的教育合力。

### 4. 精准评价，推动教育根本任务贯彻落实

精准思政以精准思维为指导，以人工智能、大数据等前沿技术为支撑，

通过精准评价思想政治教育全过程，促进思想政治教育革新。精准评价需要摒弃破除单一的思维定式，树立辩证的、全面的、系统的发展理念，综合把握教育对象的思想态势、行为轨迹，注重对其多维度、全方位、全天候的考察衡量，在不断地反馈、调节、优化中推动教育根本任务贯彻实施。

一是评价的动态化。精准评价的培养目标在于促进教育对象自由而全面地发展，但对其育人目标的衡量不能仅依据最终结果进行评判，应贯穿思想政治教育全过程，注重考察教育过程中学生知、行、意、行的改变及转化，通过相关评价指标及设置相应权重，对其予以客观记录和持续跟踪，而非结果的一锤定音。为了实现全过程评价，需要充分利用大数据和智能算法，构建动态化评价模型。该模型应能够实时跟踪学生的学习进度和表现，对学生行为轨迹进行分析与预测，评价教学效果和管理效率，及时反馈评价结果，并根据反馈内容找出存在的问题及不足，对教育过程及时纠偏，评估总结教育成效与不足，以便适时调整优化，实现教育的及时纠偏和持续改进。

二是评价的全面化。思想政治教育以培养德智体美劳全面发展的社会主义建设者和接班人为最终旨归。在推动教育根本任务贯彻落实的过程中，要坚持全面、系统的思维方法，将关乎思想政治教育的各个要素和数据统一纳入考量范围。借助大数据和智能算法，构建科学、全面、多维的评价指标体系，精准把握学生身心特征和成长状况，促进全面发展。通过大数据的应用多方面收集、挖掘学生教育教学活动中的各项数据，为评价教育对象提供丰富的信息基础，通过智能算法的应用对相关数据进行深度分析，充分挖掘个体潜力，为个性化教育提供有力支持。

## 二、精准思政的启示

### （一）技术赋能——打破"唯技术论"

大数据、智能算法等前沿信息技术是精准思政的重要支撑，通过先进的数据分析技术，可以精准而全面地描述教育主体的基本情况和个性特征，了解其思想观念、价值理念、行为范式，基于对教育对象的精准把握，精心谋划教育内容，精准适配教育策略，同时针对教育教学过程中的问题反馈进行优化与升级，实现对受教育者的价值熏陶，润物无声地切实提升社会主义意识形态引领力。与此同时，我们也必须意识到，数据本身并无价值导向，只有基于特定的现实需要和特殊目的时，数据才被赋予了一定的价值与意义。同时，大数据在解读师生复杂思想动态时，仍难以达到完全且人性化的深度。

一方面大数据难以对所有数据进行分析预测。诚然，大数据能轻而易举获取海量数据资源，但是并不能分析、解读所有数据并合理预测，如对事件、行为本身等可通过建立指标体系，设置相应权重等方式开展定量分析，而对思想、动机、情绪、偏好等感性思维难以准确量化，存在局限性。因此，大数据能精准分析的数据是有限的，不能简单粗暴地妄图对所有信息进行数据化处理，更不能用数据分析代替价值判断。另一方面，大数据难以对所有数据进行深度透析。教育对象内化的思想动态及其转化可以通过外在行为予以表征，大数据能对此精准捕捉并分析预测，但是对其内在思维方式及其思想转变过程则难以准确读取，同时表层的量化指标无法精准评估深层的内化效果。此外，部分教育者陷入对大数据等信息技术的盲目相信和过度依赖中，完全忽视了人的主观能动性，出现"唯数据论""唯技术论"的错误倾向，弱化了精准思政的价值引领力。

因此，高校在利用大数据实施精准思政时，既要具备数字思维，积极拥抱新技术，推动思政工作传统优势同信息技术高度融合，深度把握数媒时代下新技术应用所挖掘的新的教书育人规律、学生成长规律、思政教育规律，利用智慧服务系统、安全预警系统、学情数据系统等进行智能匹配、智能分析及智能推荐，精准投放，有的放矢，在结合群体图谱和个性画像中精准育人；但同时也启示我们数据本身无价值导向，无法实现有效的价值判断和价值引领，需要充分发挥人的主观能动性。因此在运用大数据时，需要充分尊重人的主体地位，发挥创新精神，避免产生数据依赖，陷入对数据的盲目崇拜，唯数据论、唯技术论而忽视人的主体地位、主观能动创造；同时坚持"技术正义"。

### （二）信息茧房——打破"唯精准论"

全媒体时代，算法推荐被广泛应用在信息传播中，早已渗透到教育对象的现实生活和虚拟场景中。精准思政强调针对不同教育对象精准分发，达到教育内容的供给和教育对象的需求完美适配，从而满足教育对象对教育的美好向往和追求，这与智能化的算法推荐的底层逻辑一致。因此，将算法推荐技术融入思想政治教育，可以针对教育对象的个性化需求精准投放思想政治教育元素与媒介信息，化有形于无形，潜移默化地改变错误认知和思想观念，构建社会主义主流意识形态，凝聚社会共识。

同时，通过算法计算精准识别用户需求，并基于抓取分析用户行为数据，精准构建用户画像，并基于个体差异、兴趣爱好、性格特点等进行算法推荐，精准投放思想政治教育元素与内容，确保思想政治教育内容与学生个性化需求契合，增强学生对思想政治教育的持续关注，增加用户黏性。但是也应注意到算法推荐作为一种理性工具，主要服务于理论传播的精准度，与此同时也造成用户接触信息过窄，并影响其思想观念及行为抉择。一旦用户被动地选择性接触信息，久而久之就不免陷入"信息茧房"，加之学生因年龄、思维特征，其信息处理素养和能力不够，容易造成思维局限、僵化，不利于其全面、客观、理性看法和分析问题。

当前，尽管各大高校均已注重使用大数据技术开展思想政治教育，但部分教育者还未能全面驾驭这一新兴领域，特别是难以对学生的信息圈层现象及时纠偏，加剧了其信息来源的过窄化和信息内容的片面化，造成学生难以客观、全面地看待问题，长此以往，学生思想僵化、封闭、狭隘，不利于价值观的理性塑造。

因此，各个高校在思想政治教育信息传播中，应合理、有度地使用算法推荐等工具，避免陷入精准陷阱，应注重广泛性和针对性的有效结合和互相作用，此外还应注重提升教育者与受教育者的信息处理素养和能力。

### （三）数据使用——打破"数据孤岛"

当前各个高校的院系及职能部门在开展工作过程中注重搭载智能化设施设备及手段，大大提高了工作的便捷性和效率。同时具备数据思维，加强对数据的采集、存储、分析及有效使用，但是统一存在数据各自为政，不具备整体思维、系统观念，难以实现数据的共建共享，未能打通"数据最后一公里"，数据的价值效用、受众规模和思政工作的协同效应，跨部门相互读取、交换、匹配数据仍是摆在各个高校的突出问题。

不少高校均已意识到该问题，但各个部门数据依各自业务工作要求建构，由于平台不同，数据结构、质量、编码及解码方式不尽相同，同时受高校现有的数据分析技术及人员专业性不强，无法对庞大数据进行实时读取和交换，各自分散的数据无法产生价值关联，发挥协同效应。此外，高校和行业、社会的对接力度不够，未能基于大数据等信息技术展开广泛交流和深度合作，大数据使用率、转化率不高，而这些"暗数据"难以转化为有价值的思想政治教育信息，不利于提升育人工作的整体质效。

数据质量直接决定数据的精准度，而数据的精准度是开展精准思政的前提和基础。数据孤岛启示我们应加强顶层设计，具备系统观念和整体思维，在开展精准思政时应树立全员、全过程、全方位育人理念，推动数据跨部门流动与协同，推动资源共享与整合。同时深化校企合作、校地合作，提升数据有效性和使用率。

# 第二章
# 高校学生成长智慧社区的价值与作用

随着信息技术的飞速发展，智慧社区作为一种新型的社区管理模式，逐渐受到广泛关注。智慧社区通过运用物联网、大数据、人工智能等先进技术，实现社区管理的智能化、高效化和个性化，为居民提供更加便捷、安全、舒适的生活环境。这一趋势也在逐渐向高校延伸，成为高校学生社区管理的新方向。当前，高校学生社区面临着诸多挑战，如管理效率不高、服务质量不高、安全隐患等。传统的学生社区管理模式已难以满足现代高校学生的需求，亟须进行创新与改进。学生智慧社区的建设对于高校学生管理具有重要意义。通过引入智慧化管理手段，可以提高学生管理的效率和质量，优化学生的生活环境，促进学生的全面发展。同时，智慧社区的建设也有助于推动高校的信息化建设进程，提升高校的整体竞争力。

## 第一节　高校学生智慧社区的理论依据及概念阐释

高校学生智慧社区其理论依据主要源于现代信息技术的高速发展，特别是物联网、大数据、云计算及人工智能等技术的集成应用。这一模式旨在通过整合学生社区资源，提升管理效率与服务水平，实现社区的智能化、信息化与人性化。

## 一、高校学生智慧社区的理论研究现状

随着信息技术的迅猛发展和高校教育模式的创新，高校学生智慧社区作为教育信息化和校园智能化的重要组成部分，逐渐成为学术研究的热点。本文旨在围绕高校学生智慧社区的理论研究现状进行文献综述，梳理相关研究成果，为后续研究提供参考和借鉴。

### （一）国外相关研究现状

国外学生社区起源较早，牛津大学、剑桥大学等著名高校学生社区萌发于住宿学院（Allen B, 2013）。尽管在不同国家与高校中学生社区的名称不同，如在剑桥称为宿舍（dorm）(Allen McFarlane, 2011)，在耶鲁称为学院（college）(Ryan, M.B, 2003)，在哈佛称为学舍（house）(Robert J, O'Hara, 1995)，但实质和精神是相通的。国外住宿学院起初是为师生提供住宿和学习的场所，而后发展为集住宿、就餐、学习、交流等多功能于一身的社区书院（Henry Rosovsky, 1990），但也存在弊端，如学院各自为政、大学与学院分而治之的情况、住宿学院资源分配不合理等（Amaury Nora, Gloria Crisp, 2011）。国外有学者认为，要积极倡导服务外包方式，使智能化满足学生生活需求更专业（Joint Information Systems Committee, 2012）。因不同体制的差异，国外研究学生社区多从学生事务管理的角度展开，聚焦于运用如教育学、心理学、伦理学等协同推进起到教化民众、民族教育、道德教育和统领政治生活的目标（West, Darrell M, 2012）。

### （二）国内相关研究现状

作为思想政治教育领域传统的研究议题，学界对"高校学生社区"的研究丰富。

#### 1. 智慧社区的理论框架研究

智慧社区的理论框架是高校学生智慧社区理论研究的基础。目前，学术界对于智慧社区的理论框架尚未形成统一的认识，但普遍认为应包括信息化基础设施、智能化管理系统、个性化服务体系和互动交流平台等组成部分。例如，有学者提出了智慧社区建设的"四维模型"，即技术维度、管理维度、服务维度和人文维度，为高校学生智慧社区的建设提供了理论指导。

**2. 智慧社区的建设模式研究**

高校学生智慧社区的建设模式是实现智慧化管理的关键。目前，学术界对于智慧社区的建设模式进行了多种探索和实践。例如，有学者提出了基于云计算和物联网技术的智慧社区建设模式，通过构建统一的信息化平台和智能化管理系统，实现对学生社区的全面感知和智能决策；还有学者提出了基于大数据分析的智慧社区建设模式，通过对海量数据的挖掘和分析，为学生提供更加精准和个性化的服务。

**3. 智慧社区的应用效果研究**

高校学生智慧社区的应用效果是评价智慧化管理成效的重要指标。目前，已有一些学者对智慧社区的应用效果进行了实证研究。例如，有学者通过问卷调查和数据分析的方法，发现智慧社区的建设能够显著提高学生的学习效率和生活满意度；还有学者通过案例研究的方法，深入剖析了智慧社区在高校学生管理中的成功实践和经验。

众多学者普遍强调学生社区是高校开展思想政治教育和三全育人的重要抓手，应遵循"发挥先锋效能、完善协同育人、彰显全员效应、健全管理服务、倡导自我治理、丰富实体功能、营造文化氛围"等工作思路，促进"一站式"学生社区综合育人功能的有效发挥（严明等，2022）。主要的研究动态有：

一是从研究学科归属来说，有的基于不同学科如管理学（马成瑶等，2022）、设计学（文军等，2022）、心理学（陈南菲等，2021）等某一内容的高校学生社区共同体营造，也有学者从社会学的角度研究学生社区治理现状、空间结构及优化框架，比如高校学生社区的结构要素与空间建构逻辑（周远等，2022），有的针对达成有形规则与无形秩序交织的高满意度社区的共同体生活理念（李娜等，2022）。

二是研究方法来说，有的基于比较分析的学生社区服务体系创新动向，如美国（李瑞琳，2021）、英国（侍非等，2018）等学生社区教育经验与启示；有的基于不同理念的智慧化设计，如智能化（韩国炜等，2022）、互联网技术（江孤迅等，2022）、网络社区（李玉等，2022）、思政教育（陈云涛等，2022）等方面使学生社区治理路径优化；也有学者从学生社区综合管理育人模式建设研究。一些学者把学生社区建设结合党建工作（陈城等，2023）、创新创业教育（赵伟等，2023）、劳动教育（郭晓川等，2022）及文化建设（杜蓓等，2022）等方面进行研究。

国内外研究为本书针对高校学生智慧社区的研究提供了丰富的理论依据，

为本书提供了一定的研究基础与思路,但仍有拓展空间。一是已有研究主要聚焦在育人模式建设、治理现状描述及治理机制优化等内容,通过相关理论资料与实践成果的解读,发现精准思政是思想政治教育未来发展的根本态势与智慧化选择(周远等,2020),这也为本研究提供了前瞻性选择,然而这方面的研究目前还较少。二是虽存在"精准思政"以及"学生社区"两方面的研究,但会发现同质性强,且论述不全面,缺少理论支撑与系统总结,特别是针对高校学生智慧社区构建过程中运用精准思政助力学生成长方面还需予以拓展研究。大学生作为时代新人,备受关注,他们的成长成才关乎祖国的未来。本书借鉴国内学者前期研究成果,建立新的研究范式,研究学生社区中精准思政"新"要求与运用数字化手段助力学生成长"新"变化,提出两者有机结合的"新"路径。

## 二、高校学生智慧社区的概念阐释

虽然高校学生智慧社区的理论研究已取得了一定的成果,但仍存在许多问题和挑战。例如,如何进一步提高智慧化管理的效率和质量?如何更好地满足学生的个性化需求?如何保障学生的信息安全和隐私权益?这些问题都需要我们在未来的研究中进行深入探讨和解决。同时,随着技术的不断创新和教育模式的变革,高校学生智慧社区的理论研究也将面临新的机遇和挑战。我们需要继续加强技术研发与应用、完善政策支持体系、推动多方合作与协同创新等工作来不断推动高校学生智慧社区建设的深入发展。

### (一)高校学生智慧社区的内涵

结合高校特点,我们可以将高校学生智慧社区定义为:以高校学生为主体,运用物联网、大数据、人工智能等先进技术手段进行智能化管理的新型学生社区形态。它旨在为学生提供更加便捷、安全、舒适的生活和学习环境,促进学生的全面发展。高校学生智慧社区具备多种功能与服务,如智能化管理服务、个性化学习支持、便捷化生活服务以及丰富的社交互动等。这些功能与服务能够满足学生在生活、学习、社交等方面的多样化需求,提升学生的整体满意度和幸福感。

高校学生智慧社区建设的目标是以学生为中心,提升学生管理效率和服务质量。为实现这一目标,需要遵循创新性、实用性和安全性的建设原则。

创新性原则要求不断引入新技术和新理念,推动学生社区管理的创新与发展;实用性原则要求注重实际需求和应用效果,确保智慧社区的建设能够真正惠及广大学生;安全性原则要求加强信息安全和数据保护工作,确保学生的隐私和权益不受侵害。

高校学生智慧社区是一个技术集成的平台。它综合运用了物联网、云计算、大数据、人工智能等现代信息技术,实现了对学生生活、学习、社交等各方面的智能化管理和服务。通过智能感知设备,社区能够实时收集和分析学生的行为数据,为学生提供更加个性化、精准的服务。同时,高速的网络连接和强大的数据处理能力,保证了学生在任何时间、任何地点都能享受到便捷的信息服务和资源获取。高校学生智慧社区还蕴含着深刻的教育理念。它强调以学生为中心,尊重学生的个性差异和多元需求,致力于为学生创造一个自由、开放、创新的学习环境。在这个环境中,学生不再是被动的知识接受者,而是积极的学习参与者和创造者。他们可以根据自己的兴趣和需求,自主选择学习资源,定制个性化的学习路径,与同伴和教师进行深入的交流和合作。这种以学生为主体的学习方式,有助于培养学生的自主学习能力、创新精神和批判性思维。

高校学生智慧社区还是一种创新的管理模式。它打破了传统的学生管理模式中时间和空间的限制,实现了对学生全方位、全过程的动态管理。通过智慧社区平台,学校可以更加高效地发布通知、管理学生信息、处理学生事务等。同时,智慧社区还为学生提供了丰富的自我管理和自我服务的功能,如在线选课、成绩查询、健康监测等,大大提高了学生管理的效率和便捷性。此外,智慧社区还通过数据分析和挖掘,为学校提供了科学决策的依据,有助于学校优化资源配置、提升教育质量。它更是一个文化的载体。它倡导开放、包容、创新的文化氛围,鼓励学生积极参与社区建设和管理,发挥自己的创造力和想象力。通过智慧社区的各种活动和项目,学生可以展示自己的才华和成果,获得成就感和归属感。这种文化氛围的营造,有助于培养学生的社会责任感和公民意识,促进他们的全面发展和成长。

### (二)高校学生智慧社区的特点

#### 1. 数据驱动的决策与服务

高校学生智慧社区高度依赖数据来进行决策和服务提供。通过收集和分析学生的学习、生活、社交等各方面的数据,社区管理者能够更准确地了解学生的需求和偏好，从而为他们提供更加精准的服务。例如，通过对学生图书馆借阅记录的分析，可以为学生推荐他们可能感兴趣的书籍或学习资源；通过对学生餐饮消费数据的分析，可以优化食堂的菜品结构，更好地满足学生的口味需求。

**2. 智能化的管理与服务流程**

高校学生智慧社区的管理与服务流程都经过智能化的改造。在物业管理方面，智能楼宇系统能够实时监控和控制宿舍的温度、湿度、照明等环境参数，确保学生居住的舒适度；在安全管理方面，智能安防系统能够实时监控社区的各个角落，及时发现并处理安全隐患；在服务提供方面，智能机器人、自助终端等设备能够为学生提供24小时不间断的服务，如自助洗衣、自助购物等。

**3. 个性化的学习与生活体验**

高校学生智慧社区注重为每个学生提供个性化的学习与生活体验。通过智能学习平台，学生可以根据自己的学习进度和兴趣定制个性化的学习计划，并获得相应的学习资源和学习支持；在生活方面，智能生活系统能够根据学生的生活习惯和偏好，为他们提供更加人性化的服务，如智能调节宿舍的灯光、音乐等，营造更加舒适的居住环境。

**4. 社交互动的创新与拓展**

高校学生智慧社区为学生提供了更加便捷和多样的社交互动方式。通过社区内部的社交平台，学生可以随时随地与同学、老师进行交流和讨论，分享自己的学习心得和生活感悟；同时，社区还会定期组织各种线上线下的社交活动，如线上游戏、线下运动会等，为学生提供更加丰富多彩的社交体验。这些社交互动的创新与拓展有助于培养学生的团队协作能力和人际交往能力。

**5. 持续的技术创新与升级**

高校学生智慧社区的建设是一个持续的技术创新与升级过程。随着物联网、大数据、人工智能等技术的不断发展，社区管理者需要不断引入新的技术手段和理念来完善和优化社区的功能与服务。例如，利用虚拟现实技术为学生提供更加沉浸式的学习体验；利用5G通信技术实现高清视频通话和远程协作等功能；利用区块链技术确保学生数据的隐私和安全等。这种持续的技术创新与升级能够确保高校学生智慧社区始终保持在行业的前沿地位。

## （三）高校学生智慧社区的功能

在信息技术高速发展的时代背景下，高校学生社区正逐步向智慧化、信息化方向转型。高校学生智慧社区，作为教育信息化和智能化的重要体现，不仅提升了学生社区的管理效率，更为学生提供了便捷、高效、个性化的学习与生活环境。高校学生智慧社区的核心功能有：一是智能化物业管理功能。高校学生智慧社区通过引入物联网、传感器等技术，实现了对社区内各项物业设施的智能化管理。例如，通过智能楼宇系统，可以实时监控和控制宿舍的温度、湿度、照明等环境参数，确保学生居住的舒适度；通过智能水电表，可以实时监测学生的用水用电情况，实现精准计费和节能减排；通过智能安防系统，可以全方位监控社区的每个角落，及时发现并处理安全隐患，确保学生的人身和财产安全。二是信息化服务功能。高校学生智慧社区构建了完善的信息服务平台，为学生提供了便捷、高效的信息服务。通过社区内部的网站、App等渠道，学生可以随时随地获取课程安排、考试成绩、社区通知等各类信息；同时，学生还可以通过这些平台进行在线选课、报名、缴费等操作，大大简化了办事流程，提高了办事效率。此外，信息服务平台还为学生提供了丰富的学习资源，如在线课程、电子图书、学术论文等，满足了学生的多样化学习需求。三是个性化服务功能。高校学生智慧社区注重为每位学生提供个性化的服务体验。通过大数据分析技术，社区可以对学生的生活习惯、学习偏好等进行深入挖掘和分析，从而为他们提供更加精准、个性化的服务。例如，根据学生的课程安排和作息时间，为其推荐合适的自习室和图书馆座位；根据学生的兴趣爱好，为其推送相关的文化活动和社团信息；根据学生的消费习惯，为其推荐合适的餐饮和购物选择等。这些个性化服务不仅能够满足学生的多样化需求，还能提升他们的满意度和幸福感。四是互动式交流功能。高校学生智慧社区为学生提供了互动式的交流平台，促进了学生之间的交流与互动。通过社区内部的社交平台、论坛等渠道，学生可以随时随地发表自己的观点和看法，与其他同学进行交流和讨论；同时，社区还会定期组织各种线上线下的社交活动，如线上游戏、线下运动会等，为学生提供更加丰富多彩的社交体验。这些互动式交流平台不仅能够增强学生的社区归属感，还能促进他们的思想碰撞和知识共享。五是智能化教育辅导功能。高校学生智慧社区通过引入人工智能、机器学习等技术，实现了对学生学习情况的智能化分析和辅导。例如，通过智能学习平台，学生可以根据自己的学习进度和兴趣定制个性化的学习计划，并获得相应的学习资源和学习支持；

同时，平台还能对学生的学习情况进行实时跟踪和评估，及时发现并解决学习中的问题。此外，智能辅导系统还能为学生提供一对一的在线辅导服务，解答他们在学习中遇到的疑难问题，提高他们的学习效率和学习成绩。

除了上述核心功能外，高校学生智慧社区还具备一些拓展功能，进一步丰富了学生的校园生活。一是智能健康管理。高校学生智慧社区可以引入智能健康管理设备和服务，如智能体脂秤、智能手环等，对学生的健康状况进行实时监测和管理。通过收集和分析学生的健康数据，社区可以为他们提供更加个性化的健康建议和运动计划，促进他们的身心健康。二是智能环境监测功能。高校学生智慧社区可以部署各种智能环境监测设备，如空气质量监测器、噪声监测器等，对社区内的环境质量进行实时监测和分析。这些数据不仅可以用于优化社区的环境管理策略，还可以为学生提供更加健康、舒适的生活环境。三是智能校园导航功能。高校学生智慧社区可以开发智能校园导航系统，为学生提供精准的校园地图和导航服务。通过该系统，学生可以轻松找到目的地，节省时间和精力；同时，系统还可以提供校园内的各类设施和服务信息，方便学生随时查询和使用。

高校学生智慧社区的功能十分丰富和多样，涵盖了物业管理、信息服务、个性化服务、交流互动以及教育辅导等多个方面。这些功能不仅提升了学生社区的管理效率和服务质量，更为学生提供了便捷、高效、个性化的学习与生活环境。未来随着技术的不断创新和教育模式的变革，高校学生智慧社区的功能还将不断拓展和完善，为学生的全面发展提供更加有力的支持。

## 三、高校学生智慧社区的特殊性

随着信息技术的飞速发展和智能化浪潮的推进，智慧社区作为新型城市治理与居民生活模式的重要体现，已经在全球范围内得到广泛关注与实践。其中，高校学生智慧社区作为一种特殊类型的智慧社区，与其他智慧社区相比，具有鲜明的特殊性和独特性。

### （一）高校学生智慧社区相对于其他智慧社区的特殊性

#### 1. 教育与学习功能的突出

高校学生智慧社区的首要特殊性在于其教育与学习功能的突出。与一般的智慧社区不同，高校学生智慧社区的核心目标是为高等教育提供全面、智能的服务，促进学生的学习、研究与创新。这种特殊性使得高校学生智慧社区在资源配置、功能设计、服务提供等方面，都更加注重满足教育教学的需求，营造优良的学习环境。在高校学生智慧社区中，教育资源如电子图书、在线课程、研究资料等极为丰富，且能够便捷地为学生所获取。此外，智慧社区还通过大数据分析、学习行为监测等技术手段，为学生提供个性化的学习指导和建议，帮助他们更有效地掌握知识、提升能力。

**2. 年轻且高度活跃的用户群体**

高校学生智慧社区的用户群体主要由大学生、研究生等青年学子组成，这是一个年轻、活跃、充满创造力的群体。他们对新事物接受能力强，对信息技术的掌握程度高，对智慧社区的使用频率和依赖程度也远超其他智慧社区的居民。这种年轻且高度活跃的用户群体，使得高校学生智慧社区在信息交流、文化传播、创新创业等方面具有极大的活力和潜力。学生们可以通过智慧社区平台，随时随地分享学习心得、交流生活感悟、组织社团活动，形成独特的校园文化氛围。

**3. 开放与包容的文化氛围**

高校学生智慧社区还具有开放与包容的文化氛围，这也是其区别于其他智慧社区的重要特征。在高校学生智慧社区中，来自不同地域、不同背景的学生汇聚一堂，他们带着各自的文化传统、思想观念和生活方式，共同构成了一个多元化、包容性的社区环境。这种开放与包容的文化氛围，不仅有助于培养学生的国际视野和跨文化交流能力，还为他们提供了广阔的创意空间和无限的创新可能。在智慧社区的滋养下，学生们可以自由地发表观点、交流思想、碰撞智慧，激发出创新的火花和灵感。

**4. 高度集成与智能化的管理服务**

高校学生智慧社区在管理服务方面也展现出高度集成与智能化的特点。通过先进的信息技术和智能化手段，高校学生智慧社区能够实现对学生生活、学习、社交等各方面的全面管理和精准服务。这种管理服务的高度集成与智能化，不仅提高了管理效率和服务质量，还为学生提供了更加便捷、舒适的学习和生活环境。

## （二）高校学生智慧社区在教育领域中的重要地位和作用

### 1. 高校学生智慧社区在教育领域中的重要地位

推动教育信息化进程。教育信息化是当前教育改革与发展的重要趋势，也是提升教育质量、培养创新人才的必由之路。高校学生智慧社区作为教育信息化的重要组成部分，通过整合优质教育资源、构建智能化学习环境，为学生提供了更加便捷、高效的学习体验。同时，智慧社区的建设与应用也促进了教育信息化基础设施的完善，推动了教育信息化进程的加速。

引领校园智能化发展。校园智能化是智慧城市建设的重要组成部分，也是高校现代化建设的重要方向。高校学生智慧社区作为校园智能化的先行者和引领者，通过智能感知、数据分析等技术手段，实现了对校园环境的实时监控、对学生行为的精准分析，为校园管理提供了科学依据和决策支持。同时，智慧社区的建设与应用也带动了校园其他领域的智能化发展，推动了校园整体智能化水平的提升。

创新学生管理模式。传统的学生管理模式往往存在信息不对称、管理效率低下等问题，难以满足现代教育的需求。高校学生智慧社区通过综合运用大数据、人工智能等技术手段，实现了对学生信息的全面采集、精准分析和有效利用，为学生管理提供了全新的思路和方法。通过智慧社区平台，学校可以更加精准地掌握学生的思想动态、学习状况和生活情况，为学生提供更加个性化、精准化的指导和服务。

### 2. 高校学生智慧社区在教育领域中的作用

提升学生的学习效果。高校学生智慧社区通过提供丰富的学习资源、构建智能化的学习环境，为学生的自主学习和个性化学习提供了有力支持。学生可以根据自己的兴趣和需求，自主选择学习资源和学习路径，实现学习的自我驱动和自我提升。同时，智慧社区还可以通过学习行为分析、学习效果评估等手段，帮助学生及时发现学习问题并改进学习方法，从而提升学生的学习效果。

促进学生的全面发展。除了学习方面，高校学生智慧社区还在生活、社交等方面为学生提供了全方位的服务和支持。通过智慧社区平台，学生可以更加便捷地获取各类生活服务信息、参与各类社团活动和文化交流等，满足了学生多样化的需求和发展。这种全面发展的教育环境有助于培养学生的社会责任感、创新精神和实践能力等多方面的素质和能力。

增强学校的竞争力。高校学生智慧社区的建设与应用水平已经成为衡量一所高校现代化程度和教育质量的重要标志之一。通过建设高水平的智慧社区,学校可以吸引更多优秀的学生和教师资源,提升学校的整体竞争力。同时,智慧社区还可以为学校提供科学决策的依据和数据支持,帮助学校更加精准地制定发展规划和战略决策。

## 第二节　高校学生智慧社区与学生成长的关系

高校学生智慧社区与学生成长息息相关。智慧社区通过提供丰富的学习资源、个性化的学习方案及多样化的实践活动,为学生成长提供了有力支持。它不仅促进了学生知识技能的积累,还培养了学生的创新思维、实践能力和社会责任感。

### 一、学生智慧社区对学生成长的影响

学生智慧社区是信息技术与教育结合的产物,它为学生提供了一个全新的学习和生活空间。在智慧社区中,学生可以获得丰富的学习资源、便捷的交流平台和个性化的学习体验,这些都对学生的成长产生了深远的影响。

#### (一)学生成长的多维视角

随着教育的不断发展和变革,学生成长已成为教育领域的核心关注点。传统上,学生成长往往被单一地理解为学术成绩的提升,但现代社会对人才的要求已远不止于此。因此,我们需要从多维视角来全面审视和理解学生成长,包括学术、社交、心理、创新等多个方面。本书深入探讨学生成长的多维视角,以期为教育实践提供有益的参考和启示。

**1. 学术成长:基础与核心**

学术成长是学生成长的基础和核心。在学校教育中,学术成绩是衡量学生学习成果的重要指标,也是评价教育质量的重要依据。然而,学术成长并不仅仅意味着考试成绩的提升,更重要的是学生知识结构的完善、思维能力的提升以及学习方法的掌握。为了促进学生的学术成长,教育者需要关注以

下几个方面：首先，提供丰富多样的学术资源，满足学生不同层次、不同领域的学习需求；其次，创设良好的学习环境，鼓励学生自主学习、合作探究，激发他们的学习兴趣和动力；最后，关注学生的个体差异，因材施教，帮助他们找到适合自己的学习方法和策略。在学生智慧社区中开发相应的智慧功能室，以不断改善学生的学习环境、学习氛围。

### 2. 社交能力发展：沟通与协作

社交能力是学生成长中不可或缺的一部分。在现代社会，人与人之间的沟通和协作变得越来越重要。因此，培养学生的社交能力已成为教育的重要任务之一。社交能力的发展包括以下几个方面：首先，培养学生的沟通技巧，如倾听、表达、反馈等，使他们能够与他人顺畅地交流；其次，培养学生的团队协作精神，使他们能够与他人共同完成任务、解决问题；最后，培养学生的跨文化交际能力，使他们能够适应不同文化背景的交往环境。为了促进学生的社交能力发展，教育者需要积极创设社交情境，提供丰富的社交实践机会。例如，可以通过组织小组讨论、团队项目、角色扮演等活动，让学生在实践中学习沟通、协作和解决问题的技巧。同时，教育者还需要关注学生的社交心理，帮助他们建立积极的人际关系，处理社交冲突和困难。

### 3. 心理素质提升：健康与坚韧

心理素质是学生成长中的重要组成部分。面对学习、生活中的压力和挑战，良好的心理素质能够帮助学生保持积极的心态、克服困难并取得成功。心理素质的提升包括以下几个方面：首先，培养学生的自信心和自尊心，使他们能够相信自己、肯定自己；其次，培养学生的情绪管理能力，使他们能够有效地调节自己的情绪、保持情绪稳定；最后，培养学生的心理韧性，使他们能够在面对挫折和困难时保持坚韧不拔的精神。为了提升学生的心理素质，教育者需要关注学生的心理健康状况，及时发现和解决心理问题。同时，可以通过开展心理健康教育、组织心理辅导活动等方式，帮助学生了解心理知识、掌握心理调节技巧。此外，教育者还可以通过创设具有挑战性的任务和环境来锻炼学生的心理素质，培养他们的抗压能力和心理韧性。

### 4. 自主与创新能力培养：未来与发展

自主与创新能力是学生成长中的重要素质之一。在快速发展的现代社会中，具备自主与创新能力的人才能够更好地适应未来社会的需求和挑战。自主与创新能力的培养包括以下几个方面：首先，激发学生的自主学习意识和学习兴趣，使他们能够主动地探索未知领域、寻求新知识；其次，培养学生的创新思维和创新能力，使他们能够敢于尝试、勇于创新；最后，关注学生的个体差异和特长爱好，为他们提供个性化的学习和发展机会。为了培养学生的自主与创新能力，教育者需要转变传统的教学观念和方法。例如，可以采用项目式学习、探究式学习等新型教学模式来激发学生的学习兴趣和探究欲望，可以鼓励学生参与课外科技活动、社会实践等来拓宽他们的视野和经验，还可以为学生提供自主学习资源和平台来支持他们的个性化学习需求。

### （二）学生使用体验与需求分析

随着信息技术的迅猛发展，智慧社区作为校园信息化建设的重要组成部分，正逐渐融入学生的日常生活。对于学生这一特殊群体而言，智慧社区不仅提供了便捷的生活环境，还对其学习方式、社交模式等方面产生了深远影响。

**1. 智慧社区学生使用体验分析**

便捷性体验。智慧社区通过集成各种智能化服务，如智能门禁、在线缴费、报修系统等，极大提升了学生生活的便捷性。学生们无须携带多张卡片或记忆复杂的操作步骤，便能轻松完成日常任务。然而，也存在部分服务操作不够简化、界面不够友好的问题，导致学生在使用过程中遇到困扰。

安全性体验。智慧社区在保障学生安全方面发挥了重要作用。通过智能监控、紧急报警等系统，学生的居住安全得到了显著提升。但与此同时，个人隐私保护问题也引起了广泛关注。部分学生对智慧社区的数据收集和处理方式表示担忧，担心个人信息被滥用。

互动性体验。智慧社区为学生提供了丰富的互动平台，如社区论坛、在线活动等，促进了学生之间的交流与合作。这些平台不仅丰富了学生的课余生活，还有助于培养他们的团队协作和社交能力。然而，也有部分学生反映互动平台的参与度不高，活动形式单一，缺乏吸引力。

智能化服务体验。智慧社区通过引入人工智能、大数据等技术，为学生提供了更加个性化的服务。例如，根据学生的学习习惯和成绩变化，智能推荐相关学习资源和辅导课程。然而，这些智能化服务的准确性和有效性仍有待提高，部分学生对推荐内容的精准度和实用性表示不满。

**2. 智慧社区学生需求分析**

个性化需求。每个学生都有独特的生活和学习习惯，因此他们对智慧社区的需求也呈现出个性化特点。例如，有的学生希望获得更加定制化的学习支持，有的学生则更注重社交和娱乐功能。为了满足这些个性化需求，智慧社区需要进一步完善用户画像构建和个性化推荐算法。

安全性需求。在享受智慧社区带来的便利的同时，学生对个人隐私和数据安全的需求也日益凸显。他们希望智慧社区能够采取更加严格的数据加密措施和隐私保护政策，确保个人信息不被泄露和滥用。

互动性需求。学生作为社交活跃的群体，对智慧社区的互动性有着较高要求。他们希望通过社区平台结识更多志同道合的朋友，参与丰富多彩的线上线下活动。因此，智慧社区需要不断创新互动形式和内容，提高学生的参与度和满意度。

智能化服务需求。随着人工智能技术的不断发展，学生对智慧社区的智能化服务也提出了更高要求。他们希望这些服务能够更加精准地满足自己的需求，提供更加便捷、高效的学习和生活支持。为了实现这一目标，智慧社区需要不断优化算法模型和提升服务质量。

通过对智慧社区学生使用体验与需求的分析，我们可以发现学生在使用过程中既享受到了便捷性和互动性带来的好处，也面临着安全性和隐私保护等方面的挑战。同时，他们对个性化、安全性和智能化服务的需求也日益突出。为了满足学生的这些需求并提升他们的使用体验，我们提出以下建议：首先，智慧社区应进一步简化操作流程和界面设计，降低使用难度；其次，加强数据安全和隐私保护措施，消除学生的顾虑；再次，丰富互动平台的内容和形式，提高学生的参与度和满意度；最后，不断优化智能化服务算法和模型，提升服务的精准度和实用性。

## 二、学生智慧社区与学生成长的潜在联系

学生智慧社区与学生成长之间存在着紧密的潜在联系。智慧社区不仅为学生提供了更加便捷、高效的学习方式，还通过交流与合作、个性化教育等方式，全面促进了学生的成长与发展。因此，我们应该更加重视智慧社区的建设与应用，让其在学生成长中发挥更大的作用。

### （一）智慧社区与学生成长的交互机制

在信息技术的推动下，智慧社区作为新型校园生活形态，不仅为学生提

供了便捷、安全的生活环境,同时也为学生的成长提供了新的平台和机会。智慧社区与学生成长之间存在着紧密的交互机制,这种机制对于学生的个人发展、社交能力、创新思维等方面都具有深远的影响。本书在探讨智慧社区与学生成长的交互机制,以期为智慧社区的教育功能和学生的全面发展提供有益的思考。

### 1. 智慧社区的教育功能与学生成长

学习资源与环境的拓展。智慧社区通过整合线上线下资源,为学生提供了更加丰富、多样的学习资源和环境。这些资源包括图书、课程、讲座、实践项目等,可以满足学生不同阶段、不同领域的学习需求。同时,智慧社区还为学生提供了自主学习、协作学习的空间,有助于培养他们的学习主动性和团队协作能力。

社交能力与情感发展的促进。智慧社区为学生提供了广泛的社交平台,如社区论坛、兴趣小组等,学生可以在这些平台上结交朋友、交流思想、分享经验。这种社交互动不仅有助于学生的情感发展,还能提升他们的沟通能力、解决问题的能力和社会适应能力。

创新思维与实践能力的培养。智慧社区鼓励学生参与各种创新实践活动,如科技竞赛、创客空间等。这些活动不仅激发学生的创新思维,还提供了将想法付诸实践的平台。通过参与这些活动,学生可以培养自己的实践能力、解决问题的能力和创新精神。

### 2. 智慧社区与学生成长的交互机制创建

需求感知与响应机制。智慧社区通过大数据分析、用户画像等技术手段,感知学生的学习需求、兴趣偏好和成长轨迹。在此基础上,智慧社区能够精准地推送适合学生的学习资源和活动信息,满足他们的个性化需求。同时,学生也可以通过互动平台反馈自己的需求和意见,智慧社区能够及时调整服务策略,形成良性的需求感知与响应机制。

参与式学习与共创机制。智慧社区倡导学生参与社区的建设和发展,形成参与式学习与共创的机制。学生可以通过参与社区活动、提供建议和意见等方式,积极投入社区的建设中。这种参与式学习不仅有助于提升学生的主人翁意识和责任感,还能培养他们的创新思维和实践能力。同时,学生的参与也为智慧社区注入了新的活力和创意,推动了社区的持续发展和创新。

评估反馈与激励机制。智慧社区建立了评估反馈与激励机制,以激发学生的学习兴趣和动力。通过对学生的学习成果、活动参与等方面进行评估和反馈，智慧社区能够让学生了解自己的进步和不足，从而调整学习策略和方向。同时，智慧社区还通过设立奖学金、荣誉证书等方式激励学生积极参与学习和社区活动，形成正向的激励循环。

### 3. 智慧社区在学生成长中的挑战与对策

数据隐私与安全问题。在智慧社区的建设过程中，如何保障学生的数据隐私和安全是一个亟待解决的问题。智慧社区需要采取严格的数据加密措施和安全管理制度，确保学生的个人信息不被泄漏和滥用。同时，也需要加强对学生的隐私保护教育，增强他们的信息安全意识。

技术依赖与沉迷问题。随着智慧社区的普及和发展，学生对技术的依赖性逐渐增强，部分学生可能出现沉迷网络、忽视现实生活的情况。智慧社区需要合理设计服务内容和互动方式，引导学生正确使用技术并关注现实生活。同时，学校和家庭也需要加强对学生的引导和监督，帮助他们形成健康的生活和学习习惯。

教育公平与资源分配问题。在智慧社区的建设过程中，如何保障教育公平和资源合理分配也是一个重要的问题。智慧社区需要充分考虑不同地区、不同学校之间的差异和需求，制定公平合理的资源分配方案。同时，也需要关注弱势群体和特殊需求学生的教育问题，为他们提供必要的学习支持和帮助。

通过对智慧社区与学生成长的交互机制的探讨，我们可以看到智慧社区在学生的成长过程中发挥着重要的作用。它不仅为学生提供了便捷的学习和生活环境，还通过拓展学习资源、促进社交能力和创新思维等方面的培养，为学生的全面发展提供了有力的支持。然而，在智慧社区的建设过程中也面临着一些挑战和问题，需要我们共同努力去解决和完善。

## （二）技术与教育的融合促进学生成长的探究

### 1. 技术与教育的融合在学生智慧社区中的体现

智能化学习环境的构建。在学生智慧社区中，通过物联网、大数据、人工智能等技术的应用，可以构建一个智能化、个性化的学习环境。这种环境能够根据学生的学习习惯、兴趣偏好和学业水平，提供精准的学习资源推荐、智能化的学习辅导和个性化的学习路径规划，从而帮助学生更加高效地学习。

互动式教学模式的创新。智慧社区支持线上线下相结合的互动式教学模式，如翻转课堂、小组讨论、在线协作等。这些教学模式能够激发学生的学习兴趣，提高他们的学习主动性和参与度。同时，教师也可以通过智慧社区平台及时了解学生的学习情况，调整教学策略，实现教学相长。

综合素质评价体系的完善。借助智慧社区的技术优势，可以建立起一个更加全面、客观的综合素质评价体系。这个体系不仅关注学生的学业成绩，还注重评价学生的创新能力、团队协作能力、社会责任感等方面的表现。通过这样的评价体系，可以更加准确地反映学生的全面发展情况，为他们的成长提供有针对性的指导。

**2. 技术与教育融合促进学生成长的途径**

个性化学习路径的规划与实施。利用智慧社区的数据分析功能，可以为每个学生制定个性化的学习路径。这个路径根据学生的个人特点和需求，为他们推荐合适的学习资源、设置合理的学习目标并提供相应的学习支持。通过这种方式，可以帮助学生更加明确自己的学习方向，提高学习效率和质量。

协作式学习环境的营造与引导。智慧社区应该积极营造协作式的学习环境，鼓励学生之间的交流和合作。可以通过建立学习小组、开展在线讨论、组织协作项目等方式，为学生提供更多的互动机会。同时，教师也应该在协作学习过程中发挥引导作用，帮助学生解决问题、提高协作效率并培养他们的团队协作精神。

创新教育模式的探索与实践。智慧社区为学生提供了丰富的创新教育资源和实践平台。可以通过开展科技创新竞赛、创客空间活动等方式激发学生的创新思维和实践能力。同时，也可以引入企业、研究机构等外部资源，共同探索和实践更加符合时代需求的创新教育模式。

综合素质评价的全面实施与反馈。在智慧社区中实施综合素质评价时，应该注重评价内容的全面性、评价方法的多样性和评价过程的动态性。可以通过建立电子档案袋、开展多元化评价活动等方式收集学生的全面信息，并运用数据分析技术对学生的表现进行客观评价。同时，也应该及时向学生和教师反馈评价结果，帮助他们了解自身的优势和不足，为后续的发展提供指导。

**3. 智慧社区在技术与教育融合中需注意的问题**

技术应用的适度性与有效性。在智慧社区的建设过程中，需要确保技术的适度性和有效性。要避免过度依赖技术而忽视教育本质的现象发生，同时也要确保所采用的技术能够真正为学生的学习和成长提供支持。

学生隐私与数据安全的保护。在智慧社区中涉及大量的学生个人信息和学习数据，因此必须高度重视学生隐私和数据安全的保护工作。要采取严格的数据加密措施和安全管理制度，确保学生的个人信息不被泄露和滥用。

教师角色与能力的提升。智慧社区的建设不仅需要先进的技术支持，还需要教师的积极参与和配合。因此应该加强对教师的培训和支持工作，帮助他们掌握相关技能并适应新的教学模式和评价体系。同时也要明确教师在智慧社区中的角色定位和发展路径，为他们的职业发展提供有力支持。

## 三、学生智慧社区对学生成长的积极作用

### （一）延伸学习空间与时间

#### 1. 打破物理空间的限制

在传统的学习模式中，学生往往被局限于教室、图书馆等固定的物理空间内进行学习。然而，随着信息技术的飞速发展和教育理念的不断创新，学生智慧社区作为一种新兴的教育模式，正在逐渐打破这种物理空间的限制，为学生提供更加广阔、灵活和高效的学习空间。学生智慧社区利用现代信息技术、物联网、大数据等高科技手段，将学习空间从传统的物理场所延伸到虚拟的网络世界。通过智能化的学习平台和管理系统，学生可以在任何时间、任何地点进行学习，不再受物理空间的束缚。这种学习方式的变革，不仅极大地提高了学生的学习效率和便捷性，还为他们提供了更加丰富多样的学习资源和个性化的学习体验。

首先，学生智慧社区打破了教室的物理空间限制。传统的教学模式中，学生需要在固定的教室内听老师讲课，而智慧社区则通过在线课程和远程教育等方式，将优质的教学资源传递到每个学生的电脑、手机或其他智能设备上。无论是在家里、在路上还是在其他任何场所，学生都可以随时随地参与课程学习，与老师和同学进行实时互动和交流。这种灵活的学习方式不仅节省了通勤时间，还使得学生可以根据自己的节奏和兴趣进行学习，提高了学习效果和学习动力。其次，学生智慧社区也打破了图书馆的物理空间限制。传统的图书馆是学生获取知识和信息的重要场所，但由于馆藏有限和借阅时间的

限制，学生往往无法充分满足自己的阅读需求。而智慧社区则通过电子图书、在线数据库等数字化资源，为学生提供了海量的学习资料和便捷的检索服务。学生可以在任何时间、任何地点访问这些资源，进行深入的阅读和研究，极大地拓宽了学习视野和知识广度。最后，学生智慧社区还通过虚拟实验室、在线实践平台等方式，打破了实验和实践的物理空间限制。传统的实验和实践教学往往需要在特定的实验室或实践基地进行，但由于设备数量有限、开放时间有限等因素，学生往往无法充分参与实验和实践活动。而智慧社区则通过虚拟仿真技术和在线实践平台，为学生提供了身临其境的实验和实践体验。学生可以在虚拟环境中进行各种实验和操作，随时随地锻炼自己的实践能力和创新思维。

学生智慧社区通过打破学生学习的物理空间限制，为学生提供了更加广阔、灵活和高效的学习空间。这种学习方式的变革不仅提高了学生的学习效率和便捷性，还为他们提供了更加丰富多样的学习资源和个性化的学习体验。未来随着技术的不断进步和教育理念的不断创新，相信学生智慧社区将在教育领域发挥更加重要的作用，为培养更多优秀人才做出积极贡献。

**2. 提供丰富多样的学习资源**

在传统的学习环境中，学生往往只能依靠有限的教材、图书馆藏书以及教师的授课来获取知识和信息。然而，这些资源往往受到时间、空间和数量的限制，无法满足学生日益多样化的学习需求。而学生智慧社区则通过数字化、网络化的手段，打破了这些限制，为学生提供了前所未有的学习资源和学习体验。

首先，学生智慧社区通过电子图书、在线课程、学术论文库等数字化资源，为学生提供了海量的学习资料。这些资源不仅涵盖了各个学科领域的基础知识和前沿动态，还包括了丰富的多媒体素材、互动式的学习工具和在线的实验模拟等。学生可以根据自己的兴趣和需求，随时随地访问这些资源，进行自主学习和探究学习。这种学习方式不仅提高了学习效率，还培养了学生的自主学习能力和创新思维。其次，学生智慧社区还通过在线讨论组、社区论坛等社交平台，为学生提供了交流互动的机会。在这些平台上，学生可以发表自己的观点和见解，与老师和同学进行深入的讨论和交流。这种互动式的学习方式不仅可以帮助学生及时解决问题、巩固知识，还可以拓展学生的思维视野和社交能力。同时，学生还可以通过参与社区的活动和项目，锻炼自己的团队协作能力和领导才能。最后，学生智慧社区还通过智能化的学习分析和推荐系统，为学生提供了个性化的学习服务。这些系统可以根据学生的学习行为、成绩和兴趣等数据，进行精准地分析和推荐，为学生量身定制合适的学习计划和资源。这种个性化的学习方式可以帮助学生更加高效地掌握知识、提升能力，同时也有助于激发学生的学习兴趣和学习动力。

学生智慧社区为学生提供丰富多样的学习资源，不仅满足了学生多样化的学习需求，还促进了教育公平和资源共享。通过智慧社区，不同地区、不同背景的学生都可以获得优质的教育资源和学习机会，缩小了教育差距。同时，智慧社区还推动了信息技术与教育的深度融合和创新发展，提升了教育的整体质量和水平。

### 3. 助力个性化的学习路径

在如今信息爆炸的时代，学生面临的学习资源和机会日益丰富，但与此同时，他们也面临着如何在海量的信息中选择适合自己学习内容的挑战。传统的教育模式往往采用"一刀切"的方式，缺乏对学生个体差异的关注，导致学生的学习效果不佳，兴趣逐渐丧失。而学生智慧社区的出现，则为学生提供了发展个性化学习路径的可能。

学生智慧社区通过大数据、人工智能等先进技术，可以对学生的学习行为、兴趣爱好、能力特长等进行深入地分析和挖掘。这些数据的收集和处理，使得教育者和学生自己都能更加清晰地认识到每个学生的独特性，从而为他们提供更加精准、个性化的学习指导。在智慧社区中，学生可以根据自己的兴趣、需求和学习进度，自主选择学习资源，定制属于自己的学习计划。这种自主性的学习方式，让学生成为学习的主人，他们不再是被动的接受者，而是积极的参与者和创造者。这种转变不仅增强了学生的学习积极性和主动性，还有助于培养他们的自主学习能力和终身学习的意识。同时，学生智慧社区还能根据学生的学习情况和反馈，及时调整学习资源和学习路径，以满足他们不断变化的学习需求。这种动态的学习调整，使得学生的学习过程更加灵活多变，他们能够根据自己的实际情况，随时调整学习计划和目标。这种个性化的学习路径，不仅提高了学生的学习效率和学习效果，还有助于培养他们的创新思维和解决问题的能力。此外，学生智慧社区还为学生提供了与同龄人交流、合作、分享的平台。在这里，学生可以结识志同道合的朋友，共同探讨感兴趣的话题，一起解决学习中的困难和挑战。这种社交化的学习方式，不仅增强了学生的学习体验和学习动力，还有助于培养他们的团队协作能力和社交技巧。学生智慧社区助力学生发展个性化的学习路径，不仅体现了教育的人文关怀,更体现了教育的科技创新。它让每个学生都能在适合自己的学习环境中茁壮成长,充分发挥自己的潜力和才能。这种个性化的学习方式,不仅有助于提高学生的学业成绩,更有助于培养他们的综合素质和社会适应能力。

**4. 促进师生之间的实时互动**

在传统的教学模式下,师生之间的交流往往受到时间、空间等多种因素的限制。课堂时间有限,教师难以与每个学生进行充分的互动;课后,学生遇到问题也很难及时得到教师的解答。而学生智慧社区则打破了这些限制,为师生之间的实时互动提供了便捷的平台。

首先,学生智慧社区通过在线讨论组、社区论坛等功能,为师生提供了异步交流的空间。教师可以在这些平台上发布课程资料、作业要求等信息,学生可以随时查看并提出问题。这种异步交流的方式使得师生之间的互动不再局限于课堂内,而是延伸到了课堂外,大大增加了互动的机会和时间。其次,学生智慧社区还支持实时在线答疑功能,为学生提供了即时解决问题的途径。当学生在学习过程中遇到困惑或难题时,可以通过智慧社区向教师提问,教师会在第一时间给予解答。这种实时的互动不仅帮助学生及时解决了问题,还增强了学生的学习信心和动力。此外,学生智慧社区还为师生之间的情感交流提供了渠道。在传统的教学模式下,教师往往难以了解每个学生的内心世界和情感需求。而智慧社区中的社交功能则让师生能够以更加平等、轻松的方式进行交流。教师可以通过关注学生的动态、与学生进行私信沟通等方式,了解学生的思想动态和学习情况,为学生提供更加个性化的指导和帮助。同时,学生也可以通过智慧社区向教师表达自己的感受和想法,得到教师的理解和支持。

学生智慧社区在促进师生实时互动方面的优势是显而易见的。然而,要充分发挥这些优势,还需要教育机构和教师们的共同努力。教育机构需要不断完善智慧社区的功能和服务,确保其稳定、安全、易用;教师们则需要积极参与到智慧社区的建设和使用中来,与学生进行真诚的交流和互动。

## (二)增强学习动力与参与度

学生智慧社区作为信息技术在教育领域的重要应用之一,正在逐渐改变着传统的学习方式,为学生的学习动力与参与度带来了全新的提升。在传统的学习环境中,学生往往只能依靠有限的教材和教师的授课来获取知识和信息。然而，这些资源往往受到时间、空间和数量的限制，无法满足学生多样化的学习需求。同时，传统的学习方式也缺乏对学生个体差异的关注，导致部分学生的学习效果不佳，兴趣逐渐丧失。而学生智慧社区的出现，则为学生提供了更加广阔、灵活和高效的学习空间。学生智慧社区通过整合线上线下教育资源，打破了传统学习资源的限制。学生可以在智慧社区中随时随地访问各种电子书籍、在线课程、学术论文等，获取丰富的知识和信息。这种便捷的学习方式使得学生可以更加灵活地安排自己的学习时间，提高了学习效率。同时，智慧社区中的资源还可以根据学生的兴趣和需求进行个性化推荐，进一步满足了学生的多样化学习需求。

除了提供丰富的学习资源外，学生智慧社区还支持个性化的学习路径。每个学生都有自己独特的学习方式和节奏，而传统的学习方式往往无法满足学生的个性化需求。在智慧社区中，学生可以根据自己的兴趣、需求和学习进度，自主选择学习资源，定制属于自己的学习计划。这种自主性的学习方式让学生成为学习的主人，他们的学习积极性和主动性得到了显著的提升。学生智慧社区通过在线讨论组、社区论坛等功能，为师生提供了便捷的交流平台。在这些平台上，学生可以随时向教师提问、分享自己的学习心得和困惑；教师也可以及时回应学生的问题、给予指导和建议。这种实时的互动不仅帮助学生及时解决了问题、巩固了知识，还增强了学生的学习信心和动力。通过与教师的交流互动，学生还能感受到教师的关注和支持，从而更加积极地投入学习中去。此外，学生智慧社区还提供了多元化的学习评价与反馈机制。传统的学习评价方式往往以考试成绩为主，忽视了学生的过程性表现和个体差异。而智慧社区则通过记录学生的学习行为、分析学习数据等方式，为学生的学习提供了更加全面、客观的评价。学生可以随时查看自己的学习进度和成绩报告，了解自己的学习状况并及时调整学习策略。这种即时的反馈机制让学生更加清晰地认识到自己的学习成果和不足之处，从而激发了他们进一步努力学习的动力。

### （三）培养信息素养与数字技能

在信息时代，信息素养和数字技能已经成为每个学生必备的基本素养。学生成长智慧社区作为现代教育与技术相结合的产物，正发挥着日益重要的作用，致力于培养学生的信息素养与数字技能，以适应未来社会的发展需求。

智慧社区与信息素养的培养。信息素养是指学生能够有效获取、评估、利用和交流信息的能力。在传统的学习环境中，学生获取信息的途径相对有限，且往往缺乏对信息的深入理解和应用。而学生成长智慧社区通过丰富的信息资源、便捷的检索工具和个性化的信息推送，为学生提供了一个广阔的信息空间。在这里，学生可以接触到海量的、多样化的信息资源，包括文字、图像、视频等多种形式，从而大大拓宽了信息获取的渠道。智慧社区不仅提供信息，更重要的是教会学生如何有效处理这些信息。通过智慧社区的学习活动，学生可以学会筛选、评估、整合和利用信息，将其转化为有用的知识和见解。此外，智慧社区还鼓励学生分享和交流信息，通过互动和合作，不断提升自己的信息素养。

智慧社区与数字技能的提升。数字技能是指学生在数字化环境中进行学习、工作和创新的能力。随着数字技术的不断发展，掌握数字技能已经成为现代社会的一项基本要求。学生成长智慧社区作为一个数字化平台，为学生提供了大量提升数字技能的机会。在智慧社区中，学生可以接触到各种先进的数字化工具和平台，如在线编辑、数据分析、虚拟仿真等。通过这些工具的使用，学生可以提升自己在数字环境下的操作能力，学会利用各种数字技术解决问题。此外，智慧社区还通过项目式学习、探究式学习等方式，鼓励学生在数字环境中进行自主学习和创新实践。这种学习方式不仅可以提高学生的学习兴趣和积极性，更重要的是能够培养学生的数字思维和创新能力。

## 第三节 学生成长智慧社区与精准思政的关系

党的十八大以来，习近平总书记提出要"推动思想政治工作同信息技术高度融合"。2019年，教育部指出要"着力推进精准思政"；2021年，教育部在持续推动新时代高校思政工作中强调，要积极探索大数据技术赋能精准思政工作，运用大数据分析找准工作切入点，切实推动精准思政落地落实。"精准思政"强调以学生为中心，通过精准识别学生群体特征、思想特点和学习需求等方式，为学生提供更加个性化和有针对性的思想政治教育服务。要将"精准思政"理念真正落到实处，需要借助现代信息技术的支持，构建一种新型的学生社区管理模式——智慧社区。高校学生成长智慧社区是实现精准思政的重要探索和实践，有利于增强高校思想政治工作的实效性、针对性、科学性和协同性。

## 一、学生成长智慧社区与精准思政的内涵

### （一）学生成长智慧社区：教育现代化的具体实践

中共中央、国务院印发的《中国教育现代化2035》提出了在2035年总体实现教育现代化的长远目标，推动我国迈入教育强国行列，成为人才强国。教育现代化是以信息技术为驱动的现代化，从而实现教育的智慧化、人本化、终身化。学生成长智慧社区运用数字化思维，整合社区内各类服务资源，构建了一个集信息化、智能化管理与服务于一体的教育治理新平台。平台不仅为学生提供便捷的学习资源和服务，还能实现个性化教育，满足不同学生的多样化需求。智慧社区作为社区管理的新理念，是一种集数字化、空间化、智能化于一体的多元参与、开放共享的创新模式。进而言之，学生成长智慧社区作为教育领域数字化改革的重要实践，凭借其技术优势，为提升思政实践质量和效率、精准对标教学过程和结果等方面带来新机遇，是实现教育现代化的具体实践。

### （二）精准思政：精准思维的具体实践和应用

精准思维蕴含着丰富的思想智慧，是马克思辩证唯物主义思想的重要体现。事物都是发展变化的，精准思维强调对事物的精准把握和深入理解，阐释事物的规律，精准把握问题所在的区位，分析事物的具体差异并提出有针对性的建议和方案。习近平总书记在多个场合都强调了精准施策的重要性。精准思维最初在脱贫攻坚的实践中形成，随后在"精准扶贫"战略的推广实施中得到了广泛而深入的应用。此后，精准思维应用于经济建设和社会发展工作的各个领域。将精准思维应用于思想政治教育领域即为精准思政。"精准思政"在精准思维的引导下，基于大数据、人工智能等信息技术，精准分析学情、思政内容，进而精准设计与实施思政教育，实现从传统思想政治教育大水漫灌式到精准滴灌方式的改变，最终实现精准育人，推动思想政治工作高质量发展，提高思想政治教育实效。

## 二、学生成长智慧社区对精准思政的作用

### （一）助力精准识别教育对象

当前，学生成长发展个性化日益明显，学生在不同的成长阶段，其发展需求也呈现多样化。精准识别教育对象的生活、学习、思想等信息，可以帮助教育者更好地了解教育对象，更精准地制订教学计划。精准识别教育对象是提升教育精准性的前提和基础。传统的思想政治教育由于缺乏数字信息的量化分析，难以精准收集并识别教育对象的学习数据、行为数据等。随着社会智能化数字化进程不断深化，大学生热衷、青睐于多媒体技术，如在线课程、智能学习平台等，产生了大量的学习数据。通过校园一卡通、智能门禁等系统，可以收集到大学生的消费、出行等数据；通过社交媒体、论坛等平台，可以了解到大学生的兴趣爱好、情感状态等信息。这些可量化的教育信息数据为政策制定和改革提供科学依据。

学生智慧社区利用大数据、云计算、AI人工智能、信息服务智能终端等各种智能技术和方式，将大数据规律和思政工作规律有机结合，从学生的学习、社交、服务等角度出发，打造一个现代化、数字化、信息化、智慧化、协同化的生态圈。大量储存在云端的数据将成为构建学生成长智慧社区大数据平台的基础。这些数据将随着数据分析模型的建立而得到整理，形成清晰的数据足迹。通过数据收集、数据清洗、数据治理、数据分析等大数据相关技术，实现教育信息的量化和精准识别，从而为精准思政提供有力的数据支撑和保障。

**1. 利用大数据技术进行学生画像**

精准思政工作的有效实施，需要对学生信息进行全面而深入的数据收集。在横向上，其数据信息覆盖了高校内部各个职能部门的信息资源。包括招生办公室的生源信息、就业指导中心的就业统计数据、教务管理系统的课程与成绩记录、图书馆系统的借阅历史、学生工作部的日常管理信息等。在纵向上，数据收集则深入学生成长的各个阶段，构建起一个连续且完整的学习生涯数据链。包括了学生初入校园时的基本个人信息，校园卡消费习惯反映的生活轨迹，在线学习平台上的学习行为模式，社交媒体中的互动表现，以及参与实习实践的经历、最终的就业去向等。这些跨时间维度的数据，共同绘制出学生个性化发展的动态图景。大数据时代，"一切皆可精确化"。随着大数据

技术的广泛运用，画像技术越来越成为高校思想政治工作的一种重要方法。用户画像基于数据分析结果，对用户行为特征进行刻画和构建，通过画像模型的建立，可以有效挖掘用户的个性化需求，进而为其匹配精准化的服务资源，为落实"因材施教"原则提供了可能。学生数字画像包含学生的基本信息、兴趣爱好、生活习惯、学习行为、学习风格、心理状态等多方面的信息，它是一种动态的信息展示形式，可以随着学生的成长和变化不断更新和完善，实现对学生学习生活的精准画像。通过对大量数据的采集和整理，帮助我们了解大学生的思想动态，建立起对学生个体和群体的全方位视觉化呈现，从而全面、细致揭示用户的个性化学习需求特征，发掘学生特点和存在问题，提供精准、适切的教育服务，为实现教育目标、丰富教育内容、拓展教育手段、实施教育策略、评估教学效果等提供科学的依据和方法，从而实现教育信息的可量化性。

**2. 精准获取个性化偏好数据**

学生成长智慧社区通过整合智慧"一站式"社区业务系统，将业务功能整合至移动信息服务管理平台，实现移动学习、移动办公、移动事务办理、移动消费为一体的掌上社区，全面建成集交互、认证、流转为一体的开放式社区移动智慧生态圈。通过此平台，教育者可以获得学生个体的多模态数据信息、所处不同场域的数据信息以及学生不同阶段动态化的数据信息。首先，多模态数据信息为教育者提供了丰富的信息维度。通过文本、图像、视频、音频等多种形态的数据，教育者可以深入了解学生在学习、生活、社交等各方面的表现。其次，不同场域的数据信息为教育者提供了全面的学生画像。学生在党支部、团学部门、班集体、课堂学习、学生社团、实践活动、社交媒体、网络购物平台等不同场域的活动轨迹，反映了他们的思想动态、行为模式和社交关系。通过分析这些数据，教育者可以掌握学生在不同场域的表现情况，发现他们的潜在优势和不足，从而提供更有针对性的指导和帮助。最后，学生不同阶段的信息数据为教育者提供了纵向的对比和分析依据。从入学到就业，学生在不同时期的成长轨迹、心理变化和发展需求都有所不同。通过对比和分析这些数据，教育者可以了解学生在不同阶段的成长特点和问题，为他们提供适时的教育引导和支持。精准识别这些数据信息可以帮助高校思想政治工作者既掌握学生群体的整体性情况，又能够分门别类地了解个别学生的个性化特征，精准了解学生的偏好。例如，通过图书馆检阅系统的检索信息关键词、阅览网页、资源访问地址、图书借阅检索记录等，了解学生的学习偏好和学习风格,及时了解学生的学习和思想动态,为行为预测、干预和引导提供精准数据。通过 MOOC、学习通等线上的学习平台数据库、学习点击和收藏数据、学习互动数据,了解学生偏好的学习资源形式和内容,从而为个性化教学与服务、学生思想行为的预测提供精准的依据。

### (二)助力精准掌握学生需求

精准思政的高时效性,具体体现在时间维度上的"精准"。学生成长智慧社区的智慧思政平台通过学生思政行为数据收集、应用开发、数据分析、智能预警、智能诊断等功能的建设,形成智慧思政工作的闭环管理。依托数据采集系统,智慧思政平台通过掌上社区实现教育信息的获取、组织和运行,极大地优化了教育者与受教育者之间的交流与互动方式,使之变得更加便捷且高效。教育者可以随时随地查看学生的数据信息,了解学生的实时动态,及时进行教育和指导,助力精准掌握学生需求。

**1. 实时获取思想动态,信息获取高效化**

传统的思政教育往往受时间、地点等因素的限制,通过面对面的课堂授课和课堂活动实现教学,学生需要在特定的时间和特定的地点参加特定的教育活动。因此,教育者接收到的反馈也相对滞后,这样的模式存在一定的局限性,如学习效率不高、学习效果不理想等。借助学生成长智慧社区平台,教育者可以实时获取学生在日常生活中留下的各类网络行为痕迹,综合运用云计算、大数据等信息技术,教育者可以打破时间和空间的限制,实现与学生之间的即时互动和信息交流,及时把握学生思想行为动态,极大地缩短教育者与受教育者之间的空间距离和教育准备过程,使得教育过程更加精准、高效和科学。例如,寝室的门禁刷卡记录、人脸识别系统,可以及时采集学生的归寝时间、进出校园情况,及时掌握学生的安全状况。通过图书馆学习时长、书籍借阅、活动报名、食堂消费行为等行为数据,对学生进行"数据画像",基于这些数据画像,教育者可以更加精准地了解学生的需求和问题,制订更加符合学生实际的教育方案。

**2. 及时预测思想问题,安全管理前置化**

大数据在预测思想问题和实现安全管理前置化方面具有重要作用。学生智慧社区的安全管理平台通过对学生社区各类突发事件进行实时智能监控、预警研判、接警处置、留档追溯,织密学生社区安全"一张网",实现"大数据+校园安全"模块应用,及时了解学生动态,快速把握学生思想出现的问题。例如,对于经济资助、学业困难等需要基础性保障的学生,结合校园一卡通消费数据、学习成绩数据、谈心谈话数据、学生公寓进出日志数据等关联关系强的信息,实现思想动态的及时掌握。再如,在保障校园网络安全、维护学生个体安全、确保舆情信息安全等方面,通过集成校园网登录认证系统、门禁刷卡记录追踪、全方位视频监控以及课堂考勤管理等多种手段,能够有效监督并管理学生在校内外的行动轨迹。迅速把握舆情动态,及时发现并识别潜在的安全风险与异常行为模式。对于可能涉及安全风险行为的学生,思政政治工作者能够及时发出提醒或正式告知,实现学生问题早发现、危机事件早处置,最大程度上将学生的各类问题处理在萌芽阶段,为应对突发事件做足准备。

### 3. 实时提供服务需求,服务支持实时化

首先,学生的学习时间不受限制。在网络空间里,施教不受时空的影响,学生借助智能终端随时随地享受教育服务。通过数字化平台,学生可以随时随地获取教育资源,例如,通过网络视频、在线课程、在线辅导进行学习,实现校内校外、线上线下的教育场景互联,为学生提供更加个性化和便捷灵活的教育服务。其次,为学生提供全时段的服务。"一站式"学生服务平台通过统一授权及认证中心,形成学生相关服务业务分层分类的集成型数字空间,学生可以通过"掌上钉"快捷办理各类服务业务,简化事务流程,避免精力内耗,随时随地实现学生的衣食住行需求一键满足,让学生办事"最多跑一次"或"一次都不用跑"。例如,学生可通过学生成长智慧社区平台随时随地申请资助认定、奖学金申请、上课请假、心理咨询、课程选修、活动报名、校园卡充值、校园卡挂失等生活和学习服务。通过为学生提供"24小时不打烊"的线上自助服务,驱动社区育人质量提升。

## (三)助力精准供给教育内容

针对性是精准思政的核心特征。习近平指出:"做好高校思想政治工作,要遵循思想政治工作规律,遵循教书育人规律,遵循学生成长规律。"传统思想政治教育存在供需缺乏针对性和供求失衡现象。实现精准思政需要平衡供需关系。一方面是要深入调研和分析学生的实际需求,精准把握学生需求,提升教育内容供给的针对性,既要满足国家立德树人的教育目标,也要从学生个人需求出发,满足学生的个性化需求;另一方面是要进行精确供给,深

入分析学生的需求，提供有针对性的思想、观点和方法，注重教育内容的时效性和前瞻性，创新教育方式，并建立反馈机制，不断优化供给策略，以实现立德树人的根本任务。精准思政教育内容的针对性要求摒弃"千篇一律"的填鸭式的教学形式，树立"因材施教""菜单定制"和"一把钥匙开一把锁"的理念。数字化背景下，智慧社区为高校实施精准思政方案提供了可能。数字技术在全方位数据收集的基础上，通过信息分类筛选、数字分析等精细化手段，深入洞察并精准掌握每一个学生的个性化需求，这不仅仅是数据的简单汇集，更是对学生内在特点和需求的深入挖掘，为教育者提供有针对性、个性化的教育内容提供可能。

**1. 教学方案和计划制订的针对性**

基于大数据技术的精准思政是新时代思想政治教育工作的创新模式，始终围绕培养什么人、怎样培养人、为谁培养人等根本问题展开。因此其教育方案和计划的制订既要围绕党和国家的育人目标、专业的人才培养方案，深入了解大学生自身的实际需求和现实情况，确保教育方案能够真正贴近学生的生活实际，满足他们的成长需求。根据学生的需求适时调整教育方案的难度、强度和节奏。智慧社区依托信息技术优势，将大数据规律和思政工作规律有机结合，打破了传统思想政治教育的物理空间，为实现"每一位学生的全面发展""德智体美劳全面发展"提供了可能。精准把握学生的思想动态和心理状况，特别是学生在思想方面、世界观、人生观、价值观方面的问题，根据学生的个性化需求与成长规律，为不同阶段学生制订相应的教育计划和策略，为实现因材施教和精准思政提供可能。

**2. 内容构建的针对性**

精准供给要求增强思想政治教育内容的针对性，切实发挥"精准发力""精准滴灌""靶向治疗"的效果。在大数据背景下，传统的思想政治教育模式已无法满足不同学生的个性化需求。当前，通过智慧思政平台，教育者可以充分利用大数据的优势，教育者可以结合学生的专业特点、性格特征、兴趣爱好等因素，针对大学生画像对教育内容进行分类筛选、调配和建构，平台可以通过分析学生学习过程中的学习行为和偏好等数据，使教育者了解学生的学习困惑和需求，帮助教育者实现教育资源的优化配置，实现思想政治教育从"供给侧"到"需求侧"的精准对接。

### 3. 施教方法的针对性

教育方法的选择直接关系到教育的成效。学生成长智慧社区通过网络信息技术的介入，极大拓展丰富了精准思政的方法体系，教育者可以针对学生的思想状态、性格特质、心理、兴趣偏好等特点，选择适用的施教方式，为学生提供更加个性化和针对性的教育内容和教学方式。例如，针对不同学生的学习习惯和学习水平，提供不同难度和针对性的教育资源和学习任务，使得每个学生都得到适合自己的教育内容和教学方式，真正实现教育教学的高效性。例如，在学生成长智慧社区的智慧学习空间应用场景中，依托现有国家级教学资源库、国家级虚拟仿真示范基地等数字资源，引入VR、AR等设施，打造了虚拟实践场景，为学生提供沉浸式社区学习体验场景，拓宽了学习场域，提升学生的参与性和互动性。又如，通过在线课程、虚拟仿真实训地、在线任务等方式，学生可以自主选择学习内容和学习方式，参与思政课实践环节，发挥自己的创造力和主观能动性，使实践教学更丰富、生动。数字化技术赋能高校思政课的实践教学，使教学模式更加灵活、生动、丰富、多样，更好地提升课堂趣味性，增强课堂教学的针对性和有效性。

## （四）助力精准凝聚教育力量

在高校思想政治教育中，协同育人对于提升思政教育精准度具有重要意义。新时代思想政治教育三全育人的教育目标必然要求高校各部门间协同合作，相互配合，形成联动机制，凝聚育人合力，促进学生全面发展。一方面，大学生正处于价值观和世界观形成的成长关键期，思想容易受外界影响。必须充分整合高校的育人资源，凝聚育人力量。另一方面，高校思政教育需要面对复杂的社会环境和挑战，需要充分发挥外部力量，实现三全育人目标。智慧社区通过线上线下学生社区建设的有机融合，解决了学生行为数据"数据壁垒""信息孤岛"，实现数据的汇聚共享和育人力量的下沉。

### 1. 打破信息壁垒，实现数据的汇聚共享

一方面，打通高校内各部门的数据接口，实现各部门、多领域信息的整合和互通。传统的管理模式下，各部门在开展思想政治教育活动时往往各自分工，缺乏统一规划和协调。保卫处、学工部、招就处、教务处和团委等部门虽然都有各自明确的职责和任务，但数据往往被局限在各部门内部，缺乏透明性和流动性。这导致在对学生进行全面教育和培养时，信息无法有效共享，难以形成育人合力。而学生成长智慧社区通过构建以大数据、云计算、人工

智能等技术为支撑的一体化数字治理平台，将校内外资源进行有效整合和运用，打破现有的部门管理模式，联通招生、就业、教学、学工等各职能部门，实现思政教育、学生管理、教学管理、科研管理、就业管理等多个领域的信息整合和互通。例如，学生的个人信息、学习活动记录、学习成绩、出勤情况等数据可以通过学校的教务系统和学生管理系统进行数据共享和互通，以便更好地了解学生的思想政治素质和学习状态，为思政教育提供更加精准、个性化、高效的服务。另一方面，打通校外数据接口，获取更广泛、更丰富的信息资源，实现高校与政府相关部门的数据互联互通。例如，资助申请平台通过将学生的个人信息和家庭信息、家庭资产和收入情况的数据互联，为其推荐适合的资助项目，提升资助申请的效率及精准度。

**2. 打破管理壁垒，推动育人力量的下沉**

学生成长智慧社区通过构建服务于学生德智体美劳全面发展的新型"一站式"学生成长智慧社区，推动学校领导力量、思政力量、管理力量和服务力量深度融合并下沉至学生群体，打通"三全育人"最后一公里，形成线上线下服务闭环。其管理模式通过将全体教职工纳入育人工作队伍中，实现全员育人，同时打破课堂学习区和生活服务区的界限，将教学、管理和服务融入学生日常生活和学习的全过程。教师、班主任、辅导员、思政教师、行业导师、朋辈等各类育人资源向社区延伸，推动思政力量下沉。例如，班主任要常态化深入学生社区，走进寝室，注重思想引领，帮助学生树立正确的世界观、人生观和价值观。定期审核平台的学业预警、安全预警等，时时关注学生思想动态。学业导师要下沉到学生班级、宿舍，开展学生学业帮扶工作，指导学生学业发展、科研训练、技能实训、项目实践、生涯规划等。专职辅导员要入驻学生公寓，定期与学生谈心谈话，做到全员覆盖、全时保障。同时，为强化学生参与，建立学生自我管理自我服务组织，形成以"学校—学院—学生骨干—宿舍长—全体学生"为一体的"一站式"集成、网格化管理、精细化服务、信息化支撑的综合管理模式，选拔优秀朋辈学生担任各类活动负责人，在智慧社区开展各类活动，积极参与社区建设、楼宇管理和师生服务。充分发挥学生在朋辈教育帮扶、学生服务、校园文化营造等方面的作用。最终实现了教育主体、教育对象和教育环境的有机统一，推动高校思想政治工作的创新发展，实现全员育人的目标。

## （五）助力精准评估教育效果

教育评价，作为促进思想政治教育工作深化与优化的核心环节，其重要性不仅体现在它是衡量教育教学成果的重要标尺，更是驱动思政工作质量飞跃的关键驱动力。然而，如何构建一套科学、客观且精准的评价体系，以全面而深入地评估思想政治教育的实际效果，长期以来一直是思政教育工作者亟待解决的重要挑战。传统思想政治教育模式下，评价主要采用以结果为主的终结性评价，一般采用课堂成绩、辅导员谈话、问卷调查等较为单一的方式，存在教育方法单一、滞后性严重、耗费精力、主观性强、动态追踪慢、精准度不足等问题，其精准性、科学性和客观性亟待提高。学生成长智慧社区以数据驱动为核心，积极创新教育评价体系，重点关注过程性评价，通过收集和分析学生学习数据，为教师提供科学反馈，实现教学动态评估和策略优化，为精准评估的有效实施提供保障。

### 1. 评价数据的多维性

精准化教育评价为精准化教学提供决策依据。在实现精准化评价的过程中，收集全面、客观、有效、及时的评价依据是实现高校精准化评价的前提和基础。随着教育技术的不断进步和教育理念的革新，越来越多的教育工作者和学者开始关注并倡导基于数据的教学评价。大数据支持下的数据采集技术能够不断获取、整合、分析学生在学习过程中的多模态数据，有效地规避了传统评价存在的数据来源简单、分散、单一，主观色彩强等数据采集的问题，使得评价数据的内容呈现出海量性和多维性的特征，为教师提供科学、精准的教学反馈，帮助学生实现更高效、更有针对性的学习。

第一，学生成长智慧社区通过多角度多渠道采集数据，拓展了评价要素维度。通过物联感知技术，智慧社区能够实时、准确地获取学生在校园内的各种行为数据。如图书馆借阅系统、线上学习评价系统、活动参与点击率等数据，提升了数据的真实性、科学性和实时性。在行为方面，智慧社区利用视频监控技术，实现了对学生日常行为的全面监控。通过智能视频分析，可以识别学生的行为模式、社交互动等情况，进而评估学生的情绪状态、团队协作能力等。这种非侵入式的监控方式，既保护了学生的隐私，又有效地提升了评价的客观性和准确性。此外，智慧社区还通过线上学习评价系统、图书馆借阅系统等多种渠道，收集学生在学习、阅读等方面的数据。这些数据不仅反映了学生的学习成果和学术兴趣，还能为教育者提供关于学生学习方法、学习困难等方面的信息，有助于制订个性化的教育方案。第二，学生成长智慧社区通过多场景采集数据，拓展了评价的物理维度。无论是宿舍、食堂还是图书馆、运动场等，都能通过传感器收集到学生的行为数据。这些数据能够反映学生在不同场景下的活动状态、习惯偏好等，为教育者提供关于学生生活方式的全面视图。拓展了育人场域。第三，通过线上线下相结合采集数据拓展了评价虚实维度。除物理空间建设外，学生成长智慧社区包含虚拟空间平台。其数据采集不仅包含物理空间上的试卷成绩、谈心谈话、课堂表现、比赛成绩、实践记录等，还包含网络空间上的网络消费、上网记录、邮件等多个维度信息，最大限度保证了评价数据的全面性，有效助力精准评价。

**2. 评价方式的创新性**

大数据的可视化技术通过数据集聚、关联分析、动态画像等优势突破了传统思想政治教育评价方式单一性、滞后性、静态化、抽象化的局限。首先，可视化的反馈使得评价结果更加直观、具体。通过把思想政治教育评价过程中的数据信息转化成具象化、可视化的直观图形、图像或动态影像，使其具有了动态性、整体性、直观性，帮助教育者更好地识别数据的规律和趋势。例如，树形结构图可以帮助学生和教育者清晰地看到不同类别的行为数据之间的层次关系，如学习行为、社交行为、消费行为等，进而分析它们之间的相互影响和关联。折线图则能够展示学生行为数据随时间的变化趋势，帮助教育者把握学生行为的变化动态，及时发现问题并采取相应的教育措施。动态变化曲线则能够实时更新数据，展示学生行为的即时变化，为教育者提供更为及时和准确的信息。其次，通过动态化的更新提升评价效果。传统的反馈往往存在滞后性，无法及时反映学生行为的动态实时效果，在信息技术的助推下，动态化的反馈使得思想政治评价更加及时和高效。例如，运用大数据的可视化分析技术，让数据变化趋势以更直观、精准、动态和艺术化的方式呈现出来，这不仅降低了理解数据的难度，还提高了教育者和学生的参与度和兴趣。在公寓管理中，通过实时的动态化更新，教育者可以及时掌握学生的归寝情况，及时排查数据，从而实现更精细地服务于思想政治教育的全过程。

**3. 评价结果的实效性**

精准思政下的精准化评价不但注重评价方式和内容的改革和创新，更要加强以人为本，注重对教育对象个体情况和感受的关注，既要兼顾整体性的考量，也要关注个体性特点，从而确保评价结果的高效性和精准性。基于大数据的智慧思政通过对教育对象的日常行为、思想动态、情感变化以及各方面表现等数据进行采集、挖掘和分析,从而实现评价结果的时效性。第一,对学生个体情况的精准把握。根据教育个体的数字画像、学习习惯、成绩数据实现对个体数据全面、精准地把握,为实现精准评价教育效果、做出精准评价奠定基础。例如,在贫困学生认定上,通过对学生的校园消费行为进行实时动态分析,并结合恩格尔系数指标和消费类型的考量,我们能够更精准地把握学生的个人经济状况。这种数据驱动的方式,不仅提升了识别学生经济状况的准确度,也为后续的资助工作提供了有力的数据支撑。同时,采用线上申报、辅导员和管理人员双审核、学生民主监督反馈的机制,结合分权重记分方式,实现对学生贫困等级进行初步评定。这种线上线下相结合的审核方式,既保证了评定的公正性,又提高了工作效率。根据评定结果对家庭困难的学生进行精准资助,真正实现了资助工作的智能化和个性化。第二,对学生个体情况的精准分析。通过对学生个体行为习惯、社会背景、学习经历等多方面的数据进行全程化和立体化的记录与分析,我们得以构建每个学生的数字画像。这一创新性的方法不仅提升了对学生个体情况的了解程度,使得教育者能够更直观、更深入地洞察学生的个性化需求。第三,对个体教育方案的精准制定。数字画像还能够帮助教育者更精准地制定教育方案。通过对不同学生的数字画像进行对比和分析,教育者可以发现学生之间的差异性,并以此为依据提供量身定制的教学资源和策略,对照评价方案改进调整教学方法与行为,实现对教育对象的精准服务,促进学生发展。

## 第四节 学生成长智慧社区与精准思政的融合体系

学生成长智慧社区是实现智慧思政的一个创新性平台。通过运用现代数字化信息技术手段,实现了思想政治教育的数字化、自动化、智能化和个性化,提高了思想政治教育的科学性、实效性、协同性和针对性。因此,将学生成长智慧社区与精准思政创新融合,是促进思想政治教育现代化、落实立德树人根本任务的必然之举。

## 一、学生成长智慧社区与"精准思政"的耦合性分析

### (一)以人为本:立德树人任务下的精准定位

思想政治教育是塑造灵魂、塑造新人的教育实践活动。党的十八大以来,习近平总书记多次发表重要论述,明确指出必须"培养德智体美劳全面发展的社会主义建设者和接班人",这是新时代中国特色社会主义教育的目标,确定了人才培养的根本方向。学生成长智慧社区平台,是坚持立德树人的根本理念,以马克思主义理论为根本指导,将智能思维、技术、方法与思政教育相融合的平台。

人的全面发展学说是马克思主义价值观的根本体现,人的全面发展与社会时代发展紧密联系,社会的进步和发展也在不断要求人的全面发展。借助大数据技术的成长智慧社区作为时代发展的新模式,助力思想政治教育走向"精准化"和"智慧化",这是对传统教育模式的革新,更是思想政治教育向前发展的必然态势。人的全面发展不是否认人的个性发展,而是个性发展的基础。思想政治教育的价值逻辑在于,通过知识、道德和行为等多方面的教育,实现个体自身的价值最大化,实现人的全面发展。因此,思想政治教育应遵循学生个体发展规律,考虑教育对象的自身特征,注重人的情感认同、需求满足、价值实现,坚持以人为本,注重人文关怀。

基于数字化技术的学生成长智慧社区作为思想政治教育的新形态,通过有效整合大数据库和数字学习平台,打破了传统思想政治教育的物理空间,形成教育、管理、服务为一体的"多元化""全场景"智慧服务生态链,建设以人为核心的个性化数字学习新模式,为实现"每一位学生的全面发展"提供了可能。在此创新模式下,教育者可以根据教育对象的个性特征和需求,实现教育的个性化定制,满足学生的个性化需求,尊重和促进个体的差异性,以最终实现人的自由全面发展。由此可见,学生成长智慧社区助力思想政治教育目标的实现,其模式与思想政治教育的目标存在耦合关系。

### (二)数智驱动:大数据仓下的精准识别与供给

"精准思政"是精准思维在思想政治教育领域的运用,基于大数据等前沿技术,逐渐衍生而来的教育模式,是在人机结合状态下开展的精准育人活动。在实践过程中,包括及时识别和获取教育对象信息、制订个性化教育方案、实时获取教育反馈、教育过程的精准施教和教育成果的精准评价等。具有教

育信息可量化、教学活动高时效、内容供给针对性、教学场景泛在化等特征。社会的进步驱动人们的思维方式发生变革。新时代下，随着信息技术深度赋能教育，数字化思维和精准思维日趋明显，构成了数字化时代思想政治教育思维方式的创新。精准思维须做到内容精、供给准。数字时代，通过营造一个线上与线下联动的全新虚实空间，学生接收的信息量大增，这对教育内容提出了更高要求。思政工作的内容设计应更加精细和个性化，基于学生个人出发，关注学生的兴趣点，满足学生的个性需求。

新时代做好高校思想政治教育工作要因势利导、因势而新、与时俱进，充分运用好大数据、人工智能等信息技术优势，增强思政教育的时代感和吸引力。以大数据为基础精准绘制思想政治教育对象的数字画像，深刻全面地收集学生角色身份、行为数据、兴趣特长等信息，达到精准识别教育对象、精准分析教育需求、精准供给教育内容的目的，进一步提升教育成效。学生智慧社区作为信息化时代的产物，通过运用大数据、云计算、物联网等现代信息技术，智慧社区可以实现对学生信息的全面感知和智能处理，从而为学生提供更加精准化、个性化的服务。学生智慧社区作为智慧思政的重要实践平台，为实现精准思政提供可能。

### （三）三全育人：教育智治系统下的精准协同

精准思政理念下的全员育人，要求构建科学高效的联动机制，深度发挥育人队伍的力量，这种协同不限于校内，还应扩展到校外，包括家庭、社会等各个方面，形成学校家庭社会协同育人的新格局

学生成长智慧社区对标"三全育人"和"十大育人体系"，构建教学、学工、后勤等各部门合作联动的育人体制机制，发动领导干部、专业教师、心理咨询师、思政课教师、辅导员、班主任、学生干部、学生党员、学生朋辈导师等学校工作力量贴近学生一线，共同参与学生社区建设，构筑师生共治的学生社区育人共同体。在学生社区建设院系一站式学生服务站，推进学业、评奖、心理帮扶等方面的协同育人往深里走、往心里走、往实里走。开展一对一预约咨询、小型沙龙、主题报告、直播答疑等创新性活动，构建育人队伍的德育共同体，实现价值引领、教育教学、管理服务的目标。同时，抓住学生成长转型过程中的重要节点，让全过程育人"精准发力"。开展新生适应教育、生涯规划教育、专业发展教育等，实现全过程育人。最后，通过构建智慧教学平台及管理服务平台，将思想政治教育进一步拓展到寝室管理、生活服务、心理指导、就业创业、社团管理等，覆盖"十大育人体系"，实现全

员、全过程、全方位育人。综上可知，学生智慧社区的全员服务、全过程管理、全方位运营的育人模式与精准思政下的三全育人要求相耦合。

## 二、学生成长智慧社区与精准思政融合发展实践

### （一）技术维度：创新载体平台，促进精准思政的整体性

#### 1. 完善数据支撑系统，一体化构建数据平台

信息化时代，随着数字化改革的不断推进，学生成长智慧社区在为智慧思政教育提供了载体的同时，为教育者开展思想政治教育提供了教育决策参考，促进精准思政的整体性发展。

依托学生智慧社区平台，实现全校范围内数据的动态采集。在智慧教学上，应建立思政教学平台，集线上线下集丰富学习资源、创意课堂实践活动、师生互评功能于一体，构建共享课堂。同时，在智慧教学平台实现考勤、行为养成、作业表现、成绩管理、学情分析等数据的实时呈现，动态反馈师生发展样态，为个性化成长精准导航，实现育人方式的变革创新，助力学生成长。在学生管理服务上，学生智慧社区应发挥社区平台的作用，构建教育、管理、服务为一体的"多元化""全场景"智慧思政服务生态，将平台与校内不同职能部门紧密合作，集学生学习和生活于一体，实现对全校学生服务的网络化服务平台。通过采集全校各个管理部门、多种类数据信息，全面了解学生的思想动态和行为表现，确保了数据的全面性和准确性，为思政工作提供有力的数据支持。在数据的管理和使用方面，采取一次采集、一库管理、多方使用、即调即用的方式，实现即时的数据共享和互通。这种模式不仅提高了数据的使用效率，还避免了数据孤岛现象的出现。此外，应积极与各高校、政府、社会组织等开展数据共享合作。通过合作，充分利用各自的优势资源，共同推进教育大数据的研究和应用。

此外，通过平台，深入挖掘优秀学生的数据，从中抽取共性特征，建立学生成长"公式"，其优秀的成长轨迹为在校学生提供学习榜样。通过这样的成长"公式"模型，可以帮助在校明确自己的职业规划和发展方向。通过学习和借鉴优秀毕业生的经验，学生可以更好地规划自己的学习和生活，提高自身的综合素质和能力，从而更好地适应未来的就业市场和社会发展。

## 2. 常态化开展精准画像，实现精准识别对象

常态化开展"精准画像"是提高学生教育质量的重要手段。通过构建精准思政大数据一体化平台，基于多维度数据形成学生画像和教育知识图谱，对学生学习成绩、行为习惯、心理状况、考勤情况等各方面的信息进行大数据分析，可以全面了解学生的思想动态和发展趋势。精准画像还能实时评估和预警各类异常行为，针对系统上的提示信息，综合学生的个人情况，教育者可以及时采取不同的应对措施，为精准开展思想政治工作提供依据参考。

首先，从时间维度上，要将"精准画像"贯穿学生从入学到毕业的全过程，覆盖从生活到学习的全方面。从入学时期的新生教育、职业生涯规划、大学生活和社会实践到就业指导等各个环节，覆盖从入学到毕业的全过程。通过学生工作数据中枢，无感采集全场景的学生行为数据，实现教育全过程的数字化记录和管理，从而实现对教育的全程跟踪。通过对学生行为数据的分析和学习数据的跟踪，依据学生预警、评优、成长的数据建模，进行学生信息大数据分析、AI诊断，形成底数清晰、预判准确、评价科学的各类培优纠偏的数据诊断，为思政育人工作提供更准确和科学的教育决策支持。

其次，在内容维度上，要将"精准画像"贯穿学生从生活到学习的全方面。通过构建线上线下虚实结合的学习实践场域，拓展了社区育人的场域。实现思政对象的全方位数据的采集和处理，驱动精准刻画成为现实。具体而言，其全方位的"精准画像"主要表现在：首先，要对思政对象的思想、言行等进行实时化跟踪，从而及时掌握学生思想动态及行为特点。人的思想是主观且复杂的，它受到个体经历、文化背景、社会环境等多种因素的影响。因此，通过智能技术对人的思想动态进行实时跟踪，有利于随时进行分析和研判，及时掌握学生需求。其次，通过对教育对象的爱好、习惯等进行全面化采集，了解学生的个性化偏好。数字化时代，通过对学生校园内的各种行为数据，如图书馆书籍借阅、参加活动次数、消费行为等，深入考查学生的生活习惯和个人偏好，有助于制订个性化的指导方案，助力学生成长成才。

## 3. 全景化呈现思想动态，实现精准掌握需求

在现代信息技术的推动下，物联网技术、云计算、智能传感技术、数字可视化技术等为全景化呈现思想动态提供了全新的视角和方法。传统方式下，教育者往往用语言、文字等经验性、情感性的方式展示教育对象的特点和动态，这种方式往往受限于主观性和模糊性。如今，借助信息技术的力量，教育者可以用更加精准、科学的数据描述方式呈现教育对象的情况，有效提升教育

的科学性和实效性。传统的思想政治教育由于技术限制，其思想动态的呈现方式往往以成绩分数、谈话的主观评价为主，这种分类和呈现方式往往难以实现对教育对象的精准分类。

依托可视化技术，全景化呈现思想动态，实现思想行为描述的客观化、真实化、可视化、艺术化，为管理者提供更为直观、全面的了解，从而精准掌握学生需求，优化社区服务。传统的思想行为判断方式只能通过观察、判断来了解学生的真实状况，容易导致结果主观性强、不真实、不精确。而通过数据平台，学生的思想动态以图形、图像、动画等形式呈现出来。例如，可以制作学生活动热力图，展示学生在社区内不同区域的活跃度；可以生成学生社交关系图，揭示学生之间的社交网络和互动模式；还可以制作学生情感分析图表，反映学生的情绪变化和趋势。智慧社区还可以结合学生的个人信息和背景资料，进行更深层次的思想动态分析。比如，通过分析学生的学习成绩和课外活动参与情况，可以推测学生的学术态度和兴趣方向；通过分析学生的社交言论和互动内容，可以了解他们的价值观和观点倾向。为了更好地呈现学生思想动态，智慧社区还可以利用虚拟现实（VR）和增强现实（AR）技术，创建三维立体的社区环境，让学生在其中进行互动和体验。这样不仅可以使学生更加直观地了解社区的情况，还可以增强他们的参与感和归属感。

**4. 精准开展管理服务，助推育人提质增效**

将精准管理与服务贯穿思想政治教育全过程，有利于及时发现教育对象的发展诉求并做出积极回应和处理，从而推动精准思政的发展。因此，在实践过程中，应积极运用学生成长智慧社区这一载体，精准开展管理服务。

一是基于大数据技术与方法，设置智慧服务应用场景，提升校园服务水平，满足学生需求。在智慧服务应用场景里，立足学生需求，打造校园一码通、智慧报修、校园生活服务和公寓服务四大应用场景，涵盖饭卡挂失充值、智慧报修、订水服务、失物招领、调寝申请、退宿申请等服务，将这些环节整合在一个平台上，实现信息的共享和协同，极大地提高管理效率和服务质量，实现学生消费动态、归寝分析、实时寝室流量统计、寝室陌生人跟踪、安全预警等数据实时更新，使学生校园生活更便捷，学生社区管理更有效。"一站式"学生服务平台通过统一授权及认证中心，形成学生相关服务业务分层分类的集成型数字空间，学生可以通过"掌上钉"快捷办理各类服务业务，实现学生的衣食住行需求一键满足。

二是依托信息技术，建立智慧学习空间应用场景，全面推进教学资源的全面整合和教育教学设施智能升级。在教学空间上，打破传统教室制约，重构线下学习空间，建设多模态教学环境。建成多类型智慧教室，配备多种智能、泛在、互联新设备，软硬件融合、互联互通，支撑不同教学活动和教学策略的需求，为实现精准思政提供实施数字化校园环境基础。依托现有国家级教学资源库、国家级虚拟仿真示范基地"现代旅游虚拟仿真实训基地"等数字资源，引入 VR、AR 等设施，打造了虚拟景区、虚拟酒店、虚拟厨房等七个"云旅游"模块，为学生提供沉浸式社区学习体验场景，拓宽了学习场域。在这样的教学环境下，师生之间的深度交流、学生之间的讨论合作以及学生与教学资源的互动都得以实现，这种多重交互不仅丰富了学习形式，还能满足学生自主探索、情境创设、合作学习、资源共享等多方面的要求。在这种新型学习方式提升了学生的主动性和积极性，他们不再是被动地接受知识，而是更加积极主动地探索知识，极大提升学生的创新精神和实践能力。

三是在学生宿舍建设一站式学生社区，并将其融入人才培养体系，为学生提供全流程、一站式服务。通过学生成长智慧社区项目，学生诉求线上反馈机制、智慧服务供需对接、学生预警处置角色权限设置，学校精准发力，以党建为引领，发动领导干部、专业教师、心理咨询师、思政课教师、辅导员、班主任、学生干部、学生党员、学生朋辈导师等多人次参与学生社区建设，构筑师生共治的"一站式"学生社区育人共同体。建设"一站式"学生事务中心、健身房、心理咨询室、团辅室、宣泄室等设施，充分满足学生阅读、研讨、咨询、谈话、健身、休闲等需求，构筑全方位、多维度的学生服务网。

### 5. 完善智慧评估系统，为智能思政建设增效

教学评价是衡量教学效果的重要工具，它能够客观地反映学生的学习成果和教师的教学质量。在思想政治教育中，应该坚持以促进学生的全面发展为评价导向，构建并完善智能评估体系。要完善智慧评估系统，坚持普遍性和个性化相统一、过程性评价和结果性评价相结合，既要关注教育对象的学习特点与风格、学习进度、实践成果、学习成绩等显性指标，也关注心理状态、精神状态等隐性指标。

一是要做好学前精准预测。利用大数据、人工智能等技术，收集学生成长背景、性格特点、心理状态、学业基础，以及情感态度价值观等各方面信息，通过对信息的深入分析和全面研判，对教育对象进行精准预判。教育者依据基础数据科学制定教学目标，为教育对象提供个性化教育方案。二是要做好学中动态监测。基于信息化技术，教育者可以实时检测学生的学习过程，包

括思想动态、学习进度和学习状态等，以便于及时优化和调整教育方法。三是要做好学后精准反馈。在教育完成阶段，做好全程跟踪、精准反馈、科学评估。要搭建智慧思政与安全管理、学生服务的桥梁，将生活场景与学习场景智慧联通，将思想政治教育不断向学生社区延伸，实现全过程、全方位地实时跟踪评估，打造全时性、泛在性的教学效果考量机制。

### （二）实践维度：厚植智慧思政教育理念，提高精准思政的科学性

智慧思政的实现必须建立在人机协同的基础之上。人机协同是指人类与计算机系统之间相互合作的方式，它将人类和计算机系统的优势结合起来，以完成各项任务。因此，在构建智慧思政平台的过程中，关键在于全面把握并深刻实施智慧思政的理念，而且需要将这些理念渗透到平台建设的每一个环节和运行中。

**1. 正确处理人的智能与人工智能的关系，实现二者相协调**

学生成长智慧社区平台需要人工智能技术的支持。本质上，人工智能技术是人类实践活动的产物，是人的本质力量的彰显。因此，正确看待人工智能技术，实现人的智能和人工智能的互相协调是实现人工智能赋能智慧思政的前提和基础。人工智能推动了教育的智能化，但智能化并不等同于智慧化。因此，智慧思政应该围绕立德树人的根本任务，遵循思想政治工作规律、学生成长规律。它并非依赖于智能技术进行填鸭式的知识灌输，而是致力于引导学生树立正确的人生观和价值观。其次，我们必须树立"技术引导智慧"的理念，并将其全面融入学生智慧社区平台的构建与运行之中。充分利用信息技术给智慧思政带来的精准性、科学性、协同性、灵活性和创新性方面的独特优势，发挥其"智"的作用和功能，让技术为教育服务，构建一种人机共同参与、共同教学的"双师"型教育模式，实现人机模式的相协调。

**2. 正确处理智慧思政与传统思政的关系，实现二者相承接**

学生智慧社区是实现智慧思政的重要载体平台。智慧思政以数字化与思想政治教育为核心，构建开放而便捷的精准化思想政治教育、智慧化学生事务管理和服务、科学化育人成效评价。传统的思想政治教育更多的是采用单一、统一的教育模式，已无法满足不同学生的个性化需求。随着数字化技术的不断发展，个性化、精准化思想政治教育逐渐成为方向。个性化教育强调充分考虑学生的个体差异和发展需求，为每个学生量身定制符合其特点和兴趣的

学习路径和教育内容。精准化教育则着眼于提供针对性的教学策略和资源，通过科技手段实现对学生学习行为和反馈的精准监控和分析，从而更好地指导教学实践，使教育资源得到更有效的利用。这种个性化、精准化的教育理念正在引领思想政治教育的发展方向，为实现更加全面、深入的教育目标提供了新的途径和可能性。学生成长智慧社区作为新时代思想政治教育的新模式，是在传统基础上进行了新的探索与改进。智慧思政借鉴了传统思想政治教育的经验与成果，同时也吸收了现代科技的发展成果，以此为基础，进行了一系列的创新举措，从而为思政教育注入了新的活力与动力。新时代实现思想政治教育高质量发展，必须坚持传统思政与智慧思政二者相互补充、协同发力。

### （三）队伍层面：提升队伍数字素养，助推育人提质增效

随着数字技术和思想政治教育的不断融合发展，智慧社区赋能精准思政的实现不仅需要智能化技术的支撑，更离不开具备数字素养的师资队伍。培养具备专业知识和技能的思政教育人才，已经成为新时代智慧思政建设不可或缺的重要一环。

#### 1. 建强"精准思政"工作队伍，同向同行提质增效

构建一支集教学、管理、技术于一身的智慧思政人才队伍，优化工作机制，上下联动协同发力，是推动智慧思政的关键所在。首先，建设一支强大的专职队伍，包括辅导员、学工干部和思政课教师，形成了上下贯通、专职为主、专兼结合、职责清晰、素质优良的思政教师队伍。将精准思维和智慧思政平台的使用融入管理培训、日常工作中。引导思政教师队伍紧跟时代脉搏，积极主动地拥抱新知识、新技术，练就新本领，推动思想政治教育工作因势而新，以满足学生现实关切和成长困惑的需求。同时，通过开展以赛促学的活动，不断提升思政课的思想性、理论性、针对性和亲和力，练就新时代思政课教师铸魂育人"硬实力"。其次，优化班主任、行业导师、专业课教师、信息技术人员等兼职队伍，实现跨界融合和各司其职。班主任将班级管理和思政教育有机融合，充分发挥导思想、导学习、导生活的作用，在日常管理中渗透思想引领，做到潜移默化、入脑入心。专业课教师不仅传授专业知识，还通过课程思政的方式，将思政元素融入教学活动中，实现思想政治教育贯穿全过程；信息技术团队围绕思政工作的实际需求，开发设计管理服务平台，不断优化平台功能，丰富平台内容，提升平台的用户体验感。不仅为思政工

作提供有力的技术支持，还为师生间的交流互动提供便捷高效的桥梁。最后，整合行业导师、用人单位、校友、家长等社会资源力量，与专兼职队伍密切配合，共同开展形式多样、内容丰富的思政教育活动，形成内外联动、协同育人的良好局面。

### 2. 提升人才培养水平，为智慧社区建设提供智力支持

智慧社区的信息化提升了思想政治教育的时效性、科学性和精准性，但也给思政工作者带来了巨大挑战。例如，在大数据时代的背景下，教师在使用智慧思政教学时，不仅要熟练掌握智慧设备的使用，还要精心设计智慧课堂的教学内容，灵活掌握课堂节奏并提供课堂评价，其过程都需要教师不断更新教学理念，提升信息化教学能力。再如，由于人物画像数据的海量性和实时性，数据的录入、统计、更新等工作大多数仍需要配合人工完成，增加了教育者的工作难度。因此，思政队伍的数字素养，是学生智慧社区能否发挥技术优势的关键。首先，高校应该加强对教师的数字化素养的培养，引导他们在工作中运用智能思维来分析问题和解决问题。教师数字素养落实到教学中包括信息技术应用能力、数字教育资源整合能力、数字化教学设计能力、数字化教学评价能力、信息安全意识以及终身学习能力等。在实际教学过程中，能熟练掌握智能工具运作机理，如多媒体教学软件、学生服务管理平台、网络资源平台等。具备对教育资源进行数据筛选、整合、分析的能力，能通过数据描述解释教育对象的教育需求，从而根据学科特点和学生需求，进行数字化教学设计。教师能够掌握数字化教学评价的创新方法和工具，对学生进行及时有效地反馈。

### （四）价值维度：遵循实践基要，彰显育人价值

思想政治教育是落实立德树人的基础性工作。党的十八大以来，习近平总书记论述了中国特色社会主义教育发展的一系列方向性、全局性、战略性的重大问题，为我们开展思想政治教育工作提供了根本遵循。新时代背景下，运用数字化思维理念和技术工具实现精准思政，首要的就是价值维度上的方向正确，彰显育人价值。

### 1. 在技术运用中始终坚持正确方向：坚持育人为本，服务育人使命

基于数字化基础的学生成长智慧社区因数字技术的运用使得师生关系变成"人—机—人"的模式，在这种新模式下，给思想政治教育带来一些挑战。

第一，要把社会主义核心价值观引领与科技伦理教育相结合，坚持育人为本，服务育人使命。坚持社会主义办学方向和立德树人根本任务是习近平总书记明确提出的政治原则。新时代开展思想政治教育工作，必须坚持正确的政治方向，坚持以习近平重要论述为指导，始终牢记育人使命，把正确的政治方向、价值取向、育人导向贯穿思想政治教育全过程。

第二，坚持"数据正义"和"价值考量"相协同，贯彻育人为本，技术为器的理念。教育对象对教育者的依赖性有所减弱，容易走向"数据至上"、交流沟通减少、情绪情感被掩盖等误区，因此，要根据构建和谐的人机关系，坚持育人为本，反对过分依赖数据、人工智能技术的本末倒置，避免因过分依赖机器导致情感交流、人文关怀和价值引领被弱化，防止思想政治教育变质、变色、变味。

### 2. 在数据共享中牢记信息数据安全：以法为界，技术为用

数字化技术赋能高校思想政治教育科学性、精准性、全时性、协同性的同时，也不可避免地带来隐私侵犯、信息泄露、"信息茧房"等一系列伦理困境。大数据时代，随着个人数据的收集、处理、分析和使用越来越频繁，隐私泄露会成为大数据伦理风险的重要方面。因此，必须保护个人隐私和信息安全，明确价值方向。

第一，确保数据采集和存储的安全。在学生智慧社区平台，大量的学生个人信息和数据被收集，一旦泄露，可能会对学生的人身安全、财产安全等造成不可估量的损失。为此，需要对设备采集设备和存储设备进行加密和防护，利用相关技术保障网络和系统的安全。

第二，确保数据传输的安全。数据的传输过程容易受到黑客等的攻击，因此，要采取一系列技术手段确保数据传输的安全。

第三，确保数据分析和处理的安全。智慧社区平台需要分析和处理大量的数据，包括学生的成绩、评价、出勤、奖惩等信息，如果数据被篡改，将会严重影响学生的发展、教育的公平以及学校的声誉。因此，使用密码学技术对数据进行加密、使用权限控制技术限制使用权限等，以保障数据在处理过程中避免被非法删除、篡改、处理。

第四，要确保数据共享的安全。学生成长智慧社区基于一体化集成式平台实现了不同教育部门间的数据协同与共享。要杜绝数据重复、数据非法获取和滥用等，采取一系列技术手段确保数据共享的安全性。

第五，数据销毁的安全性。在数据的使用周期中，有时候需要销毁一些

数据，因此，需要使用一些专业的数据销毁工具和技术，确保数据的彻底销毁。

　　智慧思政建设过程中，确保数据安全至关重要。为有效应对信息数据安全问题，需要从以下几个方面完善举措。一是加强技术防范。采用先进的技术手段，对数据进行加密、对管理人员设置管理权限、对设备进行安全检测等，确保数据的安全性和可靠性。二是建立管理制度。建立一套完善的数据管理制度，明确相关人员的职责，建立数据保护机制和追究责任制，确保数据使用和管理的合法性、安全性和规范性。三是增强安全意识和法律意识。加强教育宣传，提升师生的数据安全意识和法律意识，防范各种安全威胁和风险。

# 第三章
# 高校学生成长智慧社区的实践探索

社区作为当前社会人类最基本的生活空间，一直以来都承载着人们社交、学习、生活等作用。随着互联网信息技术、人工智能、AI技术等发展，重构了传统社区的单一形态，由无网络的"物理空间"转变成"物理空间"和"网络空间"的复合形态。互联网拉近了人们社交、学习、生活的距离、提供了便利，同时也对社区治理人员提出了新要求。而智慧社区恰恰作为新型社区管理模式，成为在"物理空间"和"网络空间"相互融合中这只"无形的手"，实现了社区居民线上线下融合的社会空间重组、自下而上信息反馈、自主管理能力提升、新型公共关系产生、智慧生态圈再造等效应，既为政府提升了社区治理效率，也为社区居民提供了治理主体地位。

高校学生成长智慧社区的实践探索亦如此。"00后"学生作为高校社区中的主要"居民"，正是在互联网中成长的一代，他们对网络依赖感强烈、易于接受新鲜事物、有自己的"网络社交语言"、敢于表达、具有个性，传统高校社区空间只能满足他们日常生活学习需求，更常见的是一边吃饭一边看手机、一边走路一边看手机的"居民"，他们更喜欢在网络上表达自己、与他人沟通，在现实世界中伪装自己，不善于表达真实想法。但是，他们借助于网络又能够在传统社区中停留较长时间，甚至能够做到24小时不离开社区。学生的"在场交往"与"缺场交往"行为并存，社会交往空间的双重性为高校属地化管理和建设带来新的机遇和挑战，这也对高校学生管理人员提出了更高的要求，想要实施精准思政，必须了解学生的所思所想，到他们表达自我的"第一线"去，而学生成长智慧社区正是利用互联网信息技术打破了这一障碍，突破了地域空间界限，使得教师与学生以"网络在场"的形式被重新组织与联结。

针对当前高校"居民"所表现出的特性和精准思政实施的紧迫性，学生成长智慧社区的实践探索显得更加必要和重要。

# 第一节 学生成长智慧社区的构建原则与基本路径

学生成长智慧社区作为高校学生管理的新形态平台，构建总体思路要"以人为本、以生为本"。这种自治模式强调尊重学生的个性，从学生的角度出发，让学生在智慧社区中自主管理，从而有效解决他们在社区中的问题。现在，许多高校都在学生智慧社区推广这种管理模式。以宁波城市学院为例，他们将"以学生为中心"的管理理念与社区管理模式相结合，把学校管理、学生自治和后勤服务融为一体，把学生社区建设成了一个标准的学生社区活动中心，注重自我管理、自我教育和自我服务。通过开展丰富多彩的社区活动，增强了学生的家园意识和归属感；通过与学生交流、谈心等方式，化解了社区中的矛盾和心理问题，确保了社区的和谐发展；通过鼓励学生自发美化宿舍，营造了浓厚的社区文化氛围，塑造了社区文化品牌。然而，在实际治理过程中，学生自治组织往往缺乏足够的自治权，学生在开展社区活动时往往被视为"工具人"，这是一个普遍存在的问题。

本书中强调学生成长智慧社区平台突破传统"物理空间"距离，如教学楼、图书馆、学生活动中心、寝室等，将精准思政实施到每位"居民"身上，做到线上线下联动，利用大数据分析，掌握不同"居民"的学习、生活、社交习惯，形成个性化管理方案，并注重"居民"的评价、反馈及需求，及时解决、精准管理，打破与学生在"物理空间"上的"最后一公里"，使高校学生管理人员、专任教师、辅导员、校内外导师等都能够通过学生成长智慧社区平台走近学生、了解学生、关爱学生、教育学生，真正做到"润物细无声"。

## 一、学生成长智慧社区的构建原则

高校学生成长智慧社区构建，旨在通过集成先进的信息技术为学生提供更加个性化、高效化、互动化的学习生活体验。在构建高校学生成长智慧社区时，需要遵循一系列原则以确保其有效性和可持续性。从行政管理范畴出发，可分为系统性原则、动态性原则、科学性原则、普适性原则、安全性原则及可持续性原则；从服务学生范畴出发，可分为以学生为中心、智能化服务、互动性原则、易用性原则、开放性原则、个性化需求和资源整合原则。

### （一）系统性原则

不论是智慧城市还是智慧社区构建，在选择和构建指标时，必须遵循系统性原则，从宏观到微观，自上而下地按照一定的逻辑关系将指标分成不同层次。子指标根据不同的逻辑关系属于不同的上级指标，它们从不同角度展现了不同类型的智慧社区功能。相同逻辑关系的指标相互配合，构成某一类型的智慧社区功能。所有指标既独立又相互关联，共同构建学生成长智慧社区的指标体系。

### （二）动态性原则

构建学生成长智慧社区，不能一蹴而就，它不是为了满足某一特定时间段的发展需求而设立的管理平台。由于互联网信息技术的不断创新和学生成长需求的不断变化，原有的智慧社区服务指标体系可能会不再适用于当前的思政教育环境。因此，学生成长智慧社区的构建是一个动态的过程，需要不断地根据外部需求和技术的发展进行调整和优化，及时更新某指标或增加删除某功能，迭代升级，以确保它符合社会发展规律和学生成长需求。

动态性原则还强调学生成长智慧社区的创新与发展。社区需要不断探索新的教育理念、教育模式和教育技术，以适应学生日益增长的学习需求，社区还应积极推动学生的创新精神和实践能力的培养，为他们提供丰富的实践机会和平台。

动态性原则还体现在学生成长智慧社区的资源更新与整合上。社区需要不断更新和优化教育资源，确保其始终处于行业前沿，还应积极整合各类资源，为学生提供更加丰富、多元的学习体验。

### （三）科学性原则

高校学生成长智慧社区的构建，应坚持以科学性为重要原则。这一原则在系统性、动态性的基础上，强调了学生成长智慧社区建设的客观性与合理性。

首先，在设定智慧社区的功能与指标时，我们必须紧密结合高校的现实特征与需求，避免盲目追求大而全的模式。每个功能与指标的设立都应有明确的目的和依据，确保它们能够真正满足学生的成长需求。

其次，智慧社区的功能与指标内容必须客观存在，具有实际可操作性。这意味着我们不能脱离实际，空谈理论，而应注重为高校智慧社区的"居民"提供切实可行的"产品或服务"。

此外，不同指标和层级之间的逻辑关系也是科学性原则的重要体现。我们应当确保这些关系科学合理，符合社区发展的内在规律和特点。这有助于形成一个有机统一的整体，提升智慧社区的运行效率和服务质量。

最后，为了确保智慧社区建设的有效性，我们还应确保最下层的指标内容可量化或可评价。这样一来，在普及推广过程中，我们就能够验证其合理性，并根据实际情况进行调整和优化。

### （四）普适性原则

高校学生成长智慧社区的构建目标是推进大学生精准思政的智慧化发展进程，在参考高校之前的行政管理过程及各项学生服务规范设置的基础上，尝试建立具备普适性的学生管理服务内容指标。因此在智慧社区构建过程中要考虑各项服务指标的普适性以及可执行性，不能一味追求"高大上"的功能，如此可以增强智慧社区平台的辐射效应，又能为其他高校落实智慧社区建设提供参考依据。

### （五）安全性原则

在构建高校学生成长智慧社区时，必须高度重视安全性原则。要采取有效的技术和管理措施，确保学生和社区成员的信息安全和隐私权益不受侵犯。同时，应建立健全的安全管理制度和应急响应机制，以应对可能出现的各类安全问题。

在个人信息安全保护中，可以采用先进的加密技术，对学生个人信息进行加密处理，确保数据在传输和存储过程中的安全性，严格设定数据访问权限，只有经过授权的人员才能访问敏感数据，防止数据泄露和滥用；在隐私保护机制中，制定并公开隐私政策，明确告知学生个人信息的收集、使用和保护方式，尊重学生的隐私权，对于部分非必要收集的个人信息，进行匿名化处理，减少隐私泄露的风险；在系统安全防御中，定期对智慧社区系统进行安全漏洞检测，及时发现并修复潜在的安全隐患，根据最新的网络安全威胁和攻击手段，制定相应的防御策略，提高系统的抗攻击能力；在应急响应机制中，建立安全事件监测系统，实时监控智慧社区的安全状况，及时发现并应对安全事件,并制定完善的应急预案,明确在发生安全事件时的应对措施和流程,确保能够及时、有效地应对各种安全威胁。

## (六)可持续性原则

智慧社区是"十四五"规划建设的重要内容,这将是一项长期且需要持续推进的工作。为确保建设工作顺利开展,要从社会、文化和技术等多个方面实现可持续发展:在社会层面要合理规划公共空间,实现设施共享,提高资源利用效率,并运用现代信息技术,提高社区管理效率,降低运营成本;在文化层面要培育积极向上的社区文化,增强学生居民的归属感和凝聚力,促进社区和谐稳定发展;在技术层面要采用先进的信息技术,确保数据安全可靠,为智慧社区提供有力支撑,同时关注技术更新与迭代升级,根据技术发展趋势,及时更新升级智慧社区系统,保持技术先进性。

## (七)以学生为中心

高校学生成长智慧社区的建设应始终以学生为中心,以满足学生的学习需求和发展目标。这意味着在设计和开发智慧社区时,需要充分了解学生特点、成长需求和学习方式,确保社区的功能和资源能够支持学生的全面发展。同时,社区应提供个性化的学习路径和多元化的学习资源,以激发学生的学习热情和主动性。

## (八)智能化服务

高校学生成长智慧社区应具备智能化的服务能力,利用先进的技术手段实现自动化、智能化的管理和服务。这包括对学生学习行为的智能分析、学习资源的智能推荐、生活习惯的智能服务以及健康管理智能评估等方面。通过智能化服务,学生可以更加高效地获取所需资源,提高学习效率。

在智能信息服务方面,通过收集和分析学生的学习、生活等数据,智慧社区能够精准推送个性化的信息,如课程提醒、活动通知等,帮助学生更好地安排时间和规划生活。学生也可以通过智慧社区平台实时查询各类信息,如课程表、成绩、图书馆资源等,方便快捷地获取所需信息;在智能学习环境方面,利用物联网、大数据等技术,构建智能教室,实现教学设备的智能控制和管理,同时提供在线学习平台,支持学生随时随地进行自主学习。智慧社区可以对学生的学习数据进行实时分析和反馈,帮助学生了解自己的学习状况,调整学习策略,提高学习效果;在智能生活服务方面,采用智能门禁系统,实现进出社区的便捷管理,同时,通过视频监控、报警系统等手段,确保社区的安全稳定。利用智能宿舍系统,实现宿舍内设备的智能控制,如灯光、空调等,提高学生的居住舒适度,还可通过节能管理,降低能源消耗,促进可持续发展;在智能健康管理方面,通过智能手环、健康 App 等工具,实时监测学生的健康数据,如心率、睡眠质量等,帮助学生了解自己的身体状况。智慧社区可以提供在线健康咨询和指导服务,为学生提供个性化的健康建议,促进学生的身心健康。

### (九)互动性原则

高校学生成长智慧社区的互动性原则,旨在构建一个充满活力、开放包容的社区环境,通过促进师生之间、学生之间以及学生与社区之间的有效互动,推动学生的全面发展。

从师生互动角度出发,要建立平等对话机制,通过线上线下的交流平台,促进教学相长,实现知识的共享与传承,如教师可以实时了解学生的学习进度和反馈,调整教学策略,学生也可以随时向教师提问,获得及时解答;从生生互动角度出发,倡导合作学习,通过小组讨论、项目合作等方式,培养学生的团队协作能力和创新精神。可定期举办各类互动活动,如学术沙龙、文化节庆等,增进学生之间的友谊,提升社区的凝聚力;从学生与社区互动角度出发,鼓励学生参与智慧社区的管理与建设,通过担任社区志愿者、参与社区活动等方式,培养学生的责任感和归属感。同时,学生成长智慧社区应融入学校的特色文化,通过举办文化讲座、传承传统文化等方式,让学生更好地了解和认同社区文化;从互动技术与平台支持出发,借助大数据、人工智能等先进技术,构建智能化的互动平台,提升互动效果,不断优化智慧社区平台的用户体验,确保用户能够便捷地参与互动,享受互动带来的乐趣。这些互动性有助于形成积极向上的社区氛围,激发学生的参与热情。

### (十)易用性原则

高校学生成长智慧社区应具备简单易用的特点,确保学生能够快速上手并充分利用社区资源。首先在设计和开发社区时,应注重用户界面的友好性和操作的便捷性,降低学生的使用门槛,例如,智慧社区平台应采用直观简洁的界面设计,避免过多的冗余信息和复杂操作,使学生能够轻松上手,并提供个性化设置选项,允许学生根据自己的喜好和需求调整界面布局、功能展示等,同时利用大数据和人工智能技术,为学生提供精准的内容推荐。其次在功能完善与服务上，可以将各类学生服务整合到一个平台上，如学习资源、生活服务、就业信息等，方便学生一站式获取所需服务，还应提供详细的使用说明和在线帮助，以解决学生在使用过程中可能遇到的问题，例如可设立智能问答系统，快速解答学生常见问题，同时建立帮助中心，提供详细的操作指南和问题解决方案。最后确保兼容性与可访问性，使智慧社区平台能够在不同终端设备上流畅运行，如手机、平板、电脑等，满足不同学生的使用需求，还可关注无障碍设计，满足特殊群体的使用需求，如视障、听障等，提供无障碍设计，确保他们能够方便地使用智慧社区平台。

### （十一）开放性原则

高校学生成长智慧社区应具备开放性，能够吸引更多的学生、教师和资源参与，为学生成长提供多元化支持。通过开放注册、开放资源和开放平台等方式，可以促进社区内部的良性竞争和资源共享，实现校内外信息的快速流通与互通，方便学生及时获取最新资讯和动态。同时，开放性也有助于引入更多的创新力量和外部资源，鼓励学生之间、师生之间进行知识与经验的交流分享，营造开放包容的学习氛围，促进学生共同成长。最重要的是开放管理与决策机制，鼓励学生、教师和管理人员共同参与智慧社区的建设与管理，形成民主参与、共同决策的机制，建立透明的管理与监督制度，确保智慧社区的建设与运营过程公开、公正、公平。

### （十二）个性化需求

为了满足高校学生成长智慧社区中的个性化需求，我们需要从多个维度出发，创新性地构建和设计社区功能与服务。在个性化学习支持方面要根据学生的学习进度、兴趣和目标，为其定制个性化的学习计划，提供精准的学习资源推荐。同时可以利用人工智能技术，建立智能辅导系统，为学生提供一对一的辅导服务，解决学习中的疑难问题。在个性化生活服务方面，根据学生的生活习惯和需求，提供定制化的生活服务，如饮食、住宿、健康管理等，并通过智慧社区平台，整合各类生活服务资源，为学生提供便捷的服务体验，满足其个性化需求。在个性化社交体验方面，鼓励学生根据兴趣爱好组建社群，提供社群交流平台，促进志同道合的学生之间的交流与合作，还可定期举办各类个性化活动，如主题讲座、文化沙龙、户外拓展等，满足学生多样化的社交需求。在个性化成长规划方面，为学生提供个性化的职业规划指导，帮助其明确职业目标，提升就业竞争力。鼓励和支持学生创新创业，提供创业指导、资金扶持等资源，助力学生实现个人价值。

### （十三）资源整合原则

在构建高校学生成长智慧社区时，资源整合是一项至关重要的任务，应涵盖学习、生活、文化、娱乐等多个方面，确保学生全面发展的需求得到满足。在此基础上，整合校内外各类资源，包括学校设施、社会机构、企业等，形成资源共享的良好格局。同时要优化资源配置，提高资源利用效率，避免资源浪费和重复建设，建立高效的信息共享机制，实现资源的快速流通和有效利用。加强智慧社区与其他高校社区、用人单位、政府等合作伙伴的沟通与合作，共同推动资源的可持续利用。

## 二、构建学生成长智慧社区的基本路径

### （一）构建学生成长智慧社区的挑战

随着信息技术的飞速发展，智慧社区的概念逐渐深入人心，尤其是在教育领域。学生成长智慧社区作为智慧校园的重要组成部分，旨在通过信息化手段优化学生的学习和生活环境，促进学生的全面发展。然而，构建学生成长智慧社区并非易事，它面临着建设周期漫长、资源投入庞大、涉及范围广泛以及实施难度高等多重挑战。

**1. 建设周期漫长**

学生成长智慧社区的建设是一个系统工程，涉及硬件设备的采购与安装、软件平台的开发与集成、数据的收集与处理等多个环节。这些环节相互关联、相互影响，任何一个环节的延误都可能导致整个建设周期的延长。此外，由于智慧社区技术更新换代迅速，建设过程中可能还需要不断调整和优化方案，以适应新的技术和需求。因此，学生成长智慧社区的建设周期往往较长，需要耐心和毅力去克服各种困难和挑战。

**2. 资源投入庞大**

构建学生成长智慧社区需要大量的资源投入，包括资金、人力、技术等多方面的支持。首先，资金方面，智慧社区的建设需要大量的硬件设备、软件平台以及后期维护等方面的投入。其次，人力方面，需要组建专业的技术

团队和管理团队，负责智慧社区的建设和运营。此外，还需要培养一支具备信息化素养的师资队伍，以更好地利用智慧社区的资源为学生服务。最后，技术方面，智慧社区的建设需要依托先进的技术和平台，如物联网、大数据、人工智能等，这些技术的研发和应用也需要大量的投入。

**3. 涉及范围广泛**

学生成长智慧社区的建设涉及多个领域和部门，需要多方面的协作和配合。首先，从学科领域来看，智慧社区的建设需要融合教育学、心理学、计算机科学等多个学科的知识和技术。其次，从学校部门来看，智慧社区的建设需要与学校的教学管理、学生管理、财务处、招就处、团委、后勤管理、保卫处、各二级学院等多个部门进行沟通和协调。此外，还需要与外部的服务商、技术提供商等进行合作，共同推进智慧社区的建设。这种跨领域、跨部门的合作无疑增加了智慧社区建设的复杂性和难度。

**4. 实施难度高**

学生成长智慧社区的实施难度主要体现在以下几个方面。首先，技术难题是智慧社区实施过程中不可避免的问题。由于智慧社区涉及的技术复杂多样，需要克服诸多技术难题才能实现各项功能的顺利运行。其次，数据安全和隐私保护是智慧社区实施过程中需要重点考虑的问题。在收集和处理学生信息的过程中，必须严格遵守相关法律法规，确保学生的隐私不被泄漏。此外，智慧社区的实施还需要考虑到学生的使用习惯和需求，确保界面友好、操作便捷，以提高学生的使用满意度。

在未来的工作中，我们还需要深入研究智慧社区的关键技术、优化实施策略、加强资源整合与共享等方面的问题，以进一步提升智慧社区的建设水平和实施效果。同时，我们还应关注智慧社区在学生成长过程中的实际应用效果，及时调整和优化建设方案，以满足学生不断变化的需求和期望。

## （二）构建学生成长智慧社区的基本路径

### 1. 强化组织建设，营造良好智慧生活环境

在构建高校学生成长智慧社区的过程中，强化组织建设显得尤为重要，一个稳固而高效的组织结构是确保智慧社区功能充分发挥、资源得到合理配置的关键所在。

首先，我们需要明确组织建设的核心目标，即确保智慧社区各项工作有序、

高效地进行。这要求我们从顶层设计上对组织结构进行优化，明确各部门的职责与权限，形成科学合理的决策机制和执行体系。

其次，加强组织内部的人员配备与培训。选拔具备专业素养和创新能力的人才，通过定期的培训与交流，提升他们的业务能力和管理水平。建立激励机制，激发团队成员的积极性和创造力，形成一支团结、协作、高效的工作队伍。

此外，强化组织建设还需要注重组织文化的培育。通过制定明确的价值观和行为规范，引导团队成员形成积极向上的工作态度和团队精神。还需加强组织内部的沟通与合作，建立开放、包容、创新的工作氛围，为智慧社区的发展提供有力支撑。

最后，我们要不断完善组织建设的评估与反馈机制。定期对组织建设成果进行评估，及时发现并解决问题，确保组织建设的持续性和有效性。同时，鼓励团队成员提出改进意见和建议，为智慧社区的发展注入新的活力和动力。

**2. 明确建设目标，确认智慧社区共同纲领**

在构建高校学生成长智慧社区前，需要先明确建设目标并确立智慧社区的共同纲领。学校党委应发挥统一领导作用，协调各多元主体，根据学校的办学理念和育人要求，共同明确学生社区智能化治理的具体目标。这一目标的设定需充分体现智能化治理的创新性、前瞻性和实用性，旨在通过科技手段提升社区治理效能，促进学生全面成长，落实精准思政。

同时，确认智慧社区的共同纲领是确保各方力量凝聚、形成合力的关键。共同纲领应体现学校的教育理念和管理思想，明确智能化治理的基本原则、主要任务和预期成果。通过广泛征求师生员工的意见和建议，确保共同纲领能够反映广大师生的共同意愿和利益诉求，为学生成长智慧社区的建设提供坚实的思想基础。

在明确建设目标和共同纲领的基础上，学校党委应动员各方力量积极参与学生社区智能化治理。这包括学校各职能部门、学生组织、教职工以及校外合作伙伴等多元主体。各方应根据自身职责和优势，明确任务要求，积极参与智慧社区的建设和管理工作。

此外，为了确保学生成长智慧社区在信息化、智能化、数字化治理规划和顶层设计理念得到深入贯彻，学校应建立相应的实施机制和监督评估体系。通过制定详细的实施方案、建立责任清单、定期开展监督检查等方式，确保各项任务得到有效落实。同时，通过收集反馈意见、评估治理效果等方式，不断优化智慧社区治理体系和提升治理水平。

### 3. 设置弹性运行机制，搭建信息共享平台

在打造适用于高校学生发展的智能社群中，构建灵活的运作框架与设立信息交互平台显得尤为关键。面对明确的目标导向，虽然多方参与者可能遭遇诸如资源不均和核心利益冲突等治理难题，但这正是对我们智慧与协作精神的真正考验。

若信息管理中心过分追逐利益，可能会导致治理目标偏移；职能部门若整合资源能力欠缺，其治理效能势必受到影响；二级学院若激励与动员不足，学生群体的参与热情难以被激发；后勤团队若缺乏专业技能的锤炼，服务质量亦将大打折扣。这些因素都可能对多元合作模式的稳健运作构成威胁。

为了克服这些挑战，高校应当灵活采用多种现代数字连接方式，或是直接面对面地构建信息交流桥梁，为各方参与者提供一个互动与表达的平台。借助有效的沟通机制，可以消除分歧，促进文化融合，调整价值观念的差异，从而确保治理工作始终沿着正确的道路稳步前行。

同时，合理调配资源也是确保治理工作顺利进行的关键。我们需要根据各方利益主体的实际需求和能力，公平、公正地分配资源，确保每一方都能得到应有的支持和帮助。此外，建立信任机制也至关重要。只有相互信任，各方才能真诚合作，共同推动智慧社区的建设和发展。

### 4. 建立智慧社区标准体系，保障数据互联互通

在构建高校学生成长智慧社区的过程中，建立智慧社区标准体系并保障数据互联互通是一项基础工作。

首先，在智慧社区建设的初期阶段，必须清晰界定数据的来源、格式和精度等核心指标。这些标准的设定，旨在确保各类数据能够相互兼容，从而实现顺畅的数据互联互通。通过确立这些标准，我们可以有效整合社区内的各类数据资源，为后续的智能化应用奠定坚实基础。

其次，为了保障数据的规范、有序管理和安全利用，我们需构建一套详尽的数据管理准则。此准则需详尽地涵盖从数据收集、储存、传输、应用到共享的全过程，以确保数据的准确性和可信赖性。此外，数据的安全保护同样是重中之重，我们应当引入尖端的数据加密技术，避免数据泄露与不当使用，从而切实保护用户的隐私权益。

最后，实现数据的互联互通是智慧社区建设中的关键任务。为了打破信

息壁垒，促进不同系统间的信息流通与融合，制定统一的数据传输协议和接口标准显得尤为关键。通过实现系统间的无缝对接，我们可以充分利用各种数据资源，进一步提升社区服务的智能化和高效化水平。

**5. 加强技术引进和融合，建设数据软硬件平台**

当前，高校在推进学生成长智慧社区建设时，由于科学规范与统一评估标准的缺失，导致社区建设存在孤岛现象，信息流通与共享面临阻碍。因此，我们应积极行动，增强技术引进与整合力度，确保智慧社区建设的稳步前行。

首先，构建智慧社区的基石在于完善大数据平台。通过建立统一的社区管理数据库，我们可以制定智慧社区的建设规范和评估体系，促进信息的开放共享与有效整合。同时，高校需加强对智能化信息基础设施的投入与支持，确保建设进程的无缝推进。

其次，利用大数据、物联网等前沿技术，我们可以有效连接社区内各节点与要素，从而打破传统的学生社区治理模式。通过集成智能场所、物业管理、安防系统等资源，实现社区、学生及智能系统间的信息互通，确保智慧社区内设施的高效互联，推动社区运作的流畅性。

再次，构建健全的大数据运营平台是提升智慧社区效能的关键。利用大数据技术，将用户需求、学生流动等信息转化为数据资源，并通过终端传感器整合各方数据。此外，引入区块链技术并融入智慧社区建设，能够显著提升社区运行效率，降低管理成本。

最后，在智慧社区的建设过程中，我们必须坚守以人为本的核心理念，强化个性化服务。根据大学生的个性化需求，合理规划智慧社区，增强社区的凝聚力。同时，利用智能化手段构建网络社交平台，促进居民间的互动与交流，增强社区的凝聚力与信任感。

**6. 建立监管考核平台，承担网络治理责任**

在打造高校学生成长智慧社区的征途上，构建一个监管考核平台并承担起网络治理的主体责任，是至关重要的一环。此举旨在通过清晰地界定各参与方的责任与目标，设定明确的监管与考核基准，以实现各方力量的相互制衡与协作，进而构建成一个紧密相连、共谋发展的利益共同体。

具体而言，监管考核平台的建设需紧密结合学生成长智慧社区治理的实际需求，确保考核标准既具有科学性又具备可操作性。通过这一平台，我们可以对各方利益主体在治理过程中的表现进行实时监控和评估，从而及时发现并解决问题，确保治理工作的顺利进行。

同时，管理者、运行服务人员、师生使用者等可通过满意度调查、技术测评，对治理成效进行动态监控。这不仅可以更加客观地了解治理工作实际效果，还能提供宝贵的反馈意见，帮助我们不断优化治理策略，提升治理水平。

### 7. 完善法治保障，维护数据开发利用安全

推进学生成长智慧社区的建设与法治体系的完善应并行不悖。在智慧社区发展的进程中，应着重于数据资源的整合与共享，打破信息壁垒，挖掘海量数据的内在价值，从而增强社区治理与服务的创新能力。尤其需要强调的是，保障所采集数据的安全与隐私是至关重要的，高校信息中心必须防止数据泄露的风险，避免陷入侵犯学生与教师个人隐私的伦理困境。因此，为智慧社区量身打造一套健全的法律法规体系，将对其建设起到重要的规范与指导作用，特别是在解决智慧社区隐私保护挑战方面，高校可从实际需求出发，制定一部专门规范智慧社区内网络行为主体的法律，将是应对这一挑战最为直接且有效的策略。

## 第二节 学生成长智慧社区的构建方法与具体步骤

在当今信息化社会，学生的成长不再局限于传统的校园环境，而是拓展到了更为广阔的网络空间。学生成长智慧社区，作为一种新型的教育模式，充分利用了现代信息技术，为学生提供了一个更加个性化、全面化的成长平台。它不仅可以帮助学生更好地规划学习与生活，还能促进学生的全面发展，培养学生的创新能力和社会责任感。

### 一、学生成长智慧社区的构建方法

构建学生成长智慧社区主要依靠于城市信息 CIM 模型、信息技术应用、大数据挖掘与分析、云计算、物联网等多种方法，这些方法的使用为智慧社区实施精准思政提供了更加高效、准确、个性化的效果。

## （一）城市信息模型 CIM

对于学生成长智慧社区的构建，我们可以优先参考城市信息模型 CIM（city information modelling，CIM），它是国际智慧城市建设争相抢占的战略高地，已被我国纳入国民经济和社会发展"十四五"规划。

原本 CIM 的理念为"新型智慧城市"的建设提供了新的视角和动力，其强大的信息集成能力使其成为推动"新型智慧城市"建设不可或缺的核心技术模型。其应用广泛涉及多个领域，包括城市交通、物流信息、水域治理、自然资源规划、应急管理、城市管理等。

借助 CIM 技术的深度应用，我们能够构建出数字化的镜像社区，实现社区信息的智能化整合与分析，同时确保物联网传感器件的高效监控与维护，并进一步促进社区管理与服务模式的革新与升级。CIM 平台作为数据中心，集成了区域内人口、地理、事件、资产、组织架构及住宅等多重信息，有效整合并优化配置了社区管理、居民服务及商业服务资源，加速了社区管理与治理的现代化步伐。这一发展趋势的核心在于加速社区的智能化与信息化转型，旨在为居民带来前所未有的便捷与高效服务体验。因此，CIM 模型在指导高校构建面向学生成长的智慧社区过程中，展现了其不可或缺的实用价值和深远的参考意义。

基于此，我们初步依托 CIM 模型框架，为高校学生成长环境设计了一套基本构建蓝图与评估体系。该智慧社区以建设运营为核心驱动力，致力于塑造一个集发展性、人文性、和谐性、创新性与生态性于一体的新型社区模式。通过"智慧社区"的搭建来强化"智慧校园"的整体构建，利用"社区健康诊断"机制推动"校园全面评估"的深化，以及通过"社区精细化治理"助力"校园治理效能"的提升。我们积极探索 CIM 技术的实际应用场景，旨在推动高校治理体系的现代化转型与治理能力的提升，最终让社区内的学生感受到更加充实的获得感、深刻的幸福感、全面的满足感以及坚实的安全感。

**1. 社区管理，"智"理有道**

高校学生成长智慧社区管理，通过集成信息发布、楼宇对讲、访客登记、垃圾分类及后勤在线等功能，实现社区的智能化与高效化管理。信息发布系统可实时推送社区动态、活动通知等，确保学生及时获取相关信息。楼宇对讲系统则方便学生与管理人员的即时沟通，提升社区的安全性。访客登记系统则有效管理进出人员，保障社区的秩序。垃圾分类系统的实施，促进学生养成环保习惯，营造绿色社区。后勤在线服务则提供便捷的后勤支持，解决学生日常生活中的问题。这些功能的综合运用，使得高校学生成长智慧社区管理更加智能化、精细化，为学生创造更加舒适、安全的成长环境。

同时，在学生日常管理方面，CIM技术能够进行数据抓取和分析，为相关学生管理事务提供参考依据。例如，在校园内进行评奖评优、勤工助学以及学生贷款的过程中，往往会遭遇诸如评定标准模糊、意见分歧较大以及发放错误等难题。为了更有效地解决这些问题，可以利用智慧社区所积累的数据，参考学生在社区中的日常行为表现、参与各类实践志愿者服务活动的表现以及日常消费记录等信息，为"奖助贷"等工作提供真实数据参考。这样的做法不仅使得评定工作更加科学规范，而且显著提高了评定结果的客观性和可信度。

**2. 社区服务，"慧"及学生**

高校学生成长智慧社区服务，旨在通过构建掌上社区服务模式，融合先进的信息技术，为学生打造一站式服务中心。学校可以组织学生干部、勤工俭学、实习生团队，既降低了人工成本，又提升了学生自主管理的参与度，将学生日常所需的各类生活事项业务纳入服务中心，致力于减少学生办事的烦琐，实现"少跑一趟路，少进一扇门，少找一个人"的目标。

"云"预约服务，通过手机端小程序，学生可以轻松预约各类场馆如图书馆、教室、自习室等场馆，让学生不会跑空且保证场馆利用率，避免能源浪费；学生还可预约社团活动、校园各类文化活动、校外实践活动等，避免活动通知漏看错看，并实时显示活动报名人数与热度、活动参与过程分享、活动结束心得等，同时利用各专业资源，学生还可以自发组织并在平台上发布各类活动，学生可以按照自身兴趣爱好等选择参加，如此能够提升学生参与活动的积极性，确保活动高质量开展。此外，还可以开展预约洗衣、预约理发、预约点餐等服务，提升学生在智慧社区的幸福感。

"云"办事服务，这项服务旨在更好地满足学生的日常生活需求。通过"云"办事服务，学生可以随时随地通过在线平台或移动端应用，完成各类学生事务的办理，无须亲自前往学校相关部门或窗口排队等待。该服务涵盖了学生日常所需的各类事务，包括但不限于一卡通事项、请假申请、生活缴费、宿舍报修、外卖配送、线上超市等。学生只需登录个人账号，选择相应的服务模块，按照提示填写相关信息并提交申请，即可实现事务的快速办理。"云"办事服务的优势在于其高效性、便捷性和实时性。通过云计算技术的支持，服务平台能够实时处理大量事务请求，确保学生在提交申请后能够迅速获得反馈。

"云"医疗服务，通过搭建社区健康系统，建立学生健康档案资源库，为学生提供全方位的健康服务管理。该功能不仅涵盖健康检测、线上健康咨询等基础功能，还注重防护知识的宣传普及，确保学生在遇到健康问题时能够得到及时有效的帮助。

"云"心理服务，通过云端的数据存储与处理能力，实时收集、分析学生的心理状况，为他们提供个性化的心理咨询与辅导。这一服务不仅突破了传统心理服务的时空限制，让学生能够随时随地获取心理支持，还通过大数据分析，提高了心理服务的针对性和精准度。同时，云端平台的安全性和隐私保护措施，也确保了学生在使用过程中的信息安全。

"云"成长服务，可以提供学业一对一答疑、线上图书馆、职业规划、就业咨询、企业招聘、创业交流等模块，为学生专业提升、就业创业服务打通"最后一公里"。学业一对一答疑模块，可以邀请学科领域的优秀教师和专业人士，通过在线互动的方式，为学生提供及时、准确的学业解答；同时，可以利用"朋辈互助"方式，让学业优秀者、高年级学长，甚至优秀校友一起参与解答，这样学生可以在任何时间、任何地点，针对自己的学习困惑进行提问，获得专业的指导和帮助。线上图书馆模块可以整合丰富的电子图书和学术资源，为学生提供便捷的在线阅读和学习平台，学生可以随时随地访问线上图书馆，获取所需的学术资料，提升自主学习能力。职业规划模块可以提供专业的职业咨询服务，帮助学生了解自己的兴趣、能力和职业发展方向，通过个性化的职业评估和建议，学生可以更加明确自己的职业目标和发展路径。就业咨询模块提供全面的就业指导和信息，通过发布最新的招聘信息、组织就业讲座和面试技巧培训，帮助学生顺利进入职场，实现自己的职业梦想。企业招聘模块高校应积极与各大企业合作，为学生提供丰富的实习和就业机会，通过在线招聘平台，学生可以了解企业的招聘信息和要求，直接与心仪的企业进行沟通和申请。创业交流模块鼓励优秀创业校友加入，分享自身创业经历与心得，并提供创业指导和资源支持。通过举办创业讲座、分享创业经验和搭建创业交流平台，帮助学生了解创业流程和市场环境，激发他们的创业热情。

**3. 社区治理，"智慧"至上**

高校学生成长智慧社区治理在现代化校园建设中占据着举足轻重的地位。借助 CIM 技术，我们能够实现对高校环境监测、安全消防等公共区域的可视化治理，进而提升社区治理的智能化与精细化水平。

首先，在环境监测方面，CIM技术为高校提供了一个全面、细致的监控平台。通过集成各类传感器，系统能够实时采集并展示空气质量、噪声、温湿度等环境数据，帮助管理人员准确掌握校园环境的实时状况。这不仅有助于及时发现和解决环境问题，还能为校园规划提供科学依据。

其次，在安全消防领域，CIM技术同样发挥着重要作用。通过构建三维可视化的消防管理系统，我们能够实现对消防设备的实时监控与定位。一旦发生火情，系统能够迅速启动应急预案，通过可视化界面指引救援路径，降低火灾带来的损失。此外，系统还能对消防设备进行自动巡检，及时发现并处理潜在的安全隐患。

再次，在智慧社区内部寝室和安防设备的治理方面，CIM技术也展现出了巨大的潜力。通过预设巡检路线和检测指标，系统能够自动对寝室和安防设备进行巡检，并通过远程监控及时发现并处理故障。这不仅提高了治理效率，还降低了人力成本，为智慧社区的安全稳定运行提供了有力保障。

最后，基于CIM技术的高校学生成长智慧社区还提供了学生人员数量管理、水电费收费管理、校园资产管理以及安全管理等服务，如图3-1所示。通过集成人脸识别、智能门禁等技术手段，系统能够实时统计学生人员数量，为校园安全管理提供数据支持。同时，通过在线支付、电子账单等方式，简化了水电费收费流程，提高了管理效率。在校园资产管理方面，系统能够实现对资产的全面监控和合理配置，为高校资产管理提供了有力支持。

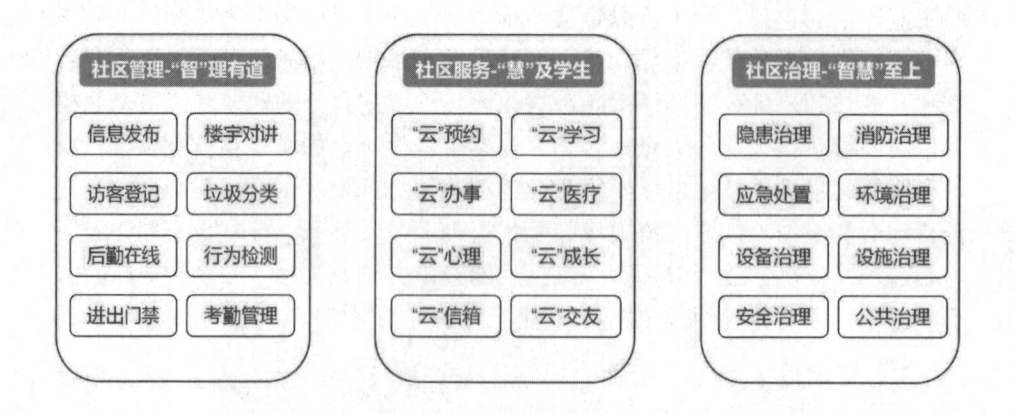

图3-1 基于CIM技术的高校学生成长智慧社区功能

### （二）信息技术在学生成长智慧社区的应用

信息技术在学生成长智慧社区中的应用日益广泛，为促进学生的全面发展提供了有力支持。

首先，信息技术通过构建智能化的信息管理平台，实现了对学生信息的全面集成和高效管理。这一平台能够实时收集、整理、分析学生的个人信息、学习进展、兴趣爱好等多维度数据，为教育工作者提供全面的学生画像，有助于精准制定教育方案，满足学生的个性化需求。

其次，信息技术在学生成长智慧社区中推动了教育资源的共享与优化。通过构建在线教育平台、虚拟实验室等，信息技术打破了传统教育的时空限制，让学生能够随时随地获取优质的教育资源。同时，借助大数据、人工智能等技术，智慧社区还能对教育资源进行智能推荐和匹配，提高资源的利用效率。

最后，信息技术还为学生成长智慧社区提供了便捷的交流互动平台。通过社交媒体、在线论坛等渠道，学生、教师、家长之间可以实时交流、分享经验、解决问题，形成紧密的社区联系。这种互动不仅有助于增强学生的归属感和凝聚力，还能促进知识的共享和传播。

### （三）大数据与学生成长数据的挖掘分析

通过收集、整理和分析学生在校园生活中的各类数据，大数据技术能够揭示出学生成长的内在规律和潜在趋势，为教育工作者提供有力的决策支持。

首先，大数据技术能够实现对学生成长数据的全面采集和高效处理。借助各类传感器、智能设备等工具，我们可以实时收集学生的行为数据、学习数据、社交数据等，形成庞大的数据集。通过运用先进的数据处理和分析技术，我们能够对这些数据进行清洗、整合和可视化，从而得到更加准确、全面的学生成长画像。

其次，大数据技术的应用能够深入挖掘学生成长数据的价值。通过对数据的深度分析和模式识别，我们可以发现学生成长过程中的关键节点和影响因素，揭示出学生发展的优势和不足。这些分析结果有助于教育工作者更加精准地制定教育方案，提供个性化的学习支持，促进学生的全面发展。

最后，大数据技术还能够实现对学生成长数据的实时监测和预警。通过对数据的实时监控和异常监测，我们能够及时发现学生在成长过程中可能遇到的问题和风险，为教育工作者提供及时的反馈和预警信息。这有助于教育工作者及时介入、采取有效措施，帮助学生克服困难、实现健康成长。

## （四）云计算与智慧社区平台的构建

云计算以其强大的计算能力和灵活的资源调配机制，为智慧社区平台提供了坚实的基础和无限可能。

首先，云计算通过其弹性伸缩的特性，能够根据智慧社区平台的实际需求，动态调整计算资源和存储空间，确保平台在高并发、大数据量的情况下仍能稳定运行。这种灵活性不仅提高了平台的处理效率，也降低了运营成本，为高校构建智慧社区提供了经济可行的解决方案。

其次，云计算的安全性和可靠性为智慧社区平台的数据安全提供了有力保障。借由前沿的加密手段与精密的访问权限管理，云计算服务成功保障了其数据的安全性能与用户隐私，且云计算的分布式存储和备份机制，也能够在硬件故障或自然灾害等情况下，保证数据的完整性和可恢复性。

最后，云计算还为智慧社区平台提供了丰富的应用和服务。通过集成各种云服务和应用，智慧社区平台能够为学生提供个性化的学习、生活、社交等服务。例如，学生可以通过平台访问云端的学习资源、参与在线课程、与老师和同学进行实时交流等，从而丰富自己的学习体验和提高学习效果。

## （五）物联网在学生管理与服务中的应用

通过将各种智能设备和传感器融入学生的日常生活和学习环境中，物联网不仅能够实现对学生行为的实时监控和数据分析，还能提供个性化的服务和管理方案，从而极大地提升学生管理与服务的效率和质量。

具体而言，物联网在学生管理中可以应用于多个方面。例如，通过在学生宿舍、图书馆等场所安装智能门禁系统，可以实时掌握学生的出入情况，确保学生的安全。另外，物联网技术还可以用于监控学生的学习进度和成绩变化，帮助教师和管理人员及时了解学生的学习状况，从而制定更有针对性的教学和管理策略。

在学生服务方面，物联网技术的应用同样广泛。通过构建智能化的校园服务平台，可以为学生提供更加便捷、高效的服务。例如，利用物联网技术可以实现校园内各类设施的智能化管理，包括自动售卖机、智能照明、节能空调等，从而提升学生的生活体验。此外，物联网还可以与移动应用相结合，为学生提供实时的校园信息、课程提醒、活动通知等服务，使学生能够更好地融入校园生活。

## 二、构建学生成长智慧社区的具体步骤

高校学生成长智慧社区构建是一个长期且动态的工程,需要高校多方部门联动配合,塑造"统一服务、集中受理、限时处理、及时反馈"原则,让学生最多跑一趟,打通精准思政最后一公里,坚持高效、便利、简单的操作观念。

### (一)需求分析

需要先对目标学生群体进行深入的需求分析,了解他们的学习需求、兴趣爱好、能力特长等方面的信息,为后续的资源整合和个性化服务提供依据。根据需求分析的结果,整合各类教育资源,包括课程资源、实践基地、师资力量等,形成一个丰富多样的教育资源库。

**1. 信息化与智能化需求**

随着信息技术的飞速发展,高校师生对于信息化、智能化的服务需求日益增长。智慧社区作为高校信息化建设的重要组成部分,其建设旨在通过运用物联网、大数据、人工智能等先进技术,实现校园服务的智能化和便捷化。这包括智能门禁、智能照明、智能安防等智能化设施的应用,以及校园一卡通、在线支付、智能导览等便捷化服务的提供。

**2. 个性化服务需求**

高校师生在学习、生活、娱乐等方面具有多样化的需求,智慧社区的建设应充分考虑这些个性化需求。例如,为师生提供定制化的学习资源推荐、职业规划指导、心理健康咨询等服务,为不同专业的学生提供专业化的实验室、实践基地等资源,为教职工提供便捷的工作环境、交流平台等。

**3. 互动与交流需求**

高校是一个充满活力和创新的地方,师生之间的互动与交流对于促进学术进步、文化传承和校园和谐具有重要意义。智慧社区应构建线上线下的互动交流平台,鼓励师生积极参与校园活动、分享学术成果、交流心得体会。同时,智慧社区还应促进不同学院、不同专业之间的交叉融合,激发创新思维和跨界合作。

**4. 安全与便捷需求**

安全是智慧社区建设的基础和前提。高校智慧社区应建立完善的安全防范体系，包括视频监控、入侵报警、消防联动等安全设施的安装与维护；同时，加强网络安全管理，防止信息泄露和网络攻击。此外，智慧社区还应提供便捷的校园服务，如在线报修、智能停车、校园导航等，方便师生快速解决问题和获取所需服务。

## （二）技术开发与集成

根据规划设计，进行学生成长智慧社区的技术开发和集成工作。这包括前端开发、后端开发、数据库设计、服务器部署等方面。同时，还需要将各种技术和系统进行集成，确保社区的顺利运行。

**1. 技术开发的核心要点**

在高校学生成长智慧社区平台的技术开发中，首要任务是明确平台的功能需求和技术架构。这包括对用户需求的深入调研，以及对现有技术资源的评估。基于这些需求和资源，我们可以设计出符合高校智慧社区特点的技术方案，包括数据库设计、接口开发、系统优化等方面。

在开发过程中，我们需要注重技术的先进性和实用性。一方面，要引入最新的信息技术和智能化技术，如云计算、大数据、物联网等，以提升平台的性能和智能化水平。另一方面，也要考虑到技术的稳定性和安全性，确保平台能够稳定运行并保护用户数据的安全。

**2. 系统集成的关键步骤**

系统集成是高校智慧社区平台开发的重要环节。它涉及多个子系统和模块的协同工作，需要确保它们之间的数据交换和信息共享能够顺畅进行。

在系统集成过程中，我们需要制定详细的集成方案，包括数据接口的定义、通信协议的选择、系统间的交互流程等。同时，还需要进行充分的测试和调试工作，以确保各个子系统能够无缝对接并稳定运行。

此外，我们还需要注重系统的可扩展性和可维护性。随着高校学生成长智慧社区的发展，可能会有新的功能需求和技术要求出现。因此，在系统集成时，我们需要考虑到未来的扩展和升级需求，设计灵活的系统架构和模块化的开发方式。

### 3. 开发与集成的协同推进

技术开发和系统集成不是孤立的两个过程，而是需要协同推进的。在开发过程中，需要时刻关注集成的需求和技术难点，及时调整开发方案和技术路线。在集成过程中，也需要根据开发的实际情况进行调整和优化，确保整个平台的稳定性和性能。同时，还需要建立有效的沟通和协作机制，确保高校各部门之间的信息畅通和协作顺畅。

## （三）平台搭建

选择一个稳定、可扩展的技术平台，搭建学生成长智慧社区的基础架构。平台应具备用户管理、资源管理、数据分析等功能模块，以便后续的服务开展和数据分析。

### 1. 平台架构设计

高校学生成长智慧社区平台的架构设计需充分考虑系统的稳定性、可扩展性和安全性。平台应采用分层设计，包括数据层、应用层和用户层。数据层负责数据的存储与管理，应用层提供各类功能模块，用户层则面向师生提供直观易用的界面。

### 2. 功能模块开发

（1）信息发布与管理：实现校园新闻、公告、活动信息的及时发布与更新，方便师生获取最新资讯。

（2）信息校园服务集成：整合校园一卡通、在线支付、家校互动、便利生活等服务，提供一站式服务体验。

（3）信息互动交流平台：建立线上论坛、聊天室等，促进师生间的学术交流与情感沟通。

（4）信息数据分析与决策支持：利用大数据技术，对师生行为、学习成果等数据进行深度挖掘，为高校管理提供决策支持。

### 3. 技术选型与实现

高校学生成长智慧社区平台应采用先进的信息技术，如云计算、大数据、物联网等。通过云计算实现资源的动态调配与共享，利用大数据进行数据挖掘与分析，借助物联网技术实现校园环境的智能化管理。同时，平台应采用开放式的架构，支持多种终端设备的接入，确保平台的兼容性与可扩展性。

## （四）用户培训与推广

平台搭建完成后，还需进行用户培训与推广工作。通过举办培训讲座、制作操作指南等方式，帮助师生熟悉和掌握平台的使用方法。同时，利用校园媒体、社交媒体等渠道进行宣传推广，提高平台的知名度和使用率。

### 1. 用户培训的重要性

高校学生成长智慧社区涵盖了众多先进的信息技术和智能化服务，对于许多用户来说，这些新技术和新服务可能并不熟悉。因此，开展用户培训至关重要。通过培训，用户可以更好地了解智慧社区的功能、特点和使用方法，从而更高效地利用这些资源，提升学习和生活的质量。

### 2. 培训内容与方法

培训内容应涵盖智慧社区的各项功能和使用技巧，包括但不限于平台登录、信息查询、在线服务申请、互动交流等。培训方法可以采取线上与线下相结合的方式，如制作详细的操作手册和视频教程供用户自学，同时组织线下讲座和实操演练，让用户在实际操作中掌握技能。

### 3. 推广策略与渠道

推广策略应注重针对性和实效性。首先，可以通过校园媒体如校园网站、微信公众号等渠道进行广泛宣传，提高智慧社区的知名度和影响力。其次，可以组织各类线上线下活动，如智慧社区体验周、知识竞赛等，吸引更多用户参与和体验。此外，还可以与校内各部门合作，将智慧社区的应用融入日常管理和服务中，提高用户的使用频率和依赖度。

## （五）内容建设与运营

在推广及培训完成后，开始进行智慧社区平台的内容建设和运营工作。这包括策划和生成高质量的学术资源、活动信息、互动话题等内容，以及制定有效的推广策略和运营计划，吸引目标用户加入社区，并保持社区的活跃度和用户黏性。

### 1. 内容建设

资源整合与共享：智慧社区平台应整合校园内外的各类资源，包括学术资源、教学资源、生活资源等，通过平台实现资源的共享与利用。这不仅可以提高资源的使用效率，还能为师生提供更加便捷的服务。

个性化内容推送：基于学生用户画像和数据分析，平台可以为学生推送个性化的内容，如定制化的学习资源、活动信息等。这有助于满足用户的个性化需求，提升用户体验，落实精准思政要求。

互动与交流机制：平台应建立线上线下的互动与交流机制，鼓励师生参与社区的讨论与活动。这有助于营造良好的社区氛围，促进校园文化的传承与创新。

**2. 运营策略**

定期更新与维护：平台内容应定期更新，保持新鲜度和时效性。同时，平台也需要进行定期的维护，确保系统的稳定性和安全性。

用户反馈与改进：建立用户反馈机制，及时收集和处理用户的意见和建议。根据用户反馈，不断优化平台的功能和服务，提升用户满意度。

宣传推广与活动组织：通过线上线下多种渠道进行平台的宣传推广，提高平台的知名度和影响力。同时，组织各类活动，如知识竞赛、线上讲座等，吸引更多用户参与和使用平台。

此外，高校学生成长智慧社区的运营还需要注重与校内其他部门的协同合作，共同推动智慧校园的建设与发展。通过跨部门合作，可以实现资源的互补和共享，提升智慧社区平台的服务质量和水平。

## （六）个性化服务设计

根据学生的个性化需求，设计一系列个性化的学习路径和资源推荐服务。通过算法分析学生的学习行为、兴趣爱好等数据，为他们提供精准的学习建议和资源推荐。

首先，构建学生个性化学习模型。通过收集学生在智慧社区平台上的学习记录、成绩数据、互动反馈等信息，利用机器学习算法进行分析和挖掘，深入了解学生的学习特点、薄弱环节及兴趣方向。这些模型数据将为学生后续的学习路径规划和资源推荐提供有力支持。

其次，设计个性化的学习路径规划服务。基于学生的学习模型和课程要求，为学生定制了符合其学习特点和目标的学习路径。这些路径不仅考虑了知识点的难易程度和逻辑关系，还结合了学生的学习进度和能力水平，确保学生在学习过程中能够循序渐进、稳步提升。

再次，提供个性化的资源推荐服务。通过分析学生的学习行为和兴趣爱好，为学生推荐与其学习路径相匹配的学习资源，包括课程视频、学习资料、在线测试等。这些资源不仅丰富了学生的学习内容，还能够帮助他们更好地理解和掌握知识点，提高学习效果。

最后，还要注重学习反馈与调整。学生在使用个性化服务过程中，可以实时反馈学习体验和效果，后台将根据这些反馈不断优化和调整学习路径和资源推荐，确保服务的精准性和有效性。

### （七）互动活动组织

定期组织线上线下的互动活动，如小组讨论、项目合作、竞赛挑战等，鼓励学生之间的交流与合作，培养他们的团队合作精神和实践能力。

首先，精心策划并组织各类线上互动活动。利用智慧社区平台，创建了线上讨论区，定期发布热门话题，引导学生展开深入的讨论和交流。这些活动不仅激发了学生的思维活力，还拓宽了他们的知识视野。同时，组织线上项目合作，鼓励学生跨专业、跨年级组队，共同解决实际问题。通过线上协作，学生们学会了如何与他人有效沟通、分工合作，提升了团队协作能力。

其次，注重线下互动活动的组织与开展。定期组织各类讲座、研讨会和实践活动，邀请校内外专家、学者进行分享与交流，为学生提供与优秀人士面对面接触的机会。此外，还可以举办丰富多彩的校园文化活动，如文化节、运动会等，让学生在轻松愉快的氛围中增进友谊、锻炼身心。

最后，在竞赛挑战方面，积极组织各类学科竞赛、创新创业大赛等，为学生提供一个展示自我、挑战自我的平台。通过参与竞赛，学生们不仅能够锻炼自己的专业技能和创新能力，还能够增强自信心和竞争意识。

### （八）数据收集与分析

通过智慧社区平台收集学生的学习行为、兴趣爱好等数据，运用大数据分析技术，对学生的学习情况和成长轨迹进行深入分析，为他们提供更加精准的成长建议和发展规划，落实精准思政任务。

首先，在数据收集的基础上，运用大数据分析技术，对学生的学习情况和成长轨迹进行深入分析。通过对学习行为的统计分析，可以了解学生的学习习惯、学习进度和学习效果；通过对兴趣爱好的分析，可以把握学生的兴趣点和潜在优势；通过对社交互动的分析，可以洞察学生的团队协作能力和人际关系状况。这些分析结果为高校提供了宝贵的洞察，有助于更加全面地了解学生的学习和成长状况。

基于分析结果，为学生提供个性化的成长建议和发展规划。根据学生的学习特点和兴趣爱好，推荐适合他们的学习资源和课程，引导他们探索和发展自己的优势领域；同时，结合学生的成长目标和实际情况，制定具体可行的发展计划，帮助他们实现自我提升和全面发展。

此外，还注重将数据分析结果应用于精准思政工作。通过分析学生的思想观念、价值观念和行为习惯等方面的数据，能够及时发现学生在思政方面的问题和需求，从而有针对性地开展思政教育和引导工作。这有助于我们更好地落实精准思政任务，提升学生的思想素质和道德品质。

### （九）安全与隐私保护

在平台搭建过程中，应高度重视安全与隐私保护问题。采用先进的加密技术保护用户数据的安全性，建立严格的访问控制机制防止未经授权的访问。同时，加强网络安全管理，定期进行安全漏洞扫描与修复，确保平台的稳定运行。

首先，关于数据安全，高校智慧社区应采用多层次的安全防护措施。包括网络层面的防火墙、入侵检测系统等，以及数据层面的加密存储、备份恢复机制等。这些措施可以有效地防止外部攻击和内部误操作导致的数据泄露和损坏。

其次，隐私保护也是高校智慧社区建设中不可忽视的一环。在数据采集、存储和使用过程中，应严格遵守相关法律法规，确保用户的个人信息不被滥用或泄露。同时，智慧社区平台应提供用户权限管理功能，让用户能够自主控制个人信息的访问和共享范围。

再次，高校智慧社区还应建立完善的应急响应机制。一旦发生数据泄露或安全事件，能够迅速启动应急预案，进行及时处置和恢复，最大限度地减少损失和影响。

最后，加强安全教育和培训也是提高高校智慧社区安全性的重要手段。通过定期开展安全知识讲座、操作培训等活动，提高师生对网络安全和隐私保护的认识和意识，共同维护智慧社区的安全稳定。

### （十）持续改进与优化

根据学生的反馈和数据分析结果，持续改进智慧社区的服务内容和质量，优化平台的功能和性能，确保学生能够在智慧社区中获得更好的成长体验。

第一，建立有效的反馈机制，鼓励学生对智慧社区的使用体验提出宝贵意见。通过线上问卷、面对面访谈等方式，收集学生的反馈和建议，并认真分析和总结，找出存在的问题和不足。

第二，根据反馈和数据分析结果，制定具体的改进计划。针对服务内容方面，不断优化学习资源、活动安排等，确保能够满足学生的多样化需求。在服务质量方面，加强服务人员的培训和管理，提升他们的专业素养和服务意识，确保能够为学生提供及时、准确、周到的服务。

第三，注重智慧社区平台的功能和性能优化。通过引入先进的技术和工具，不断提升平台的稳定性、易用性和安全性，确保学生能够流畅、安全地使用平台。此外，根据学生的学习特点和需求，不断优化平台的学习路径和资源推荐算法，为学生提供更加精准、个性化的学习支持。

第四，建立持续改进的循环机制。定期对智慧社区的服务内容和质量进行评估和反思，及时发现问题和不足，并制订新的改进计划。通过这种方式确保智慧社区能够不断适应学生的成长需求，为学生提供更好的成长体验。

此外，随着信息技术的不断发展和教育改革的深入推进，高校学生成长智慧社区将呈现出以下发展趋势，可为后续的建设步骤提供思路。

智能化程度更高：未来智慧社区将运用更加先进的算法和模型，实现更加精准的个性化服务和数据分析，为学生提供更加个性化的成长路径和资源推荐。

资源更加丰富多样：随着教育资源的不断积累和共享，未来智慧社区将汇聚更多类型的资源，包括在线课程、实验基地、名师讲堂等，为学生提供更加多样化的学习选择。

社交功能更加完善：未来智慧社区将更加注重学生的社交需求，提供更加完善的社交功能和活动组织机制，促进学生之间的交流与合作，培养他们的团队合作精神和社交能力。

评价体系更加科学全面：未来智慧社区将建立更加科学全面的评价体系，不仅关注学生的学习成绩，还注重学生的创新能力、实践能力、社会责任感等多方面的表现，为学生的全面发展提供更加科学的评价依据。

学生成长智慧社区的构建与发展，将对教育领域产生深远的影响。它不仅能够提高学生的学习效率和兴趣，促进他们的全面发展，还能够推动教育资源的优化配置和共享，提高教育质量和公平性。同时，智慧社区的建设也将带动相关产业的发展和创新，为经济社会的可持续发展提供有力支撑。

## 第三节  以学生成长为中心的精准思政策略的应用体系

以学生成长为中心的精准思政策略的应用体系是一个综合性的框架，旨在根据学生的个体差异和需求，为学生提供更具针对性和实效性的思政教育，促进他们的全面发展。

## 一、实施精准思政所面临的挑战

精准思政作为一种新型的教育理念和方法，旨在通过更加精准的方式，提高思政教育的针对性和实效性。然而，在实施精准思政的过程中面临着诸多挑战，这些挑战涵盖了理念认知、数据应用、资源整合以及师资队伍等多个方面。

### （一）理念认知的挑战

精准思政作为一种新型的教育理念，其核心理念和方法尚未得到广泛的认识和接受。一方面，部分教育工作者对精准思政的理解存在偏差，认为其仅仅是技术手段的更新，而忽视了其背后的教育理念和价值追求。另一方面，一些学生也对精准思政持怀疑态度，担心其可能侵犯个人隐私或限制个人自由。因此，我们需要加强精准思政理念的宣传和推广，提高教育工作者和学生的认识和理解。

### （二）数据应用的挑战

精准思政的实施离不开大数据的支持，然而，在数据应用方面我们也面临着诸多挑战。首先，数据的收集和处理需要专业的技术和人才支持，而目前这方面的专业人才相对匮乏。其次，数据的准确性和可靠性对于精准思政的实施至关重要，但由于数据来源的多样性和复杂性，数据的质量往往难以保证。此外，数据的安全性和隐私保护也是我们需要重点关注的问题。因此，我们需要加强数据应用技术的研发和推广，提高数据应用的质量和效率。

### （三）资源整合的挑战

精准思政的实施需要整合多方面的资源，包括教育资源、技术资源、人力资源等。然而，在资源整合方面高校也面临着诸多挑战。首先，不同部门和机构之间的信息共享和协同合作存在障碍，导致资源的利用效率低下。其次，教育资源的分布不均衡，一些地区和学校缺乏必要的教育资源，难以实施精准思政。此外，人力资源的短缺也是制约精准思政实施的重要因素。因此，高校需要加强资源整合的机制和体制建设，提高资源的利用效率和共享程度。

### （四）师资队伍的挑战

精准思政的实施需要一支具备专业素养和创新能力的师资队伍。然而，目前高校的师资队伍在理念认知、技术应用和创新能力等方面还存在一定的不足。一些教师缺乏精准思政的理念和方法，难以适应新的教育需求；一些教师虽然具备相关的技术知识，但缺乏实践经验和创新精神。因此，高校需要加强师资队伍的建设和培训，提高教师的专业素养和创新能力，为精准思政的实施提供有力的人才保障。

综上所述，实施精准思政面临着多方面的挑战。为了克服这些挑战，高校需要从理念认知、数据应用、资源整合和师资队伍等多个方面入手，加强研究和探索，推动精准思政的深入发展。同时，也需要保持开放和包容的态度，积极借鉴其他领域的成功经验，不断创新和完善精准思政的理念和方法。相信在大家的共同努力下，精准思政将会取得更加显著的成效，为培养新时代的优秀人才做出更大的贡献。

## 二、精准思政的应用体系

### （一）将精准思政应用于思想引导与价值观塑造

将精准思政应用于思想引导与价值观塑造，是深化学生思想政治教育、促进其全面发展的重要途径。通过精准思政，我们能够更精准地把握学生的思想动态，提供个性化的引导，帮助他们树立正确的价值观，形成积极向上的思想品质。

在思想引导方面，精准思政注重深入了解每个学生的思想特点和需求。通过细致的观察和沟通，我们能够发现学生在思想方面的困惑和问题，进而提供有针对性的引导。这种引导不仅涉及对理论知识的讲解，更包括对现实问题的分析和思考，旨在帮助学生形成正确的世界观、人生观和价值观。

在价值观塑造方面，精准思政强调个性化教育和引导。我们尊重每个学生的差异，关注他们的成长环境和经历，以此为基础制定个性化的教育方案。这些方案旨在引导学生认识并理解社会主流价值观，培养他们的道德情操和社会责任感。同时，我们还注重通过实践活动、志愿服务等方式，让学生在实践中体验和感悟价值观的内涵，形成自己的价值判断和行为准则。

通过精准思政的应用，我们能够更加精准地把握学生的思想动态和价值观倾向，为他们提供个性化的引导和教育。这不仅有助于解决学生在思想方面的困惑和问题，还能够促进他们的全面发展，提升他们的综合素质和竞争力。

### （二）将精准思政应用于课堂教学

通过深入分析学生的学习风格、兴趣爱好和认知能力，教师可以制定个性化的教学方案，将思政内容与学科知识相结合，使学生在掌握专业知识的同时，也能深刻理解和践行思政理念。

以学生成长为中心的精准思政应用于课堂教学，是现代教育发展的重要趋势。在这一过程中，教师扮演着关键角色，需深入分析每位学生的学习风格、兴趣爱好和认知能力，从而制订出个性化的教学方案。这种方案不仅关注学科知识的传授，更将思政内容与学科知识紧密结合，使学生在学习专业知识的同时，能够深刻理解和践行思政理念。

在精准思政的课堂教学实践中，教师可以运用多种教学手段和方法，以激发学生的学习兴趣和主动性。通过案例分析、小组讨论、角色扮演等互动方式，引导学生积极参与课堂讨论，深入思考思政问题。同时，教师还会结合时事热点和社会现象，将理论知识与现实生活相联系，帮助学生形成正确的世界观、人生观和价值观。

此外，精准思政的课堂教学还注重培养学生的批判性思维和创新精神。教师可以鼓励学生提出自己的见解和疑问，引导他们从不同角度审视问题，培养独立思考和解决问题的能力。同时，还可关注学生的情感教育和心理健康，为他们提供必要的心理支持和情感关怀。

通过精准思政的课堂教学实践，不仅可以提升学生的学习效果和综合素质，还能够促进课程思政工作的深入开展。这种教学模式有助于构建和谐的师生关系，营造积极向上的课堂氛围，为培养德智体美劳全面发展的社会主义建设者和接班人奠定坚实基础。

### （三）将精准思政融入校园文化活动

将精准思政融入校园文化活动，是深化学生思想政治教育、促进学生全面发展的重要举措。这一举措旨在通过精心设计的文化活动，将思政教育的理念与内容巧妙地融入其中，使学生在参与活动的过程中，不仅能够感受到文化的魅力，更能够深刻理解和践行思政理念。

校园文化活动作为学生日常生活的重要组成部分，具有形式多样、内容丰富、参与广泛等特点。将精准思政融入其中，可以使思政教育更加贴近学生实际，更加符合学生的成长需求。通过举办主题鲜明、内涵丰富的文化活动，如思政主题讲座、红色文化展览、社会实践志愿服务等，可以引导学生在参与中感悟思政精神，提升思政素养。

同时，精准思政的融入还能够增强校园文化活动的针对性和实效性。通过对学生的兴趣爱好、认知能力等方面进行深入了解和分析，学校可以为学生量身定制更加符合他们需求的文化活动，使他们在参与中得到真正的成长和收获。这些活动不仅能够激发学生的学习兴趣，还能够培养学生的团队合作精神和社会责任感。

此外，精准思政的融入还能够促进校园文化的繁荣发展。通过举办各种形式的文化活动，可以营造浓厚的文化氛围，激发学生的创造力和创新精神，推动校园文化的不断创新和发展。

### （四）将精准思政应用于学生日常管理

#### 1. 精准思政在学生日常管理中的必要性

精准思政有助于提升思想政治教育的针对性。每个学生的成长背景、兴趣爱好、心理特征等方面都存在差异，传统的统一化、标准化的思政教育方式往往难以满足学生的个性化需求。而精准思政则能够根据学生的实际情况，制定个性化的教育方案，使思政教育更加贴近学生实际，更加符合学生的成长需求。

精准思政有助于提升思想政治教育的实效性。通过对学生数据的收集和分析，学校能够及时发现学生在学习、生活、心理等方面存在的问题，从而为他们提供有针对性的辅导和支持。这种精准化的思政教育方式能够更直接地解决学生的实际问题，提升思政教育的实效性。

#### 2. 精准思政在学生日常管理中的应用策略

##### （1）建立完善的学生信息数据库

要实现精准思政在学生日常管理中的应用，首先需要建立完善的学生信息数据库。这个数据库应涵盖学生的基本信息、学业成绩、行为表现、心理状况等多方面的数据。通过对学生数据的收集、整理和分析，学校能够全面了解学生的成长状态和发展趋势，为后续的精准思政工作提供数据支持。

**（2）制订个性化的思政教育方案**

基于对学生数据的精准分析，学校可以针对每个学生的特点和需求，制定个性化的思政教育方案。这些方案可以包括学习指导、心理辅导、职业规划等多个方面，旨在帮助学生解决实际问题，提升他们的综合素质。

**（3）加强日常管理与思政教育的融合**

学生日常管理是思政教育的重要载体，二者应该相互融合、相互促进。学校可以将思政教育融入日常管理的各个环节，如二三课堂、学生活动、宿舍管理等，使学生在日常生活中不断接受思政教育的熏陶和影响。

### 3. 精准思政在学生日常管理中的应用实践及成效

为了验证精准思政在学生日常管理中的应用效果，许多高校已经开展了相关的实践探索。例如，某高校通过建立学生行为分析系统，实时监测学生的行为表现，及时发现并干预学生的不良行为。通过对学生行为表现、心理健康等方面的数据进行收集和分析，学校及时发现学生的问题和需求，为他们提供有针对性的辅导和支持。这有助于提升学生的自我认知和自我管理能力，促进其身心的健康发展。

在日常管理过程中，某高校借助信息技术手段，实时收集并分析学生的各类数据。这些数据不仅包括学生的学业成绩、出勤情况等传统指标，还涵盖学生在校园生活中的行为轨迹、社交互动、情感表达等多维度信息。通过对这些数据的深入挖掘，学校能够全面了解学生的成长状态和发展趋势。基于对学生数据的精准分析，该校制定个性化的思政教育方案。例如，针对学习困难的学生，学校提供学习资源和学习方法的指导；对于存在心理问题或情感困扰的学生，学校安排专业的心理辅导和咨询服务。这种精准化的思政教育能够更好地满足学生的实际需求，提升他们的学习动力和自信心。

经过一段时间的实践，这些学校的学生日常管理水平和思政教育质量均得到了显著提升。学生的行为规范意识明显增强，不良行为发生率显著降低；学生的综合素质和创新能力得到了有效提升，取得了显著的学业成绩和社会实践成果。

此外，精准思政还可以帮助学生提升自我认知和自我管理能力。通过参与日常管理和自我反思，学生能够更加清楚地认识自己的优点和不足，学会制订合理的目标和计划，并主动寻求改进和成长的机会。

**4. 精准思政在学生日常管理中的挑战与对策**

尽管精准思政在学生日常管理中的应用取得了显著成效，但仍面临一些挑战。首先，学生数据的收集和分析需要大量的时间和精力，需要学校投入足够的人力物力。其次，学生的隐私保护问题也需要引起足够的重视。在收集和使用学生数据时，学校应严格遵守相关法律法规，确保学生的隐私权益不受侵犯。

为了应对这些挑战，学校可以采取以下对策：一是加强对学生数据收集和分析工作的投入，提升数据处理和分析的能力；二是建立健全学生数据管理制度，规范数据的收集、存储和使用流程；三是加强对学生隐私保护的宣传和教育，增强学生的隐私保护意识。

将精准思政应用于学生日常管理是一项具有重要意义的工作。通过精准分析学生的需求和问题，制定个性化的教育方案，学校能够为学生提供更加精准、有效的思政教育服务。同时，这也需要学校加强对学生数据的管理和保护工作，确保数据的准确性和安全性。相信在不久的将来，随着技术的不断进步和教育的不断创新，精准思政在学生日常管理中的应用将会更加成熟和完善。

## （五）将精准思政应用于心理健康教育与心理辅导

将精准思政应用于心理健康教育与心理辅导，是提升学生心理素质、促进其健康发展的重要举措。通过精准思政的个性化方法，我们能够更加深入地了解学生的心理需求，提供精准的心理辅导，帮助他们解决心理问题，培养健康的心态。

心理健康教育方面，精准思政强调因材施教，关注学生的个体差异。通过心理健康调查与评估，我们能够全面了解学生的心理状况，识别潜在的心理问题。基于这些信息，我们可以制订个性化的心理健康教育方案，为学生提供针对性的心理知识普及和心理健康技能培训。这有助于增强学生的心理韧性和自我调节能力，预防心理问题的发生。

心理辅导方面，精准思政注重深入了解学生的心理需求和困惑。通过倾听与沟通，我们能够建立信任关系，让学生愿意分享自己的问题和感受。在此基础上，我们可以运用专业的心理辅导技巧和方法，为学生提供个性化的心理支持。这包括情绪疏导、压力管理、自信培养等方面的辅导，旨在帮助学生解决心理问题，恢复心理平衡。

通过精准思政在心理健康教育与心理辅导中的应用，我们可以更加精准地把握学生的心理需求，提供个性化的心理支持。这有助于解决学生在成长过程中遇到的心理问题，促进他们的健康发展。同时，也能够增强学生的心理素质，提升他们的自我调节能力和应对挑战的能力。

### （六）精准思政在个性化辅导方面大有可为

针对不同学生的特点和需求，教师可以提供个性化的辅导方案，帮助他们解决在思政学习中的困惑和难题。这种个性化的辅导方式能够更好地满足学生的需求，提升他们的学习效果和满意度。

首先，精准思政强调对每个学生的特点和需求进行深入分析。每位学生在知识背景、兴趣爱好、学习能力等方面都有所不同，因此，他们在思政学习中遇到的问题和困惑也各具特色。通过精准识别这些差异，教师可以为每个学生制订独具特色的辅导计划，确保思政教育的针对性和实效性。

其次，个性化辅导方案有助于解决学生在思政学习中的实际问题。在精准思政的指导下，教师可以针对学生的具体困惑和难点，提供有效的学习方法和策略，帮助他们更好地理解和掌握思政知识。这种针对性的辅导能够切实提高学生的思政素养，为他们的全面发展奠定坚实基础。

最后，个性化辅导方式能够提升学生的学习效果和满意度。通过精准思政的实施，学生不仅能够获得更加符合自身需求的学习资源，还能够在教师的悉心指导下逐步解决学习难题，增强学习信心。这种个性化的学习方式有助于激发学生的学习兴趣和积极性，提高他们的学习效率和满意度。

### （七）将精准思政贯穿大学生职业规划与就业指导

将精准思政贯穿学生职业规划与就业指导，是提升学生职业素养和就业竞争力的重要举措。通过精准思政的个性化辅导和引导，能够帮助学生明确职业目标，提升职业规划能力，为未来的职业发展奠定坚实基础。

在职业规划方面，精准思政注重深入分析每个学生的职业兴趣、能力和需求。通过与学生进行深入的交流和沟通，了解他们的职业期望和发展方向，进而为他们制定个性化的职业规划方案。这些方案包括职业目标的设定、职业路径的规划以及所需技能的提升等，旨在帮助学生形成清晰、可行的职业规划蓝图。

在就业指导方面，精准思政同样强调个性化的辅导和服务。针对不同学生的特点和需求，教师可以提供针对性的就业指导，包括简历制作、面试技巧、职业选择等方面的指导。同时，精准思政还注重培养学生的职业素养和综合能力，如沟通能力、团队协作能力、创新能力等，这些素养和能力对于未来的职业发展至关重要。

通过精准思政的贯穿应用，学生可以更加全面、深入地了解自己的职业兴趣和能力，明确自己的职业方向和发展目标。同时，他们也能够获得更加精准、有效的职业规划和就业指导，提升自己的职业素养和竞争力，为未来的职业发展打下坚实基础。

### （八）将精准思政与家庭教育相结合

通过加强与家长的沟通和合作，学校可以了解学生在家庭环境中的成长情况，为家长提供科学的家庭教育指导，共同促进学生的健康成长。

一方面，精准思政强调因材施教，关注学生的个性化需求。而家庭教育作为学生成长的重要一环，同样需要关注个体的差异与特性。通过与家长的紧密合作，学校能够更深入地了解学生在家庭中的行为习惯、情感需求以及价值观念，从而制订出更加贴合学生实际的思政教育方案。

另一方面，家庭教育指导的科学性对于学生的健康成长至关重要。学校可以利用其在教育资源、教育理念等方面的优势，为家长提供有针对性的家庭教育指导，帮助他们掌握正确的教育方法，营造良好的家庭氛围。这样不仅可以提升家庭教育的效果，还能够增强家长的教育信心，促进家校之间的和谐共育。

此外，通过加强与家长的沟通和合作，学校还能够及时发现和解决学生在成长过程中遇到的问题。家长是学校的重要合作伙伴，他们对学生的了解往往更加深入和全面。通过与家长的交流，学校可以获取更多关于学生的信息，为精准思政的实施提供更加丰富的素材和依据。

## 三、精准思政策略实施的动态监测与反馈调整

高校精准思政实施的动态监测与反馈调整是确保思政工作持续优化的关键环节。通过实时监测思政工作的进展与效果，及时发现问题并进行针对性调整，能够有效提升思政工作的质量与效率。

首先，动态监测是精准思政实施的基础。高校应建立健全思政工作的监测机制，通过定期收集和分析相关数据，了解思政工作的实时状况。这包括对思政课程内容、教学方法、学生参与情况等多方面的监测，以全面把握思政工作的进展与效果。

其次，反馈调整是精准思政实施的关键。在监测的基础上，高校应及时对思政工作进行反馈和调整。当发现思政工作中存在问题或不足时，应迅速组织相关人员进行深入剖析，找出问题根源，并提出切实可行的改进措施。同时，还应积极收集学生和教师的意见和建议，将其作为调整思政工作的重要依据。

此外，动态监测与反馈调整还应注重时效性和持续性。高校应确保监测数据的真实性和准确性，避免形式主义和走过场。同时，还应将反馈调整作为一项常态化的工作，不断优化思政工作的策略和方法，以适应时代的发展和学生的需求变化。

最后，高校还应加强与其他高校和社会各界的交流与合作，共享思政工作的经验和资源，共同推动精准思政的实施与发展。通过借鉴他人的成功经验，高校可以更快地找到适合自己的思政工作路径，提升思政工作的整体水平。

## 四、精准思政策略实施的评估

高校精准思政实施的评估是确保思政工作效果与质量的关键环节。评估过程中，需综合考虑思政内容的针对性、方法的创新性、资源的整合性以及学生的反馈等多方面因素。

首先，评估应重点关注思政内容的针对性。精准思政的核心在于因材施教，因此评估时需考查思政内容是否紧密贴合学生实际，是否能够有效回应学生的关切与疑惑。同时，还要关注内容是否与时俱进，是否能够反映社会热点与时代精神。

其次，评估应关注思政方法的创新性。在精准思政实施过程中，高校应采用多样化的教学方法与手段，如案例分析、小组讨论、实践教学等。评估时需考查这些方法是否能够有效激发学生的学习兴趣与积极性，是否有助于提升学生的思政素养与实践能力。

此外，资源整合的评估也是不可或缺的一环。精准思政需要整合校内外各种资源，形成协同育人的格局。评估时应关注高校在资源整合方面的成效，如是否建立了有效的资源共享机制，是否充分利用了各类资源来支持思政工作等。

最后，学生的反馈是评估精准思政实施效果的重要依据。高校应通过问卷调查、座谈会等方式收集学生对思政工作的意见与建议，了解他们的学习体验与收获。学生的满意度与参与度是衡量思政工作效果的重要指标之一。

通过对高校学生成长智慧社区的实践探索，我们可以看到智慧化、信息化手段在促进学生全面发展方面的重要作用。然而，我们也应认识到，当前高校智慧社区的建设仍面临诸多挑战，如技术更新迅速、数据安全风险等。因此，未来我们需要继续加强技术研发和创新，完善智慧社区的功能和服务，同时注重数据安全和隐私保护，确保学生的合法权益得到保障。

总之，高校学生成长智慧社区的实践探索是一个长期而复杂的过程，需要各方共同努力和持续投入。相信在不久的将来，随着技术的不断进步、应用的不断深化、精准思政的丰富应用，高校学生成长智慧社区会为学生的成长和发展提供更加精准、高效的支持。

# 第四章

# 精准思政在学生成长智慧社区中的样本案例研究

在高等教育日益注重学生个性化与精准化发展的今天,精准思政作为新时代学生工作的重要理念,正逐步渗透到高校学生成长智慧社区的每一个角落。本章通过深入剖析浙江旅游职业学院在劳动育人、体育育人、服务育人、实践育人及管理育人等方面的创新实践,展现了精准思政理念如何与智慧社区构建深度融合,形成了独具特色的育人模式。这些案例不仅为高校思政工作提供了鲜活样本,更为构建全方位、多层次、立体化的育人体系提供了宝贵的经验借鉴。通过本章的探讨,我们将深入理解精准思政如何以信息化为翼,以数据为基,精准对接学生成长需求,实现思政教育的精细化、个性化和科学化,从而促进学生全面发展。

## 第一节 劳动育人:实践啦·劳动在线

浙江旅游职业学院开发的"实践啦·劳动在线"应用程序,不仅是高校劳动教育的一站式解决方案,更是精准思政与劳动育人紧密结合的典范,通过精细化的教育设计和实施,实现了思政教育与劳动教育的有机融合。该应用以传承和弘扬劳动精神为核心目标,着重提升学生的劳动素养,通过明确的教育目标、劳动项目发布、劳动过程管理、效果评价和学生劳动成长等关键要素,提供了一个既实用又易于推广的劳动教育应用场景,创新了第二课堂和第三课堂的育人方式。

为满足新时代劳动教育丰富性、多样性、协同性的要求，以及实现劳动素养提升的可视化和智能化，"实践啦·劳动在线"建立了一个包含"劳育学习、劳动实践、劳动反思、精准劳育和学生劳动成长"的全面劳动育人模式。自2022年5月项目上线以来，该程序已成为推动学校劳动教育创新的重要平台。通过该程序，学院成功举办了数百场劳动教育活动，如寒暑假的"十个一"劳务活动、"美丽校园"创建行动、五月劳动文化节以及"劳模工匠进校园"系列专题讲座等。截至目前，已有超过6万名学生积极参与，累计劳动时间达到57438小时，赢得了学生的广泛好评，使热爱劳动成为校园的新风尚。"实践啦·劳动在线"项目荣获2022年浙江省高校数字化改革成果展的殊荣，同时浙江旅游职业学院也被选为浙江省高校智慧思政建设的首批试点单位。

# 一、需求分析

数字化改革的持续深入为劳动教育注入了新的活力，成为推动新时代高校劳育创新的关键力量。面对传统劳动教育中理论与实践难以融合、学生劳动过程监管不足、劳育成效难以量化等挑战，如何让数字技术为劳动教育赋能，打造深度融合的教育场景，已成为高校迫切需要解决的问题。在此背景下，精准思政的理念和方法为数字化劳动教育提供了有力的指导。通过精准识别学生的劳动教育需求，利用数字技术构建个性化的教育路径，实现劳动教育资源的优化配置和精准投放。同时，借助大数据和智能分析，对学生的劳动过程进行实时监控和精准评估，为教育者提供科学决策支持，从而有效解决传统劳动教育中的难点问题。因此，新时代高校劳动教育应积极探索数字化与精准思政的深度融合，创新教育模式，拓展教育场景，以提升学生的劳动素养和核心价值观为目标，推动劳动教育的全面升级和变革。

# 二、场景建设

## （一）总体目标

为推动劳动教育的数字化革新，学校聚焦于高校劳动教育所面临的挑战与困境，致力于探索创新的劳动教育路径，并拓展第二课堂与第三课堂的育人渠道，以切实提升学生的劳动素养。构建了一个具有实效性和可推广性的劳育特色应用场景，通过此项目达成以下目标：

①便捷且多样化劳动实践形式，激发学生的劳动热情与参与度。

②系统记录学生参与劳动实践的详细数据，建立完善的劳动成长记录。

③优化劳动教育的评价机制，促进学生的劳动后思考与劳育教学方法的创新。

④为学生个体的劳育成长轨迹和群体劳育行为模式提供基础数据分析，以实现精准化的劳育指导。

### （二）建设思路

以传承和强化劳动精神为要义，构建劳动教育在线特色应用，着重于提升大学生劳动素养。该应用遵循劳动教育目标科学设定、项目灵活发布、过程全程可测、教育效果量化评估、学生持续成长及教育流程不断优化等基本原则，推动高校劳动教育向数字化和智能化方向迈进。通过整合各类劳育资源，实现劳动教育的协同效应，全面提升高校劳动教育的质量与影响力。下一个阶段，随着项目的不断完善，将进一步推动大中小学劳动教育的一体化进程，引入更多学段的劳动实践育人项目，以不断丰富和深化劳动育人的内涵。

### （三）项目流程设计

根据项目既定的整体目标和系统需求，对"实践啦·劳动在线"项目进行了详尽的流程规划与设计，具体流程图可参见图4-1。

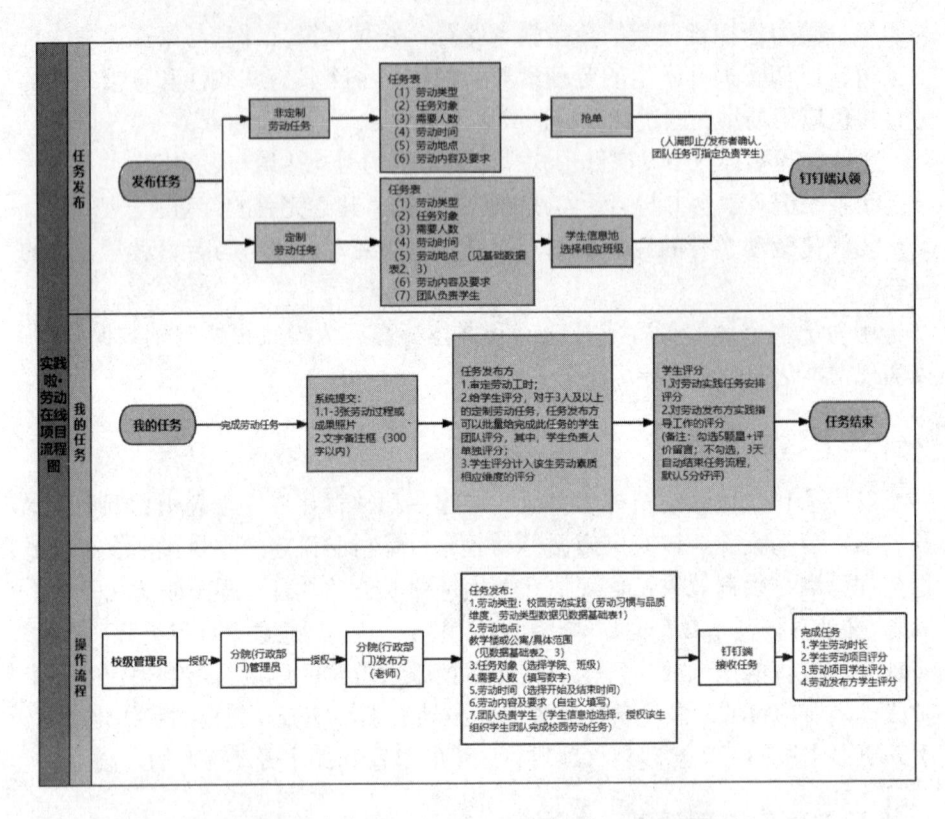

图 4-1 "实践啦·劳动在线"项目相关流程

## （四）数据库建设

### 1. 数据库设计目标

旨在构建一个全面、高效、可扩展的数据存储和管理系统，以支持劳动教育项目的各项功能，包括项目管理、任务发布、过程管理、素质查询、画像管理和在线课程等。该数据库将确保数据的完整性、安全性和一致性，同时提供高效的数据检索和分析功能，以满足学校对劳动教育的全面协同与提升需求。

### 2. 核心数据表及字段

**（1）劳动项目表 (Labor_Project)**

项目 ID (project_id)：主键，唯一标识每个劳动项目。

项目名称 (project_name): 字符串，描述劳动项目的名称。
项目类型 (project_type): 枚举类型，包括日常生活、生产活动、服务领域等。
项目描述 (project_description): 文本，详细描述劳动项目的内容和目标。
创建时间 (create_time): 日期时间，记录项目的创建时间。
更新时间 (update_time): 日期时间，记录项目的最后更新时间。

### （2）劳动任务表 (Labor_Task)

任务 ID (task_id): 主键，唯一标识每个劳动任务。
项目 ID (project_id): 外键，关联劳动项目表。
任务名称 (task_name): 字符串，描述劳动任务的名称。
任务类型 (task_type): 枚举类型，包括定制化和非定制化。
发布时间 (publish_time): 日期时间，记录任务的发布时间。
截止时间 (deadline): 日期时间，记录任务的截止时间。
任务状态 (task_status): 枚举类型，包括待接受、进行中、已完成等。

### （3）学生参与表 (Student_Participation)

参与 ID (participation_id): 主键，唯一标识每个学生的参与记录。
学生 ID (student_id): 外键，关联学生信息表。
任务 ID (task_id): 外键，关联劳动任务表。
参与时间 (participate_time): 日期时间，记录学生的参与时间。
完成时间 (completion_time): 日期时间，记录学生的完成时间。
参与状态 (participation_status): 枚举类型，包括参与中、已完成、未参与等。
成果提交 (result_submission): 文本／文件路径，记录学生提交的劳动成果。

### （4）学生信息表 (Student_Info)

学生 ID (student_id): 主键，唯一标识每个学生。
姓名 (name): 字符串，记录学生的姓名。
性别 (gender): 枚举类型，包括男、女等。
年级 (grade): 字符串，记录学生的年级信息。
专业 (major): 字符串，记录学生的专业信息。
联系方式 (contact): 字符串，记录学生的联系方式。

### （5）劳动素质表 (Labor_Quality)

素质 ID (quality_id): 主键，唯一标识每个学生的劳动素质记录。

学生 ID (student_id)：外键，关联学生信息表。
劳动参与次数 (participation_count)：整数，记录学生的劳动参与次数。
劳动理论成绩 (theory_score)：浮点数，记录学生的劳动理论成绩。
思想性得分 (ideological_score)：浮点数，记录学生在思想性方面的得分。
服务性得分 (service_score)：浮点数，记录学生在服务性方面的得分。
创造性得分 (creativity_score)：浮点数，记录学生在创造性方面的得分。
习惯与品质得分 (habit_quality_score)：浮点数，记录学生在习惯与品质方面的得分。

（6）劳育画像表 (Labor_Portrait)

画像 ID (portrait_id)：主键，唯一标识每个劳育画像。
学生 ID/ 学院 ID (student_id/college_id)：外键，关联学生信息表或学院信息表。
画像类型 (portrait_type)：枚举类型，包括学生个人、学院、学校等。
劳动综合得分 (labor_comprehensive_score)：浮点数，记录学生 / 学院的劳动综合得分。
工时排名 (working_hours_rank)：整数，记录学生 / 学院的工时排名。
受欢迎劳动类型 (popular_labor_types)：字符串 / 数组，记录学生 / 学院受欢迎的劳动类型。
雷达图数据 (radar_chart_data)：JSON/ 数组，存储用于绘制雷达图的数据点。

### 3. 数据关联与完整性

①通过外键建立数据表之间的关联，确保数据的完整性和一致性。例如，劳动任务表通过项目 ID 关联劳动项目表，确保每个任务都对应一个有效的项目。

②设置主键约束和唯一性约束，确保每条记录的唯一性和可识别性。例如，学生 ID 在学生信息表中作为主键，确保每个学生的唯一标识。

③使用枚举类型限制字段的取值范围，提高数据的规范性和可读性。例如，任务类型字段使用枚举类型定义定制化和非定制化两种取值。

④对敏感字段进行加密处理，确保数据的安全性。例如，学生联系方式等敏感信息可以进行加密存储和传输。

### 4. 数据扩展性考虑

①设计数据库表结构时预留扩展字段，以便未来增加新的数据属性或功

能需求。例如，在劳动素质表中可以预留一些扩展字段用于记录未来可能增加的劳动素质评价指标。

②采用模块化设计思想，将不同功能模块的数据表进行分组管理，便于未来的功能扩展和维护。例如，可以将劳动项目管理、劳动任务发布等模块的数据表分别进行分组管理。

③考虑使用数据库分区技术，对大表进行分区处理，提高数据的查询效率和管理性能。例如，针对学生参与表等可能产生大量数据的表进行分区设计。

## （五）核心应用

学校成功构建了包括劳动项目设置、劳动任务发布、劳动过程管理、劳育素质查询、劳育画像管理、劳育在线课在内的六大功能模块。借助"实践啦·劳动在线"这一创新应用程序，学校得以在多主体参与、多场景应用和多维度评价的基础上，实现了劳动教育的全面协同与提升（见图4-2）。

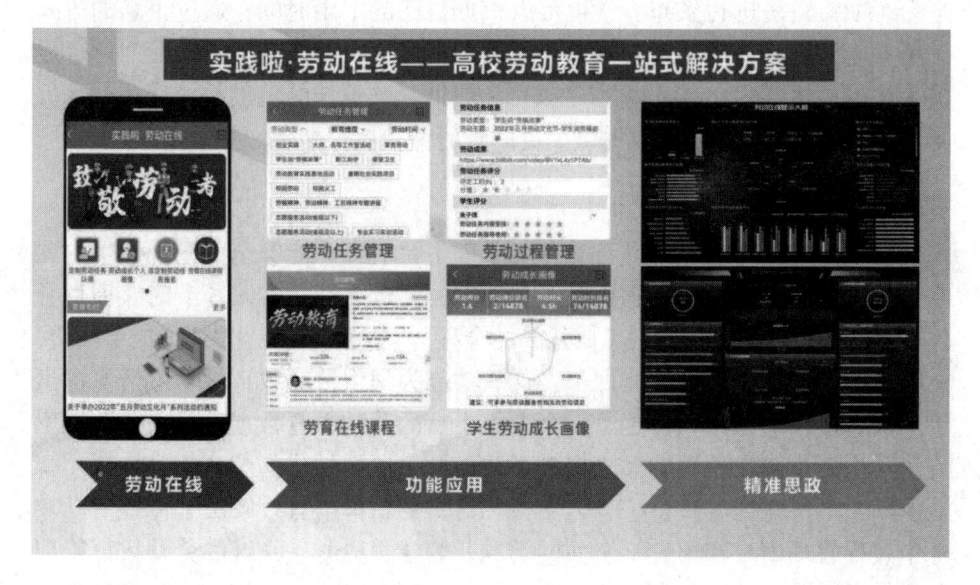

图4-2 "实践啦·劳动在线"项目框架

### 1. 劳动项目管理

学校管理员结合学校人才培养方案及劳动教育课程标准，编制涵盖日常生活、生产活动及服务领域的劳动理论与实践项目清单。该清单从劳动思想性、劳动服务性、劳动创造性及劳动习惯与品质四个层面，对劳动形式进行了分类，具体包括：劳模精神传承、劳动精神弘扬、工匠精神讲座、学生分享"劳模故事"、校园志愿服务、社会公益活动参与、暑期社会实践体验、专业实习实训活动、名师工作室交流、创新创业实践、美丽校园共建、校园日常劳动、寝室卫生维护、家务劳动承担，以及劳动教育实践基地活动等13个丰富多样的项目类型。授课教师可结合学生的实际情况，制定个性化的劳动教学计划，科学安排各类劳动实践项目，以确保劳动教育的全面性和针对性，避免教育内容过于局限或泛化的问题。

### 2. 劳动任务发布

根据劳动任务的特性，我们将劳动任务划分为两类：定制化和非定制化。在定制化任务中，教师有权指定一名团队领导来协助组织实践活动，并汇总团队的劳动成果，这样的安排有助于简化学生的实践流程。而对于非定制化任务，劳育教师可以选择适合的学生群体，并将任务信息通过学生在线服务平台（如钉钉）进行发布。学生可以根据自己的空闲时间，通过报名的方式选择参与，这种方式不仅解决了任务发布方和学生时间上的不匹配问题，还极大地提高了学生参与实践的便捷性和热情。这种新的劳动教育模式，不仅丰富了课堂形式，还为学生提供了更广阔的劳动教育平台。

### 3. 劳动过程管理

在理论学习环节，项目已与在线课程平台对接，能够全面记录学生的课堂参与度、理论成绩及教学反馈等关键数据。进入劳动实践环节时，项目会详细追踪学生从接受任务到完成任务的全程，包括劳动的具体类型、成果提交、工时核定以及师生间的相互评价。这一功能为学生劳动教育的学习情况提供了全面、连续的记录，构建了一个内容丰富的劳动教育数据库。这些数据不仅为学生劳育成长档案的建立提供了数据源，还为学生的劳育能力分析、智能诊断及个性化提升提供了有力支持。这一创新举措有效解决了传统劳动教育中过程管理困难和评价不全面的问题，为建立科学、系统的劳动教育管理和评价机制提供了平台支撑。

### 4. 劳育素质管理

通过深入分析与细致记录学生在劳动理论学习和实践活动中的各项行为，项目能够详尽地记录学生劳动参与次数、劳动理论成绩，以及涵盖思想性、服务性、创造性、习惯与品质等多个维度的劳动得分。这些数据不仅反映了学生在各个劳动领域的具体表现，还构成了他们全面而系统的劳动成长信息档案。更为值得一提的是，这些劳动素养信息可以实时同步至学生的电子档案中，确保信息的及时性和准确性。对于教师和用人单位而言，只需轻轻一点，即可轻松访问学生的劳动成长信息档案，可以更加直观地看到学生在劳动教育中的成长轨迹，进而为学生的未来发展提供更为精准和个性化的指导与帮助。这份档案不仅是教师和用人单位全面了解学生劳动素养的窗口，更是评价学生综合素质、选拔优秀人才的重要参考依据。同时，也进一步凸显了劳动教育在培养学生全面发展中的重要作用。它不仅记录了学生的劳动成果，更体现了学生在劳动过程中的思想变化、技能提升和品质锤炼。

**5. 劳育画像管理**

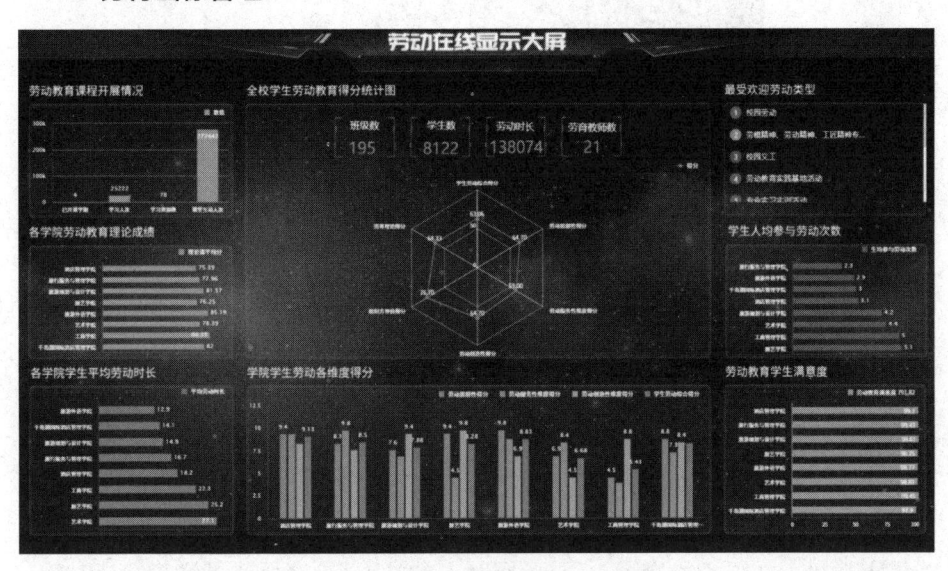

图 4-3 "实践啦·劳动在线"领导驾驶舱

构建校、院及学生个人三个层级的劳育画像，以全面细致地展现劳动教育的实施状况及个体发展情况。在校院两级劳育画像（图 4-3）中，着重呈现了劳育师资的配备情况、学生的参与广度、劳动的具体参与人次、备受青睐的劳动类型概览，以及学生参与劳动的深入情况。此外，项目通过全校（院）学生劳动综合得分的雷达图，直观地展示了学生在各个劳动领域的表现，为劳动教育的进一步推进、方向调整及优秀评选提供了有力的数据支撑。同时，劳育智能诊断系统的引入，更为校院两级的劳育决策提供了科学的参考依据。针对学生个人的劳育画像，项目则提供了更为详尽的数据展示，包括学生的劳动综合得分及工时排名,让每位学生都能清晰地了解自己的劳动表现在全校或全院中的位置,帮助学生直观地认识到自己在不同劳动领域中的优势和不足。个人劳育智能诊断为学生提供个性化的劳动素养提升建议,助力学生形成全面而均衡的劳动素养。

### 6. 劳育在线课程

图4-4 《劳动教育》线上课程主页

学校将劳动教育的在线课程整合至"实践啦·劳动在线"平台之中,为学生提供了一个全新的劳育理论学习体验。在平台上,学生可以通过专门的"劳育在线课程"模块,便捷地进行劳育理论的学习,并深度参与劳动教育在线课程学习(如图4-4所示)。与此同时,该项目还具备强大的数据分析功能,可以自动捕获并记录学生在学习过程中的关键数据,如学习时长、互动频率、平时成绩以及课程总成绩等。通过对这些数据的实时分析,项目能够精准地描绘出学生的劳育理论学习行为模式,从而为教师提供更为准确、全面的学生学习情况反馈。深度整合在线学习与劳动实践的做法,不仅有助于提升学生的学习效果,还能够进一步推动劳育理论教学与实践教学的紧密结合,从而更好地培养学生的劳动素养和实践能力。

## 三、改革突破

基于"实践啦·劳动在线"特色应用程序,学校成功构建了一个多主体参与、多场景应用、多维度协同的劳动教育场景。该平台集成了劳动项目设计、任务分配、过程监管、素质评估、画像管理以及在线教学六大核心功能。教师可以根据教学大纲和育人目标,通过这个数字化的平台轻松地布置实践任务,并在整个教学过程中提供指导与评价。此外,"一屏统览"功能使教师能够直观地查看每位学生的劳育表现,为个性化辅导和培优纠偏提供了便利。对于学生而言,平台打破了时间、空间和形式的束缚,使其可以随时随地参与到劳动实践中,提交自己的劳动成果,对教学活动进行评价,并为劳动教育的改进提供宝贵的建议。"实践啦·劳动在线"不仅为学校劳动教育的高质量推进奠定了坚实的基础,也为高校在劳动教育的数字化改革方面提供了可借鉴的成功案例。通过该项目的深入实施,学校在劳动育人方面取得了显著的成效,具体体现在以下四个方面的显著提升:学生的劳动技能和知识得到增强;学生的劳动态度和价值观更加积极;教师的教学效果和满意度有所提高;学校的劳动教育水平和影响力进一步扩大。这些成果体现了"实践啦·劳动在线"在推动学校劳动教育发展中的重要作用。

### (一)丰富劳动项目设置,学生参与度高

图 4-5 通过"实践啦·劳动在线"开展的多类型劳动实践

该项目通过引入智能化的数据分析，显著提升了劳动教育的科学性和针对性。任课教师可以依据所教班级学生过去的劳动行为记录和智能劳动诊断结果，精准地设计劳动实践项目和专题课程任务（如图 4-5 所示）。这种个性化的教学方式使得劳动实践的内容更加丰富多彩，也极大地激发了学生的兴趣和参与热情。"实践啦·劳动在线"已经成为浙江旅游职业学院劳动教育的智能化引擎。通过该程序，学院成功发布了寒假劳务"十个一"系列活动、美丽校园创建项目、五月劳动文化月系列活动以及劳模精神、劳动精神、工匠精神的校园专题讲座等 300 余场劳动教育活动。这些活动吸引了高达 6 万余人次的学生参与，获得了学生的高度评价，取得了显著的教育成效。

### （二）助力劳育教学改革，学生满意度高

该项目在劳动教育教学改革中发挥了重要作用，成功解决了实践与理论教学难以融合的问题。借助平台，学生可以更便捷地接受劳动任务，突破时间、空间、形式的限制，并随时提交自己的劳动成果，对教学活动进行评价和合理化建议，这极大地提高了他们的劳动积极性和课堂参与度。学校通过平台已完成 5 个学期的劳动教育教学工作，在线课程累计选课 4.18 万人，辐射 91 所高校，互动 10.95 万次，浏览 7.76 万次，劳动教育课堂满意度高达 99.4%。

### （三）提升劳育工作效能，育人成果丰硕

劳育教师能够利用学生的劳育画像，深入分析劳动育人工作的当前状况并明确未来的改进策略，从而制定出更具针对性的劳动教育方案，显著提高了劳动教育的实效性。学校则可以根据人才培养目标、教学大纲以及育人要求，通过数字化平台发布各类劳动实践任务，并实时进行实践教学、指导和评价。借助"一屏统览"功能，学校可以全面掌握学生的劳育表现，进而实施个性化的培优和纠偏措施。截至目前，学校已成功评选出 30 位"劳动标兵"，并在近年来培养出一批杰出的劳动榜样，如荣获"中国优秀导游"和"浙江金牌导游"称号的吴娜佳、被誉为"中国最年轻的烹饪高级技师"的阎晗，以及荣获"中国红十字会总会十大最美救护员"和"最美浙江人"称号的夏振辉等，更有江博荣获第 21 届"全国青年岗位能手"的殊荣。

### （四）形成项目品牌效应，社会认可度高

项目在 2023 年成功入选教育部的高校思政精品项目，并被列为浙江省首批智慧思政特色应用场景的九大试点之一。在 2022 年浙江省高校数字化改革

的成果巡展中，项目也作为优秀典型进行了精彩的演示和应用展示，赢得了高校及相关领域专家的高度认可。此外，项目还受到了中国教育报、中国旅游报以及高校思想政治工作等权威媒体和刊物的广泛报道和持续关注，相关内容的阅读量更是超过了200万人次。

## 四、项目小结

### （一）实践意义

#### 1. 劳动教育的数字化转型

随着数字技术的不断发展，传统教育模式正面临着深刻的变革。"实践啦·劳动在线"项目通过数字化手段，将劳动教育从线下转移到线上，实现了教育资源的优化配置和高效利用，不仅提高了劳动教育的普及率和参与度，还为学生提供了更加便捷、灵活的学习方式。

#### 2. 多主体协同育人

该项目打破了传统教育中教师与学生的二元对立关系，构建了包括学校、教师、学生、家长等多主体在内的协同育人机制。通过平台的功能模块，各主体可以共同参与劳动教育的设计、实施和评价过程，形成教育合力，提升育人效果。

#### 3. 个性化教育路径的实现

借助大数据和智能分析技术，"实践啦·劳动在线"项目能够对学生的劳动过程进行实时监控和精准评估。这为教育者提供了科学决策支持，使他们能够根据学生的实际情况和需求，制定个性化的教育路径，实现因材施教。

#### 4. 劳动教育成果的可视化展示

过平台的数据记录和展示功能，学生的劳动成果得以量化和可视化。这不仅增强了学生的成就感和自信心，还为用人单位提供了全面、客观的劳动素养评价依据。

## （二）项目与精准思政的关系

### 1. 目标一致性

精准思政强调根据学生的思想特点和行为规律，进行有针对性的思想政治教育。而"实践啦·劳动在线"项目通过数字化手段，实现了对学生劳动教育需求的精准识别和满足。两者在目标上具有一致性，都是为了提升学生的综合素质和能力。

### 2. 方法互补性

精准思政注重运用大数据、人工智能等现代技术手段，对学生的思想动态和行为表现进行实时监测和分析。而"实践啦·劳动在线"项目则通过数字化平台，为学生的劳动实践提供了便捷、高效的管理和评价工具。两者在方法上具有互补性，可以相互借鉴、融合创新。

### 3. 内容融合性

劳动教育作为高校思想政治教育的重要组成部分，与精准思政在内容上具有高度的融合性。"实践啦·劳动在线"项目通过设计丰富多样的劳动实践项目，将思想政治教育融入其中，使学生在参与劳动的过程中接受思想洗礼和价值观塑造。这种内容与形式的融合，有助于提升思想政治教育的吸引力和实效性。

## （三）精准思政在项目中的应用

### 1. 精准识别对象

项目可以通过收集和分析学生的数据，如专业、年级、学习状态、兴趣等，精准识别不同学生的特点和需求。这样，平台可以为学生提供更加个性化、针对性的劳动教育项目和任务。

### 2. 精准供需对接

项目可以根据学生的需求和兴趣，以及教师的特长和资源，进行精准的供需对接。例如，发布与学生专业相关的劳动任务，或者邀请有相关经验和专长的教师进行指导和评价。

### 3. 精准过程管理

通过项目的劳动过程管理功能，可以全方位、全过程记录学生的劳动行为，形成完备的劳动教育学生行为分析数据库。这些数据可以为教师提供更加精准的教学反馈，有助于他们调整教学策略和方法，以更好地满足学生的需求。

### 4. 精准创新机制

项目可以不断探索和尝试新的劳动教育模式和方法，如利用虚拟现实技术模拟劳动场景，或者开展线上线下相结合的劳动教育活动。这些创新机制可以为学生提供更加丰富多样的学习体验，同时也有助于提升劳动教育的实效性和吸引力。

## 第二节　体育育人：每天运动 1 小时·活力在线

浙江旅游职业学院牵头建设的"每天运动 1 小时"是一款鼓励高校莘莘学子走出宿舍，健康生活的特色运动应用。学生只需拿一部手机，就可以在校园里随时跑步、无须排队打卡，且跑步过程中软件自动记录跑步数据，充分利用碎片时间，让运动更方便地走入各位学子的日常生活中。以培养学生良好行为习惯为重点，以构建优良学风建设长效机制为保障，构建"每天运动 1 小时"特色运动程序，应用分为"早出操、晚活动"两大模块，通过"教、学、练、赛"实现体育增值，形成制度化联通、信息化贯通、思政化融通的体育综合育人新路径。"每天运动 1 小时"于 2023 年 12 月底正式上线，后期将会通过该程序，发布校园趣味定向打卡活动、游园会活动、元气燃脂操活动、荧光夜跑活动等数百场阳光体育活动，打造"月月有联赛、周周有比赛、人人都参赛"的体育教育格局，从班级、院系、校级到市级、国家级、国际级等各种等级、各种类型的比赛活动，以智能化、趣味化、场景化的校园体育新模式提高学生运动兴趣，强化体育教学，丰富课间生活，智能分析学生现状，为学生身心健康发展赋能。

## 一、需求分析

随着教育改革的深入，体育育人的重要性日益凸显。阳光体育作为体育育人的重要手段之一，对于学生身心健康、技能掌握、品质培养等方面具有积极作用。学校一直致力于将"智慧教育"的理念贯穿学生成长发展的过程中。如何实现体育智慧化，推动传统体育教学向新型智慧体育教学模式转变；如何运用现代信息技术、大数据、人工智能等手段，对体育领域进行智能化改造和升级，以提高体育运动的效率、便捷性和个性化程度；如何解决"重文化轻体育""重技能轻德育""重宣教轻历练""重分责轻融合"的大学体育教育弊端，导致体育本征的身体机能塑造、心理品格锤炼、道德情操修养相互割裂开来等难点问题，是新时代高校阳光体育的迫切需求。

### （一）体育智慧化的推动与实施

结合现代信息技术、大数据和人工智能等手段，对传统的体育教学进行智能化改造和升级。开发"每天运动1小时"特色应用，通过数据收集和分析，为学生提供更个性化、科学化的训练方案。

### （二）解决传统体育教育中的弊端

增加体育课程的权重，加强体育成绩在综合评价中的占比，从制度上保障体育的重要性。融入德育元素，通过团队协作、竞技规则等方式，培养学生的团队协作精神和公平竞争意识。组织更多的体育赛事和活动，让学生在实践中体验和学习体育精神，积累体育经验。打破各部门之间的壁垒，加强体育教学与其他学科的融合，形成全校性的体育教育合力。

### （三）实现体育教育的全面发展

注重学生身体机能的塑造，通过科学化的训练方法和手段，提高学生的身体素质和运动能力。注重学生心理品格的锤炼，通过体育竞技和团队合作，培养学生的意志力、抗压能力和团队合作精神。注重学生道德情操的修养，通过体育精神和规则的宣讲与实践，引导学生树立正确的价值观和人生观。

## 二、建设场景

### （一）总体目标

旨在推动阳光体育数字化改革，促进学生的身心健康、培养良好的运动习惯、提升体育素养和培育终身体育观念，聚焦高校体育育人的难点、痛点问题，创新体育育人实施路径，拓展第二、三课堂育人途径。通过该系统，希望可以实现的目的包括：①帮助学生养成定期运动的习惯，运动频率和持续时间均有所增加；②记录学生参与运动的行为数据，形成完备的运动档案；③培养学生自信、坚韧、合作等积极品质，促进个体心理健康发展；④传递终身体育的价值观念，使学生认识到体育运动对于人生的重要性和必要性。

### （二）建设思路

以习近平新时代中国特色社会主义思想为指导，坚持社会主义办学方向，学习贯彻《中华人民共和国体育法》《健康中国行动（2019—2030年）》《深化新时代教育评价改革总体方案》《关于全面加强和改进新时代学校体育工作的意见》《关于印发深化体教融合促进青少年健康发展意见的通知》《浙江旅游职业学院阳光体育文化提升行动计划》等文件精神，以培养学生良好行为习惯为重点，以构建优良学风建设长效机制为保障，通过开展"每天运动1小时"活动，推动广大学生走下网络、走出寝室、走向操场，实现以体育智、以体育心。

### （三）系统设计概要

根据总体目标和系统需求，对"每天运动1小时"进行系统设计，具体见表4-1。

表4-1 "每天运动1小时"系统设计概要

| 项目模块 | 设计概要 |
| --- | --- |
| 1. 前端设计 | —开发基于钉钉支持的H5协议的后台管理系统前端界面。<br>—设计用户界面，包括管理员登录、学生信息管理、活动管理、成绩管理、统计报表等功能。<br>—与后端通过API接口进行数据交互。 |

| 项目模块 | 设计概要 |
| --- | --- |
| 2. 后端设计 | — 架设服务器环境，搭建后台管理系统后端。<br>— 设计 API 接口，用于前端和后端之间的数据交互和功能调用。<br>— 实现学生信息管理、活动管理、成绩管理、统计报表等功能的后台逻辑。 |
| 3. 功能实现 | — 管理员登录：提供管理员登录界面，通过钉钉支持的 H5 协议实现登录验证。<br>— 学生信息管理：包括学生信息的增删改查功能，管理员可以对学生信息进行管理和维护。<br>— 活动管理：管理员可以创建、编辑、删除活动，包括早出操和晚活动的设置和管理。<br>— 成绩管理：管理员可以查看和修改学生的活动成绩，包括手动更改得分和设置计分标准。<br>— 统计报表：提供各种统计报表功能，如学院学生运动情况统计、活动参与率统计等。 |
| 4. 数据管理 | — 学生信息管理：后台负责管理学生信息，包括姓名、班级、学院等。<br>— 活动记录管理：记录学生的活动参与情况、运动轨迹和刷脸认证结果。<br>— 成绩管理：管理学生的活动得分和积分记录。 |
| 5. 统计功能 | — 提供丰富的统计报表功能，根据不同需求生成各种学生运动情况的统计报表。<br>— 可按学院、班级、学期等维度进行统计分析，显示学生的活动成绩、参与率、排行榜等信息。<br>通过以上系统设计，可开发一个基于钉钉支持的 H5 协议的后台管理系统，支持管理员登录、学生信息管理、活动管理、成绩管理和统计报表等功能。请注意，在具体实施过程中，还需要进一步细化和实现各个功能的具体细节。 |

## （四）数据库建设

"每天运动 1 小时"数据库核心字段见表 4-2。

表 4-2 "每天运动 1 小时"核心要素字段

| 核心要素字段 | 关键数据 | | 数据量化标准 | 备注 |
|---|---|---|---|---|
| 校区、学院、专业、班级、学号、身份证号、姓名、性别、联系电话、教师姓名、教师工号、教师出生日期、教师性别、教师手机号、活动时长、活动时间段、各类型活动参与分数、早出操得分、晚活动得分、周排名、月排名、学期排名。 | 早出操 | | 1 分 / 次 | 1. 每学期在学生停课日前的最后 5 个工作日结束活动,并向学生发送提醒消息,包含本学期的总成绩和成绩反馈说明。 2. 完成"每天运动一小时"相应项目,所有得分均计入"每天运动一小时"积分排行榜。积分排行榜实时更新,显示个人积分(班级和姓名)和个人坚持天数的排行。 |
| | 晚活动 | 体育类社团活动 | 1 分 / 次 | |
| | | 二级学院组织的特色体育活动 | | |
| | | AI 运动(跳绳、开合跳、深蹲、深蹲跳、蹲马步、高抬腿等) | | |
| | | 参加体育类比赛 | | |
| | 培优 1:学生积分排行榜每月度得分排名 | | 前五十名 | 授予浙江旅游职业学院"运动达人"荣誉称号,并颁发荣誉证书 |
| | 培优 2:学生积分排行榜每学期得分排名 | | 前五十名 | 授予浙江旅游职业学院"体育之星"荣誉称号,并颁发荣誉证书 |

## (五)核心应用

学校开发了运动项目设置、特色活动发布、实时运动跟踪、专业运动教程与指导、计分管理与用户激励、健康管理与数据分析六大功能。基于"每天运动1小时"特色应用，学校实现了始终把体育育人贯穿到高校改革与发展的各领域、各方面、各环节，推动体育元素融入育人主体、育人过程和育人空间中。

### 1. 运动项目设置

学校管理员根据《浙江旅游职业学院"每天运动1小时"活动实施方案》要求，完成基础设置、活动管理和计分管理。活动分为早出操、课间操、晚活动三大模块。早出操为集体活动，强度为慢跑，距离1.6千米，学生在指定线路完成运动，App能够显示学生运动轨迹，学生每次出操能够通过运动轨迹及签退完成计分；课间操在工作日大课间，由各二级学院安排3~4节有课程安排的各班班委组织学生在教室进行课间操练习；无课程安排的学生可自行选择适合的时间场地，在钉钉端"阳光体育"打开视频教程跟练；晚活动为自主活动，分为体育类社团活动、特色体育活动、AI运动、体育类比赛等四类，时长40分钟，学生可按需选择完成至少一项活动类型，这样的设置不仅满足了学生的个性化需求，还激发了学生的运动热情。

### 2. 特色活动发布

为了满足校园内各类活动的灵活管理需求，负责老师可以轻松添加、编辑和管理各种校园活动，确保活动的顺利进行和高效管理。负责老师可以在后台活动管理中根据需要添加新的活动，并为活动设置一个清晰、简洁的标题，以便学生和教师快速了解活动主题。可以根据校区、学院、社团等条件筛选可参加的学生群体。这样既可以确保活动的针对性，也可以方便进行后续的管理和统计。发布具有创意和挑战性的特色体育活动，如校园马拉松、趣味运动会等。这些活动不仅增强了学生的参与感和归属感，还通过社交媒体等平台的传播，提升了学校的知名度和影响力。

### 3. 实时运动跟踪

在前端界面展示学生的运动轨迹，使用地图组件将轨迹数据可视化，通过H5协议获取学生的GPS轨迹数据，发送给后端进行存储和处理。通过手机的传感器和GPS等技术，实时跟踪用户的运动轨迹、速度、距离等数据。实现了对学生运动数据的实时跟踪和分析。这不仅有助于学生及时了解自己的运动状态，还为教师提供了针对性的教学依据，提高了体育教学的效果和质量。

#### 4. 专业运动教程与指导

为了确保每位参与者都能在活动中获得最佳的运动效果并避免受伤,特别为大家提供了专业的运动教程与指导。包括各种运动项目的详细介绍、正确姿势、动作要领及注意事项等。这些教程以 AI 带练、图文等形式呈现,帮助每位参与者快速掌握运动技能,提高运动效果。学生通过科学的运动方法和合理的安排,让运动成为大学生健康生活的一部分。

#### 5. 计分管理与用户激励

"每天运动 1 小时"活动成绩组成:①早出操参与一次计 1 分,每天上限 1 分;②晚活动参与一次计 1 分,每天上限 1 分。以上活动成绩均借助钉钉端"每天运动 1 小时"完成,如学生对活动成绩有异议,须向所在二级学院阳光体育负责老师提供凭证,经其核实确认后,进行修改。

"每天运动 1 小时"活动作为综合素质提升学分制"身心素质"模块的项目,每学期成绩满 60 分者可申请计分(每学期只可申请一次,一次 0.2 分,该项目不限分)。

完成"每天运动 1 小时"相应项目,所有得分均计入"每天运动 1 小时"积分排行榜。积分排行榜每月总分排名前五十的学生将被授予浙江旅游职业学院"运动达人"荣誉称号,每学期排名前五十名的学生将被授予浙江旅游职业学院"体育之星"荣誉称号,均颁发荣誉证书,通过积分、排名、荣誉称号、荣誉证书、素质学分等方式,对积极参与运动的学生给予奖励和认可。这种机制不仅激发了学生的竞争意识和团队精神,还促进了校园体育文化的形成和发展。

#### 6. 健康管理与数据分析

记录用户的运动历史和数据,生成相应的健康报告和数据分析。用户可以通过这些数据了解自己的运动习惯、身体状况改善情况等信息,为制定更加科学的运动计划提供依据。学校利用大数据和人工智能技术,对学生的健康数据进行深度分析和挖掘。这不仅有助于学校及时了解学生的健康状况和运动需求,还为学校的体育教学改革提供了科学的数据支持。同时,学校还通过健康讲座、健康咨询等方式,增强学生的健康意识和提高自我保健能力。

## 三、改革突破

基于"每天运动1小时"特色应用，学校实现了始终把体育育人贯穿到高校改革与发展的各领域、各方面、各环节，推动体育元素融入育人主体、育人过程和育人空间中。达成了运动项目设置、特色活动发布、实时运动跟踪、专业运动教程与指导、计分管理与用户激励、健康管理与数据分析六大功能，这些创新实践不仅提升了学生的身体素质和综合素质，还推动了学校体育教学的改革与发展，为培养全面发展的高素质人才作出了积极贡献。

### （一）教育理念更新

传统的体育教育观念以技能传授和体能训练为主导。每天运动1小时体育育人建设场景应转变观念，以促进身心健康和培育积极生活态度为核心目标，引导学生养成良好的运动习惯和生活方式。这意味着阳光体育不仅要关注学生的技能和体能发展，更要注重学生的心理健康、社会适应能力和生活质量的提升。通过体育运动，引导学生养成良好的运动习惯和生活方式，使他们在运动中享受快乐，在快乐中提升自我。

### （二）技术手段创新

借助现代信息技术手段如大数据、人工智能等在数据分析、个性化指导等方面的优势，对传统体育教学进行改造升级。通过数据分析了解学生身体状况、运动偏好和进步情况，为他们提供更加精准的个性化健身指导和运动计划。同时，利用人工智能技术实现智能化教学辅助和自动化评估反馈，提高教学效率和教育质量。

### （三）教学模式改革

打破传统体育教学的时空限制，构建线上线下相结合的教学模式。利用移动应用程序方便快捷的特点，让学生在课余时间随时随地进行体育锻炼。线下教学则注重实践操作和团队活动的开展，培养学生的协作精神和运动兴趣。同时，将课内教学与课外活动有机结合，鼓励学生参与各类体育赛事和社区健身活动，拓宽视野和社交圈子。

### （四）资源整合优化

整合校内外资源为学生提供更加丰富多样的运动选择和健身指导服务。

邀请专业教练、运动员等进校园开展讲座和培训；利用网络平台整合优质教学资源为学生提供更多学习和实践机会，通过资源整合优化促进教育公平和提高教育质量。

## 第三节　服务育人：智慧后勤·服务在线

　　浙江旅游职业学院智慧后勤应用旨在解决学校和学生两端的后勤服务问题。学校端，解决了后勤传统管理难的问题，满足了高校对后勤信息化建设的需求。学生端，提供场景丰富的校园后勤应用，让学生更好地享受校园生活。

　　项目从学生的需求出发，提供更贴合学生使用习惯的四大应用场景。校园一码通。通过自主可控、基于人脸识别的聚合支付体系，实现多渠道支付聚合，支付结算自动化，学生持"一码"或凭人脸可完成校园所有支付，方便快捷。智慧报修。学生可通过应用随时随地提交报修需求，响应更加高效；平台提供自动审核派工服务，无须人工干预，服务更加智能。同时，项目提供服务时效、服务满意度等多维度精准统计及数据分析，为提升后勤服务评估提供数据支撑。校园生活服务。项目提供订水服务、服务监督、失物招领、智能门锁等功能，为学生提供全方位的校园生活服务。目前已为学生提供送水服务高达10余万次，获得学生一致好评。公寓服务。项目提供一整套公寓管理方案，包括：床位可视化管理、床位查询、床位统计、人员分布、智能排宿、寝室考勤登记、日常调换宿、批量换宿、退宿等。

　　项目极大提升了学校的后勤服务效率，已实现学生消费动态、归寝分析、实时寝室流量统计、寝室陌生人跟踪、安全预警等后勤服务关键数据实时更新，同时，方便了学生的校园生活。目前已为学生提供送水服务高达10余万次，报修2.7万余次，获得了学生一致好评。

## 一、需求分析

　　随着信息技术的迅猛发展和高校教育模式的不断创新，传统的后勤服务方式已难以满足师生日益增长的个性化、便捷化需求。因此，开发"智慧后勤·服务在线"项目显得尤为迫切和必要。首先，从服务效率角度考虑，传统后勤服务往往存在响应慢、处理流程烦琐等问题。通过构建"智慧后勤·服务在线"平台，可以实现服务流程的线上化、自动化和智能化，大幅提高服务效率和质量。师生可以通过手机或电脑随时随地提交服务申请，查看处理进度，享受 24 小时不间断的在线服务。其次，从信息管理角度考虑，传统后勤服务往往存在信息不透明、数据难以统计等问题。通过该项目，可以实现对后勤服务数据的全面采集、实时分析和可视化展示，为高校管理者提供科学决策依据，为师生提供更加透明、便捷的信息服务。最后，从精准思政角度考虑，该项目可以深度融入精准思政教育理念，通过大数据分析技术精准把握学生思想动态和需求，为他们提供更为精准的思政教育内容和个性化引导。这不仅可以提升思政工作的针对性和实效性，还可以帮助学生更好地成长成才。

## 二、场景建设

### （一）总体目标

旨在通过构建智能化、高效化的后勤服务平台，全面提升高校后勤服务质量和效率，满足师生日益增长的个性化、便捷化需求。项目以信息技术为驱动，整合校园资源，打造一站式后勤服务体验，实现校园生活的便捷化、智能化和人性化。通过优化服务流程、提升服务响应速度、增强服务透明度，项目力求为师生创造更加舒适、安全、便捷的校园生活环境。同时，项目还将深度融入精准思政教育理念，通过大数据分析精准把握学生需求，为高校思政工作提供有力支撑。最终，项目致力于推动高校后勤服务的创新与发展，为培养高素质技术技能人才提供坚实保障。

### （二）建设思路

项目的建设思路是以用户需求为导向，以信息技术为支撑，通过系统化、智能化的手段，构建高效、便捷的后勤服务体系。首先，深入了解学校师生在后勤服务方面的实际需求，这是项目建设的出发点和落脚点。我们将通过调研、访谈等方式，收集师生对于后勤服务的期望和建议，为项目的功能设计和服务优化提供依据。其次，以信息技术为核心，构建智能化的后勤服务平台。我们将利用大数据、云计算、人工智能等先进技术，实现服务流程的自动化、智能化处理，提高服务响应速度和处理效率。同时，平台还将具备数据分析和可视化展示功能，为管理决策提供科学依据。再次，整合校园资源，打造一站式后勤服务体验。我们将对校园内的餐饮、住宿、交通、医疗等后勤服务资源进行深度整合，通过线上平台提供便捷的服务入口和统一的服务标准，让师生能够享受到全方位、高质量的后勤服务。最后，注重服务质量和用户体验的持续提升。我们将建立完善的用户反馈机制和服务评价体系，及时收集师生的意见和建议，针对问题进行改进和优化。同时，我们还将加强与师生的互动交流，通过线上活动、问卷调查等方式，增强用户的参与感和归属感。

## （三）项目流程设计

### 1. 项目启动

①明确项目目标：确立"智慧后勤·服务在线"项目的核心目标，即为学校师生提供高效、便捷的后勤服务。

②组建项目团队：根据项目需求，组建包括项目经理、技术开发、测试、UI/UX 设计、运营及后勤服务专家在内的专业团队。

③项目计划制定：制订详细的项目实施计划，包括时间表、里程碑、资源分配等。

### 2. 需求调研与确认

①开展调研：通过问卷调查、面对面访谈等方式，深入了解学校师生的后勤服务需求、痛点和期望。

②需求分析：整理和分析调研数据，形成详细的需求文档，明确平台应具备的功能和服务。

③需求确认：与后勤管理部门、师生代表等干系人确认需求文档，确保需求的准确性和完整性。

### 3. 设计与开发

①平台架构设计：基于需求文档，设计平台的整体架构、数据库结构、系统安全性等。

②功能模块设计：详细设计各个功能模块，包括用户界面、交互逻辑、业务流程等。

③编码与实现：按照设计文档进行编码开发，实现平台的各项功能。

④内部测试：进行内部测试，确保平台功能正常、性能稳定。

**4. 集成与测试**

①系统集成：将所有功能模块集成在一起，进行系统集成测试。

②性能测试与优化：对平台进行性能测试，包括负载测试、压力测试等，并根据测试结果进行优化调整。

③BUG修复：修复在测试过程中发现的缺陷和问题，确保平台的稳定性和可用性。

**5. 上线部署与推广**

①部署上线：将平台部署到生产环境，进行最后的测试验证，确保平台能够正常运行。

②项目验收：由项目干系人对平台进行验收，确认平台满足预期目标和需求。

③推广宣传：通过校园媒体、社交媒体等渠道进行广泛宣传和推广，提高平台的知名度和使用率。

**6. 运营与维护**

①日常运营：建立运营团队，负责平台的日常运营管理工作，包括用户支持、内容更新、活动策划等。

②持续监控：实时监控平台的运行状态和性能数据，及时发现并处理潜在问题。

③用户反馈收集与处理：建立用户反馈机制，收集并处理用户的意见和建议，持续改进平台功能和服务质量。

④版本更新与迭代：根据市场需求和技术发展趋势进行版本更新和迭代升级，保持平台的竞争力和持续发展能力。

## （四）数据库建设

**1. 数据库设计目标**

旨在构建一个高效、稳定、可扩展的数据存储和管理系统，以支持项目的各项功能和服务。数据库将实现对后勤服务数据的全面采集、存储、处理和分析，为高校后勤管理提供科学决策依据，为师生提供便捷、高效的信息服务。

## 2. 数据库架构

逻辑架构：数据库将采用分层设计，包括数据访问层、业务逻辑层和数据存储层，以确保数据的安全性和处理效率。

物理架构：根据数据量和服务需求，数据库将部署在高性能的服务器上，采用分布式存储和备份策略，确保数据的可靠性和可用性。

## 3. 核心数据库表及字段

### （1）用户信息表（User）

用户 ID（UserID）：唯一标识用户的编号
用户名（Username）：用户的登录名
密码（Password）：用户的登录密码（加密存储）
姓名（Name）：用户的真实姓名
性别（Gender）：用户的性别
联系方式（Contact）：用户的联系电话或邮箱
角色（Role）：用户的角色，如学生、教师、管理员等

### （2）服务申请表（ServiceRequest）

申请 ID（RequestID）：唯一标识服务申请的编号
用户 ID（UserID）：提出申请的用户编号
服务类型（ServiceType）：申请的服务类型，如报修、订餐等
申请内容（RequestContent）：具体的服务申请内容
申请时间（RequestTime）：服务申请的提交时间
处理状态（Status）：服务申请的处理状态，如待处理、处理中、已完成等

### （3）报修信息表（RepairInfo）

报修 ID（RepairID）：唯一标识报修记录的编号
用户 ID（UserID）：提交报修的用户编号
故障类型（FaultType）：报修的故障类型
报修内容（RepairContent）：具体的报修内容描述
报修时间（RepairTime）：报修记录的提交时间
处理人员（Handler）：负责处理报修的人员编号
处理结果（Result）：报修的处理结果

### （4）餐饮信息表（CateringInfo）

餐饮 ID（CateringID）：唯一标识餐饮记录的编号
餐厅名称（RestaurantName）：提供餐饮服务的餐厅名称
菜品列表（DishList）：餐厅提供的菜品及价格信息
订餐用户（OrderUser）：订餐用户的编号列表
订餐时间（OrderTime）：订餐记录的提交时间
送餐地址（DeliveryAddress）：送餐的具体地址信息

### （5）公寓信息表（DormitoryInfo）

公寓 ID（DormitoryID）：唯一标识公寓楼的编号
公寓名称（DormitoryName）：公寓楼的具体名称
楼层信息（FloorInfo）：公寓楼的楼层及房间布局信息
入住学生（StudentList）：入住该公寓的学生编号列表
空余床位（EmptyBeds）：公寓楼内的空余床位信息

### （6）考勤信息表（AttendanceInfo）

考勤 ID（AttendanceID）：唯一标识考勤记录的编号
学生 ID（StudentID）：参与考勤的学生的编号
考勤时间（AttendanceTime）：考勤的具体时间
考勤地点（AttendanceLocation）：考勤的地点信息，如公寓楼入口等
考勤状态（Status）：学生的考勤状态，如已签到、未签到等

### 4. 数据安全性与备份策略

数据安全性：数据库将采用严格的访问控制和加密技术，确保数据的安全性和隐私保护。同时，定期对数据库进行安全漏洞扫描和修复，防止潜在的安全风险。

备份策略：数据库将实施定期的全量备份和增量备份策略，确保在数据丢失或损坏时能够迅速恢复。备份数据将存储在安全可靠的位置，并定期进行恢复演练，验证备份的有效性。

## （五）核心应用

### 1. 校园一码通

"校园一码通"是一项创新的智慧校园服务，它通过整合多种技术和资源，

实现了校内餐饮、购物、水电网控等日常消费的一码支付功能，为师生提供了一站式的校园生活服务体验。该应用覆盖了门禁出入、图书借阅、会议签到等场景，师生只需通过手机扫描二维码，即可完成支付操作，无须携带现金或实体卡，极大地提升了消费的便捷性。其次，师生可以通过手机上的"校园一码通"应用轻松完成身份验证和签到操作，无须烦琐的登记和排队等待，提高了校园生活的效率。此外，"校园一码通"还具备充值和余额管理功能。当电子钱包余额不足时，师生可以通过绑定的银行卡向电子钱包充值，实现了钱包与银行卡的无缝对接，避免了频繁充值的麻烦。一卡双账户的设计也让支付方式更加灵活多样。

在安全方面，"校园一码通"采用了金融级的安全技术和实名认证体系，确保师生的信息和资金安全。通过人脸识别、活体检测以及银行卡预留手机号码验证等多重安全保障措施，有效防止了身份冒用和非法访问等安全风险。

**2. 智慧报修**

智慧报修功能是高校后勤服务中的一项重要创新，它通过移动应用平台实现了学生报修需求的快速提交与高效处理。该功能以智能化、便捷化为特点，极大地提升了后勤服务的质量和效率。具体来说，智慧报修功能允许学生随时随地通过手机应用提交报修申请。无论是宿舍的设施损坏，还是教室的设备故障，学生只需在应用中选择相应的报修项目，填写必要的故障描述和联系方式，并上传现场照片，即可轻松完成报修操作。这一过程不仅简单快捷，而且避免了传统纸质报修单的烦琐和易丢失的问题。一旦学生提交报修申请，智慧报修系统会立即将申请信息传输到后勤管理平台。平台通过智能化的审核和派工系统，自动对报修申请进行分类和处理。系统会根据故障类型、紧急程度以及维修人员的工作状态等因素，智能选择最合适的维修人员进行派工，确保报修需求能够得到及时、专业的响应。除了高效的派工机制外，"智慧报修"还提供了全面的服务监督功能。此外，智慧报修功能还提供了实时的报修进度查询和维修结果评价功能。学生可以通过手机应用随时了解报修申请的处理进度，对维修结果进行评价和反馈。这种透明的服务流程不仅增强了学生的参与感和满意度，也为后勤管理部门提供了宝贵的服务改进依据。

**3. 校园生活服务**

"校园生活服务"作为"智慧后勤·服务在线"的核心应用模块，通过深度整合餐饮、日常需求、交通、文化娱乐和安全等多方面的服务资源，为学生们提供了一个便捷、高效、安全的校园生活体验平台。这种全方位、一站式的服务模式不仅极大地提升了学生们的满意度和幸福感，也推动了校园后勤服务的创新和升级。在餐饮方面，"校园生活服务"提供了全面且多样化的选择。学生们只需轻轻一点，便可以浏览校园内各餐厅的丰富菜单，轻松进行在线点餐和支付。这种数字化的餐饮体验不仅省去了排队等候的烦恼，还能根据个人口味和喜好，为学生推荐合适的菜品，让每一餐都变得更加美味和愉悦。同时，该功能还集成了餐饮评价和反馈系统，学生们可以就菜品质量、服务态度等方面进行评价，推动餐厅服务质量的不断提升。在日常需求方面，"校园生活服务"同样展现出其强大的整合能力和便捷性。无论是订水、洗衣还是空间预约，都可以通过该平台一键完成。智能门锁的应用更是极大地提升了宿舍的安全性和便捷性，让学生们无需再担心忘带钥匙的尴尬。这些细致入微的服务，不仅为学生们带来了极大的便利，也让他们在"一站式"学生成长智慧社区中感受到了家的温暖和舒适。在交通出行方面，学生们可以随时查看校园内的交通信息，了解公交车、校车的实时动态，合理安排自己的出行时间。此外，该功能还提供了共享单车、电动车等环保出行工具的租赁服务，鼓励学生们选择绿色出行方式，共同营造和谐美好的校园环境。在文化娱乐方面，学生们可以通过该功能了解并预订校园内的各种文化娱乐活动，如音乐会、会展、专家讲座、校园集市等。这不仅丰富了学生们的课余生活，也为他们提供了展示自我才华和结交志同道合朋友的平台。最后，在安全方面，"校园生活服务"接入了校园安全监控系统，实现了对校园安全状况的实时监控和管理。学生们可以随时查看监控画面，了解校园的安全状况。同时，该功能还提供了紧急求助功能，确保学生们在遇到紧急情况时能够及时得到帮助和支持。

### 4. 公寓服务

该应用功能深度整合了信息技术与管理理念，实现了床位可视化管理、便捷查询与统计、实时人员分布、智能排宿、寝室考勤登记以及灵活的调换宿和退宿操作等功能，极大地提升了公寓管理的效率和便捷性。首先，实现了床位的可视化管理。通过高精度地图和3D建模技术，管理人员可以直观地查看每个寝室的床位布局和占用情况，包括已占用床位、空余床位以及需要维修的床位等，既方便了床位的快速定位和统计，也有助于管理人员对公寓的容纳能力进行科学评估，为新生入住和床位调配提供有力支持。其次，提供了便捷的查询与统计功能。管理人员可以根据需要筛选和排序床位信息，实时掌握公寓内的各项数据，如空余床位数、入住率、男女比例等。这些数据为公寓管理提供了有力的数据支持，有助于管理人员做出科学决策，优化资源配置。在人员分布方面，该功能通过实时动态更新和监控，确保管理人员能够实时了解各个公寓楼或楼层的人员分布情况。这种管理方式有助于管理人员对公寓的安全性和舒适度进行实时监控和调整，确保学生的住宿安全。再次，支持在线申请和审核功能，实现了日常调换宿、批量换宿、退宿等操作的线上化处理。学生只需在手机应用上填写相关信息并提交申请，管理人员即可在后台进行审核和操作。这种处理方式简化了流程、提高了效率，还确保了数据的准确性和安全性。此外，该应用还对接了人脸识别寝室考勤系统。该系统通过安装在寝室入口的高清摄像头捕捉学生的面部信息，并与事先录入的人脸数据库进行比对，实现快速、准确的身份识别。这种考勤方式不仅提高了考勤的效率和准确性，还有效避免了传统考勤方式中可能出现的代签、漏签等问题。同时，考勤数据还可以作为公寓管理的重要依据，为后续的床位分配、调换宿等操作提供有力支持。

## 三、改革突破

### （一）后勤服务模式的数字化创新

通过深度整合信息技术与管理理念，"智慧后勤·服务在线"项目彻底改变了传统依赖人工的后勤服务模式。项目引入大数据分析、云计算等尖端技术，实时处理并优化海量服务数据，实现服务请求的自动化响应与高效处理。截至目前，该项目已处理超过15万条服务记录，显著提升了后勤服务的响应速度和处理效率。

### （二）应用场景整合与数据互通

该项目成功整合校园一码通、智慧报修、校园生活服务及公寓服务等核心应用场景，构建起一个统一、高效的后勤服务平台。各应用场景间的数据互通与共享，使得服务更为精准和个性化。例如，通过分析校园一码通的消费数据，平台能精准推送符合学生口味偏好的餐饮信息，大大提升了学生的用餐满意度。

## （三）人脸识别与聚合支付的创新应用

人脸识别技术在校园支付中的应用，使得支付验证时间缩短至平均1.2秒，大大提高了支付效率。同时，聚合支付技术兼容了多种支付方式，满足了99.7%以上学生的支付需求。据统计，通过这两种技术的应用，校园支付的交易量增长了120%，支付成功率提升了38.1%。

## （四）智慧报修系统的智能化升级

智慧报修系统通过机器学习和人工智能技术，实现了故障类型的自动识别与智能派工。系统能根据历史数据和实时状况，预测故障处理时间，并将预测准确率提升到了90%以上。这使得报修处理的平均时长缩短了87%，维修效率大大提高。

## （五）全方位的生活服务数据化保障

校园生活服务通过数据化手段，为学生提供了更为便捷、高效的服务。订水服务的订单处理时间缩短至2小时内，失物招领的成功率提升了73.2%，智能门锁的应用更是将宿舍安全事件降低了60%。这些数据化的生活服务不仅提升了学生的生活质量，也为学校的安全管理提供了有力支持。

## （六）精准数据分析与育人成效的提升

项目收集的后勤服务数据不仅用于优化服务流程，还为学校的育人工作提供了重要参考。通过对学生消费、归寝等数据的分析，学校能更准确地掌握学生的生活习惯和消费观念，进而有针对性地开展思想政治教育和生活习惯引导。例如，针对部分学生夜间归寝时间较晚的情况，学校通过调整宿舍门禁时间和开展夜间安全教育活动等措施，有效地引导了学生养成健康的生活作息习惯。这种数据驱动的育人方式不仅提升了育人成效的精准性，也促进了学生的全面发展。同时,这些数据的分析也为学校的决策提供了科学依据，推动了后勤管理与育人工作的深度融合和创新发展。

## 四、项目小结

### （一）实践意义

**1. 提升后勤服务效率和质量**

通过引入信息化、智能化技术，"智慧后勤·服务在线"项目实现了后勤服务的数字化、自动化和智能化，显著提升了服务效率和质量。例如，通过智能报修系统，可以快速响应和处理各类维修请求，减少等待时间和处理成本；通过智能门锁、人脸识别等技术，提高了宿舍等场所的安全性和管理效率。这些改进不仅提升了学生的满意度，也为学校的整体运行提供了有力保障。

**2. 促进资源优化配置和节约**

"智慧后勤·服务在线"项目通过数据分析和预测，实现了对后勤资源的优化配置和节约。例如，通过对学生消费数据的分析，可以更准确地掌握学生的需求和偏好，进而有针对性地调整餐饮、超市等商品的种类和数量，减少浪费和库存积压；通过对水电气等能源数据的实时监测和分析，可以及时发现和解决能源浪费问题，降低运行成本。

**3. 推动后勤管理与育人工作的深度融合**

"智慧后勤·服务在线"项目不仅是一个单纯的后勤服务项目，更是一个与育人工作深度融合的创新实践。通过对学生生活习惯、消费观念等数据的分析，学校可以更准确地了解学生的需求和特点，进而有针对性地开展思想政治教育、心理健康教育等育人工作。这种数据驱动的育人方式不仅提高了育人成效的精准性和科学性，也促进了后勤管理与育人工作的相互促进和共同发展。

**4. 为"一站式"学生成长智慧社区建设提供有力支撑**

"智慧后勤·服务在线"项目是"一站式"学生成长智慧社区建设的重要组成部分，为社区的其他应用提供了有力支撑。例如，通过与教务系统、学生管理系统等的数据共享和互通，可以实现对学生学习、生活等各方面的全面管理和服务；通过与校园安全监控系统的联动，可以实现对校园安全事件的快速响应和处理。这些应用不仅提升了学校的整体信息化水平，也为师生提供了更加便捷、高效、安全的学习和生活环境。

## （二）项目与精准思政的关系

### 1. 数据共享为精准思政提供信息支持

"智慧后勤·服务在线"项目通过收集和分析学生在校园生活中的各种数据，如消费习惯、归寝时间、报修记录等，可以形成对学生生活习惯、行为偏好等方面的深入了解。这些数据不仅可以用于优化后勤服务，还可以为精准思政提供重要的信息支持。通过对这些数据的挖掘和分析，思政教育工作者可以更准确地掌握学生的思想动态、生活状况和需求，进而开展更为精准、个性化的思政教育工作。

### 2. 智慧服务提升思政教育的实效性

"智慧后勤·服务在线"项目提供的各种智慧化服务，如智能报修、人脸识别支付、宿舍智能门锁等，不仅提升了学生的生活便利性，也为思政教育工作的开展提供了新的平台和手段。例如，通过智能报修系统，思政教育工作者可以及时了解学生宿舍的设施状况，对存在的问题进行及时干预和解决，避免因设施问题而引发的思想波动或矛盾。这种及时、有效的服务响应，不仅提升了学生对后勤服务的满意度，也增强了思政教育的实效性和针对性。

### 3. 个性化服务促进思政教育的创新发展

"智慧后勤·服务在线"项目强调根据学生的个体差异和需求提供个性化服务。这种服务理念与精准思政的要求高度契合。通过对学生数据的深入分析和挖掘，"智慧后勤·服务在线"项目可以为学生提供更为精准、个性化的服务推荐和解决方案。这种个性化的服务方式不仅可以满足学生的多样化需求，也为思政教育的创新发展提供了新的思路和方向。例如，针对不同学生的消费习惯和生活需求，可以开展针对性的节俭教育、健康生活教育等思政教育活动，引导学生树立正确的价值观和生活观。

## （三）精准思政在项目中的应用

### 1. 数据驱动的决策支持

在"智慧后勤·服务在线"项目中，精准思政的理念和方法被应用于数据驱动的决策支持中。通过对收集到的学生数据进行深入分析和挖掘，项目团队能够更准确地了解学生的需求、偏好和行为模式，从而为后勤服务决策提供科学依据。这种数据驱动的决策方式不仅提高了决策的精准性和有效性，也确保了后勤服务能够更好地满足学生的实际需求。

### 2. 个性化的服务提供

精准思政强调尊重每个学生的个体差异和需求，因此在"智慧后勤·服务在线"项目中，个性化的服务提供成为重要的应用方面。项目团队利用大数据和人工智能等技术，对学生的消费习惯、生活习惯、学习需求等进行精准识别和分析，进而为他们提供定制化的后勤服务。例如，根据学生的饮食偏好和消费记录，为他们推荐合适的餐饮选择；根据学生的归寝时间和宿舍使用情况，为他们提供更加人性化的宿舍管理服务等。这种个性化的服务提供不仅提升了学生的满意度和幸福感，也促进了后勤服务与学生需求之间的更好匹配。

### 3. 精准化的育人实践

在"智慧后勤·服务在线"项目中，精准思政的理念还被应用于精准化的育人实践中。项目团队通过对学生数据的分析，发现他们在思想、心理、行为等方面存在的问题和困惑，进而有针对性地开展思想政治教育和心理疏导工作。例如，针对部分学生在消费方面存在的盲目攀比现象，项目团队可以开展节俭教育和价值观引导活动；针对部分学生在宿舍生活中存在的矛盾和问题，项目团队可以及时进行调解和干预等。这种精准化的育人实践不仅提高了思政教育的针对性和实效性，也促进了学生的全面发展和健康成长。

### 4. 实时化的效果评估

为了确保精准思政在"智慧后勤·服务在线"项目中的应用效果得到实时反馈和评估，项目团队还建立了完善的效果评估机制。他们利用大数据分析和可视化展示等技术手段，对后勤服务的各项指标进行实时监控和评估，包括服务响应时间、服务质量满意度、育人成效等。通过这些实时化的效果评估，项目团队能够及时发现问题并进行改进优化，确保精准思政在项目中的应用能够持续发挥积极作用并取得良好效果。

## 第四节  实践育人：综合素质·成长在线

随着大数据时代的到来，学生数据的收集与分析已经成为高校教育管理的必备工具。通过对学生成长画像的构建，我们可以对学生成长进行全维度的管理，精准地分析学生学业水平、体测水平、人文素质、职业素质、身心素质、劳动素质6个维度的表现，构建出一个动态、立体、详尽的学生成长画像。学生可以通过一张图通览自身成长的状态及优劣势，结合个人发展目标、性格特点、能力特长，有针对性地补短板，强弱项，获得全面的进度。教师可以依据所带学生的群体成长画像，快速聚焦工作开展的薄弱环节，针对重点环节、重点学生、重点场域开展思政教育工作，在学生社区中做实做细学生的思想政治教育工作。同时，通过观察学生群体画像的动态变化，不断地创新社区思政工作方式，优化学生社区精准思政育人实效。

### 一、需求分析

随着教育数据挖掘、学习分析、人工智能、机器学习等技术的快速发展，从实践出发，充分运用现代信息技术，自下而上地推动学生综合素质评价工作的发展，成为极富探索价值的方向。如何实现对学生的精准评价，让学生素质发展的各个方面可以数据化、可视化、便诊化，呈现学生个性化数字成长空间，解决学生综合素质评价改革工作评价主体不协调、评价内容不系统、评价策略不科学、评价结果不到位等突出问题，完善学生综合素质评价体系是建构高等职业教育质量内部保障体系的关键举措。

### 二、场景建设

如何"精准"地了解学生的信息，动态把握学生的思想状态，提供"高效"的教育引导和"便捷"的管理服务，是思想政治教育的难点和重点问题。我校的"一站式"学生成长智慧社区较好地解决了该问题。一方面，充分利用人工智能、物联网、5G等新技术，打造智慧思政平台，全面联通学生的思想、学习、生活、心理、安全信息，对学生进行成长画像，形成领导驾驶舱，动态掌握学生的思想状态，为更好地教育引导和服务学生提供充实的基础。另一方面，基于智慧思政平台实现无感智能预警，及时介入对学生的思想引导、教育帮扶和服务管理，实现"被动应对"向"主动防控"转变，让教育引导更"高效"、管理服务更"便捷"。

## （一）总体目标

旨在构建一个全面多维的素质模型，实现个性化的成长记录，提供科学有效的教育指导，并促进学生的自我认知与自主发展。全面、客观、深入地描述和评估学生的综合素质发展状况，以便更好地指导教育教学工作，促进学生全面发展，推动素质教育发展，培养出更多德智体美劳全面发展的优秀人才。通过该系统，希望可以实现的目的包括：①通过对学生德、智、体、美、劳等多个方面的综合考量，构建一个全面多维的素质培养模型。②实现个性化的成长记录，真实反映每个学生的成长历程和进步情况。③通过对学生综合素质成长画像的深入分析和解读，教师可以更加准确地把握学生的优势和不足，从而提供科学有效的教育指导。④学生可以更加清晰地认识自己的优点和不足，明确自己的发展方向和目标，从而更加自主地规划自己的学习和生活。

## （二）建设思路

为持续推进浙江旅游职业学院"一站式"学生社区建设，运用精准思维培育"时代新人"，学校以数字化改革为契机，依托大数据、人工智能等技术，创新"精准挖掘数据—精准识别问题—精准对接供需—精准管理育人—助力全面成长"五维联动"精准思政"育人工作机制，将思想政治教育不断向"一站式"学生社区延伸，通过收集和分析学生在校表现、行为习惯、兴趣爱好等多维度数据，形成的一种全面反映学生个性特征和成长需求的图像。为学校提供了深入了解学生需求的途径，为思政教育提供了精准施策的可能。着力构建服务于学生德智体美劳全面发展的新型"一站式"学生成长智慧社区。

## （三）实施模块

学生综合素质提升学分制主要对学生在校期间的思想、学习、生活等方面表现出的综合素质情况进行评价。学生综合素质提升四大模块为：以"一路阳光"为主题的"人文素质"模块、以"一技之长"为目标的"职业素质"模块、以"一生微笑"为核心的"身心素质"模块和以"一流服务"为主线的"劳动素质"模块，旨在通过"四位一体"，培育具备阳光的职业形象、过硬的职

业技能、优良的职业素养的复合型高素质旅游人才。具体内容如下:

**1. 以"一路阳光"为主题的人文素质模块**

以理想信念的教育和才情才干的培育为重点,涵养实现中华民族伟大复兴的中国梦的青春力量。重点为:厚植爱国主义情怀、加强品德修养、弘扬劳动精神、深化美感熏陶、促进礼仪规范等方面。

**2. 以"一技之长"为目标的职业素质模块**

以创新创业培养为导向,完善职业教育和培训体系,助力学生一技之长的养成和人生价值的实现。重点为:科学职业生涯规划、加强就业创业指导、促进专业技能提升、培训技能证考级等方面。

**3. 以"一生微笑"为核心的身心素质模块**

以阳光微笑塑造为标准,促进学生身体素质的增强和人格心灵的健全,并内化为拥有乐观向上的人生态度和懂得体味人生乐趣的旅游职业的气质和秉性。重点为:增强体育锻炼、促进心理健康、加强卫生防疫、提升安全防范等方面。

**4. 以"一流服务"为主线的劳动素质模块**

以劳动精神培育为核心,以服务性劳动为侧重点,使学生牢固树立劳动最光荣、劳动最崇高、劳动最伟大、劳动最美丽的观念。重点为:劳动习惯与品质、劳模精神、劳动精神、工匠精神学习、服务性劳动、校内外劳动实践、专业实习实训、参与创业实践等方面。

**5. 获奖表彰**

获得院级及以上各类荣誉、表彰

## (四)数据库建设

"学生综合素质学分提升制"核心要素字段见表4-3。

表 4-3 "学生综合素质学分提升制"核心要素字段

| 模块 | 计分项目 | 考核要点 | 数据量化标准 | 备注 |
|---|---|---|---|---|
| 人文素质 | *《学生手册》考试达 90 分 | 学生处证明 | 0.2 | 限 0.2 |
| | *军训合格 | 学工办证明 | 0.2 | 限 0.2 |
| | 提交入党申请书（0.1）、党校结业并获得结业证书（0.2）、入党积极分子（0.3）、预备党员或党员（0.4） | 学生党支部证明 | 0.1-0.4 | 于最后一个学期计分，四选一 |
| | 参加团员意识增强主题教育、团支部活力提升等相关活动 | 组织方证明等 | 0.1 | 不限分 |
| | 参加思想政治类相关讲座 | 500 字讲座心得 | 0.2 | 限 0.6 |
| | 加入学情联络员 | 学生处证明 | 0.2 | 限 0.2 |
| | *学校图书馆推荐经典书籍阅览（提供书单） | 1000 字读书报告 | 0.2 | 限 0.6 |
| | *上传提交规范穿着校服、面带微笑一寸照 | 电子照片上传 | 0.2 | 限 0.2 |
| | *参加校院人文素质类活动或比赛 | 组织方证明 | 0.1 | 不限分 |
| | 参加市（区）、各类协会人文素质类活动或比赛 | 组织方证明 | 0.2 | 不限分 |
| | 参加省级及以上人文素质类活动或比赛 | 组织方证明 | 0.3 | 不限分 |
| | 参加各类寝室文化活动 | 组织方证明 | 0.2 | 不限分 |
| | 担任校团学社、院团学主席团学生干部满一学期 | 团委、团总支证明 | 0.3 | 限 0.3 |
| | 担任校团学干部、公寓楼团总支部长满一学期 | 团委、团总支证明 | 0.2 | 限 0.2 |
| | 参加教官大队（国旗护卫队） | 保卫处证明 | 0.2 | 限 0.4 |
| | 担任班团干部、寝室长、社团社长、社团支书、各级团学社干事满一学期 | 团委、团总支证明 | 0.1 | 限 0.1 |

| 模块 | 计分项目 | 考核要点 | 数据量化标准 | 备注 |
| --- | --- | --- | --- | --- |
|  | 参加人文教育类相关讲座 | 500字讲座心得 | 0.2 | 限0.6 |
|  | 学校官微、抖音、视频号、《芳草地》等投稿录用 | 主办方证明 | 0.2 | 限0.6 |
|  | *注册易班账号 | 学生处证明 | 0.2 | 限0.2 |
|  | 关注旅院"阳光学工"微信公众号 | 学生处证明 | 0.2 | 限0.2 |
|  | 二级学院自主项目 | 二级学院自定 | 0.2 | 不限分 |
| 职业素质 | 制作一份个人简历 | 任课教师或二级学院评定 | 0.2 | 限0.2 |
|  | 制作一份个人职业生涯规划书 | 任课教师或二级学院评定 | 0.2 | 限0.2 |
|  | 制作一份个人创业计划书 | 任课教师评定 | 0.2 | 限0.2 |
|  | 参加校内招聘会 | 组织方证明 | 0.1 | 限0.5 |
|  | 参加学院创业大赛或职业规划大赛（活动） | 二级学院证明 | 0.1 | 不限分 |
|  | 参加校级创业大赛或职业规划大赛（活动） | 招生就业处、徐霞客创新创业学院证明 | 0.2 | 不限分 |
|  | 参加省级创业大赛或职业规划大赛（活动） | 招生就业处、徐霞客创新创业学院证明 | 0.5 | 不限分 |
|  | 参加全国创业大赛或职业规划大赛（活动） | 招生就业处、徐霞客创新创业学院证明 | 1 | 不限分 |
|  | 参加校级"挑战杯"立项活动 | 团委证明 | 0.2 | 不限分 |
|  | 参加省级各类"挑战杯"竞赛 | 团委证明 | 0.5 | 不限分 |
|  | 参加全国"挑战杯"竞赛 | 团委证明 | 1 | 不限分 |
|  | 参加省新苗人才计划 | 团委证明 | 0.5 | 不限分 |
|  | 参加院级专业技能大赛 | 参赛证明 | 0.1 | 不限分 |

| 模块 | 计分项目 | 考核要点 | 数据量化标准 | 备注 |
|---|---|---|---|---|
| | 参加校级专业技能大赛 | 参赛证明 | 0.2 | 不限分 |
| | 参加省级专业技能大赛 | 参赛证明 | 0.5 | 不限分 |
| | 参加全国专业技能大赛 | 参赛证明 | 1 | 不限分 |
| | 技能证书考级 | 技能证书证明 | 0.2 | 不限分 |
| | *参加就业创业职业类相关讲座 | 招生就业处证明 | 0.2 | 限0.6 |
| | 二级学院自主项目 | 二级学院自定 | 0.2 | 不限分 |
| 身心素质 | 参与安全消防演练 | 组织方证明 | 0.3 | 限0.3 |
| | 参加校院卫生防疫类相关活动（比赛） | 组织方证明 | 0.1 | 不限分 |
| | 参加市、县、区卫生防疫类相关活动（比赛） | 组织方证明 | 0.2 | 不限分 |
| | 参加省级及以上卫生防疫类相关活动（比赛） | 组织方证明 | 0.3 | 不限分 |
| | *参加心理普查 | 学生处证明 | 0.2 | 限0.2 |
| | 参加校院心理健康类相关活动（比赛） | 组织方证明 | 0.1 | 不限分 |
| | 参加市、县、区心理健康类相关活动（比赛） | 组织方证明 | 0.2 | 不限分 |
| | 参加省级及以上心理健康类相关活动（比赛） | 组织方证明 | 0.3 | 不限分 |
| | 参加班团组织的体育健身类活动（比赛） | 班级统一申请 | 0.1 | 不限分 |
| | 参加校院体育健身类相关活动（比赛） | 公共基础教学部证明 | 0.2 | 不限分 |
| | 参加市、县、区及各类协会体育健身类相关活动（比赛） | 公共基础教学部证明 | 0.3 | 不限分 |
| | 参加省级体育健身类活动（比赛） | 公共基础教学部证明 | 0.5 | 不限分 |
| | 参加国家级体育健身类活动（比赛） | 公共基础教学部证明 | 1 | 不限分 |

| 模块 | 计分项目 | 考核要点 | 数据量化标准 | 备注 |
|---|---|---|---|---|
| | 参加体育健身类相关讲座 | 500字讲座心得 | 0.2 | 限0.6 |
| | 参加心理健康类相关讲座 | 500字讲座心得 | 0.2 | 限0.6 |
| | 参加卫生教育类相关讲座 | 500字讲座心得 | 0.2 | 限0.6 |
| | 参加安全防范类相关讲座 | 500字讲座心得 | 0.2 | 限0.6 |
| | 向保卫处提供有效的安全隐患信息 | 保卫处证明 | 0.1 | 不限分 |
| | 二级学院自主项目 | 二级学院自定 | 0.2 | 不限分 |
| 劳动素质 | *参加劳模精神、劳动精神、工匠精神专题讲座 | 500字讲座心得 | 0.2 | 不限分 |
| | *暑期社会实践、师生助力全省万村景区化建设项目 | 社会实践考核表 | 0.2 | 限0.2 |
| | 参加公益劳动实践活动（校园义工）等 | 组织方证明等 | 0.1 | 限0.2 |
| | 参加省级以下志愿服务活动 | 志愿者工作证等 | 0.1 | 不限分 |
| | 参加省级及以上志愿服务活动 | 志愿者工作证等 | 0.3 | 不限分 |
| | *完成"美丽校园"创建活动 | 组织方证明 | 0.1 | 限0.4 |
| | 参加创业实践 | 工商营业执照或公司股权证明书，由徐霞客创新创业学院证明 | 0.5 | 限0.5 |
| | 参加所在专业实习实训活动 | 二级学院或实习单位证明 | 0.1 | 限0.4 |
| | 参加大师、名导工作室等专业相关劳动实践 | 工作室证明 | 0.1 | 限0.4 |
| | 寝室卫生校级优秀 | 宿舍管理中心证明 | 0.1/2次 | 不限分 |
| | 参加校内劳动实践相关活动（比赛） | 组织方证明等 | 0.1 | 限0.4 |
| | 参加校外劳动实践相关活动（比赛） | 组织方证明等 | 0.2 | 限0.4 |

| 模块 | 计分项目 | 考核要点 | 数据量化标准 | 备注 |
|---|---|---|---|---|
| 获奖表彰 | 院级荣誉、获奖 | 证书或组织方证明 | 0.2 | 加并获奖项目可累计计分；荣誉可累计计分；集体项目减半加分。 |
| | 校级荣誉、获奖 | 证书或组织方证明 | 0.5 | |
| | 市级荣誉、获奖 | 证书或组织方证明 | 0.8 | |
| | 省级荣誉、获奖 | 证书或组织方证明 | 1 | |
| | 国家级荣誉、获奖 | 证书或组织方证明 | 3 | |
| | 特殊贡献 | 学工部认定 | 1-3 | |

### （五）核心应用

学生综合素质成长画像是一种以学生为中心，全面、系统地记录和展示学生综合素质发展状况的方法。学校开发了基础信息展示、学业成就分析、兴趣爱好与特长挖掘、心理素质与情感态度评估、社会实践与志愿服务记录、综合素质评价报告生成六大功能，旨在帮助学生、教师、家长和学校更好地了解学生的综合素质发展情况，为学生的个性化发展和全面成长提供有力支持。

#### 1. 基本信息展示

在学生综合素质成长画像中，基本信息展示是至关重要的一环。基本信息包括姓名、性别、学号、年龄、学院、专业、班级、民族、政治面貌、证件号码等，它不仅为学生、教师、家长和学校提供了一个全面了解学生基本情况的窗口，还为后续深入分析和个性化指导奠定了坚实基础。民族和政治面貌等个人信息不仅有助于学校更好地了解学生的文化背景和思想观念，还可以为学校在多元文化教育和思想政治教育方面提供有力支持。

#### 2. 学业成就分析

旨在通过科学、客观的方法对学生的学术表现进行全面、深入的分析和评估。通过收集和整理学生的考试成绩、作业完成情况、课堂表现等数据，对学生的学业成就进行全面分析。这不仅可以了解学生在各个学科领域的具体表现，还可以发现他们的学习问题、优势与不足，从而为教学提供有力的依据和指导，提高教学效果。

### 3. 兴趣爱好与特长挖掘

通过记录学生参与的各种课外活动、讲座、竞赛、社团等，观察和记录学生在这些活动中的表现，发现学生的兴趣爱好和特长。这些信息有助于学生更好地认识自己，发展自己的优势和特长，这些特长不仅有助于学生在当前的学习生活中脱颖而出，还可能为他们未来的职业发展奠定坚实基础，同时为学校和家长提供培养学生个性化发展的方向。

### 4. 心理素质与情感态度评估

心理素质与情感态度是学生个体发展的重要内在因素，对其学习、生活和未来的职业发展都具有深远的影响。通过心理测试、问卷调查等方式，了解学生的心理素质和情感态度，包括自信心、抗挫能力、合作精神、责任感等。这些信息有助于学校和家长可以更加全面地了解学生的内在世界，及时发现和解决可能存在的心理问题，如焦虑、抑郁、自卑等。同时，这些评估结果还可以为学校和家长提供有针对性的教育建议，帮助学生培养积极的情感态度和健全的人格，促进他们的全面发展和个性化成长。

### 5. 社会实践与志愿服务记录

社会实践与志愿服务是学生接触社会、了解社会、服务社会的重要途径。记录学生参与的社会实践活动和志愿服务经历，包括社会调查、社区服务、环保活动等。这些信息可以更加全面地评价学生的综合素质。这些信息不仅反映了学生的社会责任感和公民意识，还是他们未来步入社会、成为合格公民的重要基础。因此，学校和家长应该鼓励学生积极参与社会实践与志愿服务活动，让他们在实践中成长，在奉献中收获。

### 6. 综合素质评价报告生成

综合以上各方面的信息，生成学生的综合素质评价报告。报告以图文并茂的形式，直观、生动地展示学生在各个领域的成长轨迹和进步情况。通过对比分析和趋势预测，报告不仅可以揭示学生的优势领域和潜在能力，还可以指出学生在某些方面存在的不足和改进方向。这为学生、家长和教师提供了一个全面、客观了解学生综合素质发展状况的窗口，有助于他们更好地制订个性化的教育计划和成长规划。同时，报告还可以为学校的教学改革和人才培养提供数据支持。

## 三、创新突破

学校从有机整体的高度出发，构建学生综合素质成长画像，从学业水平、体测水平、人文素质、职业素质、身心素质、劳动素质等6个维度出发，建立为每一个学生的"全面发展、个性发展、特长发展"的评价体系，依据学生成长画像，挖掘、分析学生成长的相关数据，了解学生的学习情况、身体变化、心理健康等各方面的情况并及时发现可能存在的问题，建立预警机制，利用SGP原理预测学生接下来的发展可能范围，将学生在学校环境中跟老师、同学或环境中存在的关联因素分析出来，寻找变化的主要原因，提醒班主任及辅导员进行重点关注或有针对性地提前干预，使学生得到高质量成长。

### （一）画像技术升级

随着科技的进步，画像技术也在不断升级。传统的画像方法主要依赖于人工评估和经验判断，而现代的画像技术则通过大数据分析和机器学习等技术手段，实现了更加精准和自动化的学生成长画像。这种技术升级不仅提高了画像的准确性和效率，同时也为个性化教育提供了更加强有力的支持。

### （二）数据采集自动化

数据是画像的基础，传统的数据采集方式主要依靠人工填写表格、调查问卷等方式，不仅效率低下，而且容易出错。现代的画像技术通过自动化采集数据，如利用物联网、传感器等技术手段，可以实时、准确地采集学生的学习、生活、社交等多方面的数据，从而更加全面地反映学生的成长轨迹。

### （三）成长趋势预测

通过对大量的学生数据进行分析和挖掘，我们可以预测学生的成长趋势。通过对学生的学习成绩、兴趣爱好、社交网络等多方面的数据进行分析，可以预测学生在未来一段时间内的学习成绩、职业发展方向等。这种成长趋势预测可以为学校和家长提供更加科学的指导和支持。

### （四）跨领域整合分析

学生成长画像是一个跨学科的领域，需要整合多个领域的知识和资源。例如，心理学、教育学、计算机科学等领域的知识都可以应用到学生成长画像中。通过跨领域整合分析，可以更加全面地了解学生的成长轨迹和发展需求，为个性化教育提供更加科学和全面的支持。

## 第五节　管理育人：学工助手·帮扶在线

浙江旅游职业学院"一站式"学生成长智慧社区智慧学工助手是一款面向我校学生管理的信息化平台，按照思想政治教育"精准－共治"管理模式为底层逻辑，以精准理念为导向，以信息化为手段，以精准育人为目标，从学生工作"思想教育、学生管理、成长指导、能力素质拓展"等四个方面，以项目化建设推动课程、科研、实践、文化、网络、心理、管理、服务、资助、组织"十大育人体系"，为学生提供相关应用分层分类集成空间，为思政育人队伍提供智慧思政数据及预警管理平台，着力构建一体化三全育人体系，打通育人最后一公里。

### 一、学工助手的需求分析

高校学生工作涉及学业指导、班团建设、素质养成、就业帮扶、思想引导等诸多方面，对进一步提高工作效率、专业水平、精准程度，建立基于大数据的智慧学工助手，助力学生工作质量提升有着迫切的需求。传统的育人模式反映大学生思想观念、行为模式、心理特征等数据方面的限制较多，学校以数字化改革为契机，依托大数据、人工智能等技术，创新"精准挖掘数据—精准识别问题—精准对接供需—精准管理育人—全面助力成长"五维联动"精准思政"育人工作机制。

#### （一）学生成长的全周期需求

学生从入校到离校毕业、毕业后就业跟踪等过程，是一个学生从信息产生到转移存储再到留档的整个过程。学工助手通过信息数字化，在学生在校的全周期内及毕业后，对学生的学业成绩、日常行为、思想道德、综合素质等多个维度进行评估，综合学生的兴趣、特点、诉求和意见，采取更具个性化、有效性的教育和引导，提升学生教育管理服务的质量。

#### （二）校园服务的联动需求

高校学生管理是一个多部门联动的管理模式，为消除信息鸿沟、破除壁垒，构建合力育人、协同育人的机制，需要借助大数据的深度应用，为学校各部门、各院系之间提供共享数据，思政育人队伍中的每位成员都可以使用和分析学工助手的数据，形成有效数据的合力。

### （三）学生管理的效能需求

学工助手具有完善的审批流程以及合理的层级权限划分，加强数据时效性，减少行政流程审批手续，提高了办事效率。信息化平台改变了原始的纸质办公的管理模式，缩小了因数据量大，业务流程繁杂而造成的人为疏忽和疏漏，极大程度上提高了学工管理的效率。学工助手层次鲜明，分为学生端和教师端，教师端分为院系和学校层次。院系层次分为班主任、辅导员以及主管学生工作的副书记；学校层次为主管学生工作的学工部（学生处），层级设置清晰，权责明确，每一项行政审批都保证了时效性，加强了行政效率缩短了沟通时间，规避了原始办公的人浮于事的弊端。

## 二、场景建设

### （一）总体目标

学工助手建设的总体目标是要建设一个基于数字化校园的"一站式"学生成长智慧社区，它可以实现对学生的思想教育、学生管理、成长指导、能力素质拓展等多方面的网络在线管理，具体目标为：

①需要遵循国家和教育部的管理信息标准，保证数据的完备性、准确性和一致性；

②基于信息资源规划的整体设计，实现资源的集中管理和调度，支持数据的多角度分析和决策支持；

③基于组织机构的权限管理，实现按职务、岗位、角色等管理用户对系统的访问，满足学校各级领导、各院系领导、各部门领导、教师、学生的不同需求；

④深入高效地数据挖掘，帮助学校发现管理中的问题，指导学校的管理改革；

⑤简化学生事务的流程，减少工作量，提高工作效率。

### （二）建设思路

学工助手的建设思路是指在明确总体目标、需求分析和功能设计的基础上，采用合理的技术方案和管理方法，实现学工助手的开发、测试、部署和运维的过程（表4-4）。

**表4-4 学工助手建设思路和实施计划**

| 建设思路 | 具体实施路径 |
| --- | --- |
| 技术选型 | 调研学生线上服务需求，梳理学生工作业务场景及关键流程，结合师生需求（功能需求、性能需求、安全需求、可维护性需求），选择合适的开发语言、开发框架、数据库系统、中间件、服务器等技术组件，构建学工助手的技术架构。 |
| 数据建模 | 根据学工助手的业务流程、数据流程和数据字典，设计数据模型，如学生基础数据、人脸信息、行为数据等，包括实体关系图、数据表结构、数据约束、数据索引等，保证数据的完整性、一致性和高效性。 |
| 界面设计 | 根据学工助手的用户需求、用户体验和用户交互，设计界面风格、界面布局、界面元素、界面导航等，保证界面的美观性、易用性和友好性。 |
| 功能实现 | 根据学工助手的功能需求、功能模块和功能规范，编写学工系统的前端代码、后端代码、数据库代码等，实现学工助手的各项功能，保证功能的正确性、稳定性和可扩展性。 |
| 系统测试 | 根据学工助手的测试需求、测试计划和测试用例，对学工助手的功能、性能、安全、兼容性等进行测试，发现并修复系统的缺陷和漏洞，保证系统的质量和可靠性。 |
| 系统部署 | 根据学工助手的部署需求、部署环境和部署方案，将学工助手的代码、数据、配置等部署到服务器上，进行系统的初始化、启动、运行和监控，保证系统的可用性和可维护性。 |
| 系统运维 | 根据学工助手的运维需求、运维策略和运维工具，对学工助手进行系统的维护、更新、优化和备份，处理系统的故障、异常和变更，保证系统的持续性和安全性。 |

## （三）数据库建设

表 4-5

| 用户 | 数据库核心应用 | 具体功能 |
| --- | --- | --- |
| 学生 | 学生社区首页 | 1. 动态 banner 图：可以设置动态 banner 图，并集成相关统一身份认证信息进行应用快捷跳转。<br>2. 快捷入口：优先显示收藏的应用，再显示推荐的应用。<br>3. 通知公告：显示最新的通知公告内容。<br>4. 近期活动：显示最新的活动报名入口。 |
| | 应用服务集成 | 1. 集成项目内的应用以及第三方应用，制定集成标准，实现第三方应用的集成跳转。<br>2. 应用分组，按应用的使用用途等，对应用进行分类。<br>3. 收藏应用，学生可以收藏自己的应用，收藏的应用优先显示，也可以取消收藏的应用。 |
| | 活动报名应用 | 1. 管理员添加活动报名，设置活动报名开始截止日期、报名范围，可以基于低代码平台可见预览模式灵活设置报名表单，支持文本、单选、多选、数值、布尔、图片、附件等多种表单样式，可以设置表单必填项，设置表单间字段的逻辑计算关系等。<br>2. 学生可报名已经发布的活动，填写报名表单进行提交，每个活动限报名一次。<br>3. 管理员可以汇总查看报名的情况，导出报名表单内容。 |
| | 反馈应用 | 1. 反馈分为投诉、建议、表扬，不同的反馈对应不同的反馈表单。<br>2. 学生提交的反馈信息需要管理员审核，审核通过后的反馈信息公开，都可以对外公开展示。<br>3. 管理员可以回复反馈信息，同一个反馈信息可以回复多次。<br>4. 学生可以查看自己的反馈信息。<br>5. 管理员可以设置反馈的处理人，支持一个或者多个，支持一级或者多级处理。 |

| 用户 | 数据库核心应用 | 具体功能 |
| --- | --- | --- |
|  | 预警消息集成 | 1. 预警按预警类型分为学业预警、行为预警、经济预警，预警等级分为按严重程度分为一级预警、二级预警、三级预警。<br>2. 不同的预警类型按不同的图标显示，不同的预警等级按不同的颜色显示。<br>3. 学生可以收到和自己相关的预警信息。学生可以查看详细的预警信息，包含预警等级、预警类型、预警时间、预警描述、是否已经处理等。<br>4. 打通钉钉消息，预警信息除了站内信外，还必须支持同时通过钉钉消息发送给学生个人。 |
|  | 学生个人画像 | 1. 学生可以查看自己的个人详细学生档案。<br>2. 学生个人信息汇总：学生可以查看自己的综合素质分数、获取表彰次数、参加活动次数、违规违纪次数等，并且可以点击进入详细页面。<br>3. 综合素质分为学业水平得分、体测水平得分、职业素质得分、劳动素质得分、身心素质得分，可以查询不同的类型的具体分数，以及在班级、学院的排名情况。<br>4. 综合素质得分可以用折线图体现学生每学期的综合素质得分的成长趋势情况。<br>5. 获取表彰详细页面，可以查看奖项名称、获奖时间、获奖等级等信息。<br>6. 参加活动详细页面，可以查看参加活动的项目、时间等情况，需要集成活动报名应用里面的活动报名数据。<br>7. 违规违纪详细页面，可以查看违纪违规的时间、事项、等级、取消时间等。<br>8. 学生受资助情况汇总，学生可以详细查看个人的受资助的学年学期、申请时间、认定档次、资助金额等数据。<br>9. 学生助学贷款情况汇总，学生可以查询个人的助学贷款学年学期、申请日期、贷款金额等数据。<br>10. 学生可以查询预警情况汇总，对应的预警类型、预警等级等汇总信息。<br>11. 学生综合素质总分排名。学生可以查询自己在班级、学院、学校的综合素质总分的排名。<br>12. 综合素质总分雷达图，根据综合素质的类型，学生各类型的分数和班级、学院、学校的平均分 |

| 用户 | 数据库核心应用 | 具体功能 |
|---|---|---|
| | | 进行对比分析，可以一览自己各项综合素质分数和班级、学院、学校的平均水平情况。<br>13. 个人荣誉勋章情况汇总。显示个人荣誉勋章墙，显示具体 38 枚荣誉勋章的获取情况，如获取用图标点亮，没获取图标置灰。学生可以一键导出个人荣誉勋章为 pdf 格式，导出文件包含防伪二维码，支持在线防伪认证。支持学生导出个人成长档案 pdf 文件，支持自定义模板导出，导出内容包含个人档案信息、综合素质总分及明细、受资助情况、助学贷款情况、个人荣誉勋章、违纪处分等信息。 |
| 教师端 | 预警信息 | 1. 预警信息汇总，按预警类型和预警等级进行汇总，显示最近的预警信息。<br>2. 预警详细信息，包含预警类型、预警等级、预警内容、预警学生、是否已经处理，处理意见等。<br>3. 按不同预警类型、预警等级分别设置对应的预警处理人，预警处理人收到预警可进行相关的预警处理反馈。 |
| | 学生成长画像 | 1. 学生个人画像：<br>按班级显示学生列表，可以根据权限切换班级，显示学生列表，可具体点击每个学生查看学生个人成长画像。<br>可以查看学生的个人详细学生档案。<br>2. 学生个人信息汇总：学生可以查看自己的综合素质分数、获取表彰次数、参加活动次数、违规违纪次数等，并且可以点击进入详细页面。<br>3. 综合素质分为学业水平得分、体测水平得分、职业素质得分、劳动素质得分、身心素质得分，可以查询不同的类型的具体分数，以及在班级、学院的排名情况。<br>4. 综合素质得分可以用折线图体现学生每学期的综合素质得分的成长趋势情况。<br>5. 获取表彰详细页面，可以查看奖项名称、获奖时间、获奖等级等信息。<br>6. 参加活动详细页面，可以查看参加活动的项目、 |

| 用户 | 数据库核心应用 | 具体功能 |
| --- | --- | --- |
|  |  | 时间等情况，需要集成活动报名应用里面的活动报名数据。<br>7. 违规违纪详细页面，可以查看违纪违规的时间、事项、等级、取消时间等。<br>8. 学生受资助情况汇总，可以详细查看学生的受资助的学年学期、申请时间、认定档次、资助金额等数据。<br>9. 学生助学贷款情况汇总，可以查询学生的助学贷款学年学期、申请日期、贷款金额等数据。<br>10. 可以查询学生预警情况汇总，对应的预警类型、预警等级等汇总信息。<br>11. 学生综合素质总分排名。可以查询学生在班级、学院、学校的综合素质总分的排名。<br>12. 综合素质总分雷达图，根据综合素质的类型，学生各类型的分数和班级、学院、学校的平均分进行对比分析，可以一览学生各项综合素质分数和班级、学院、学校的平均水平情况。<br>13. 个人荣誉勋章情况汇总。显示个人荣誉勋章墙，显示具体38枚荣誉勋章的获取情况，如获取用图标点亮，没获取图标置灰。<br>14. 支持导出学生个人成长档案pdf文件，支持自定义模板导出，导出内容包含个人档案信息、综合素质总分及明细、受资助情况、助学贷款情况、个人荣誉勋章、违纪处分等信息。 |
| 驾驶舱 | 数据看板 | 1. 根据综合素质总分雷达图，汇总班级、学院、全校的平均分，按学业水平得分、体测水平得分、职业素质得分、劳动素质得分、身心素质得分维度画出综合素质雷达图，并且可以基于低于或者高于平均分的进行智能诊断。<br>2. 预警数据看板，汇总班级、学院、全校的预警数据，按预警等级、预警类型、预警时间等维度进行预警数据分类、数据趋势等数据看板。<br>3. 可以按学业预警占比、心理预警统计、行为预警统计、经济预警占比、各院预警处置率等各维度设计呈现驾驶舱等信息。 |

| 用户 | 数据库核心应用 | 具体功能 |
| --- | --- | --- |
| 系统集成 | 钉钉集成 | 需要和钉钉进行集成，打通钉钉单点登录、钉钉消息等。<br>统一身份认证集成和学校统一身份认证集成，实现免登录打开应用。 |
| | 数据中台集成 | 集成对接学生相关数据，包括学生档案、综合素质得分、参与活动、体测数据、违纪违规、个人荣誉勋章等明细数据。 |
| | 预警平台集成 | 对接学校预警平台的详细预警数据，对预警数据进行消息处理、督办、催办等处理，对预警反馈数据进行数据回写。 |

### （四）核心应用

学工助手面向学生端、教师端、后台驾驶舱三类用户，开发了集智能预警系统、学生成长画像等核心业务场景的建设，形成教育、管理、服务为一体的"多元化""全场景"智慧服务生态。

#### 1. 智能预警系统

聚焦学生社区安全问题，通过学生社区"安全舱""防火墙""预警台""智慧脑""稳定器"的建设，提升对学生社区重点学生及突发事件的前端感知和预判预防能力，实现无感智能预警，初步实现学生安全态势从"被动应对"向"主动防控"转变，如图4-6所示。

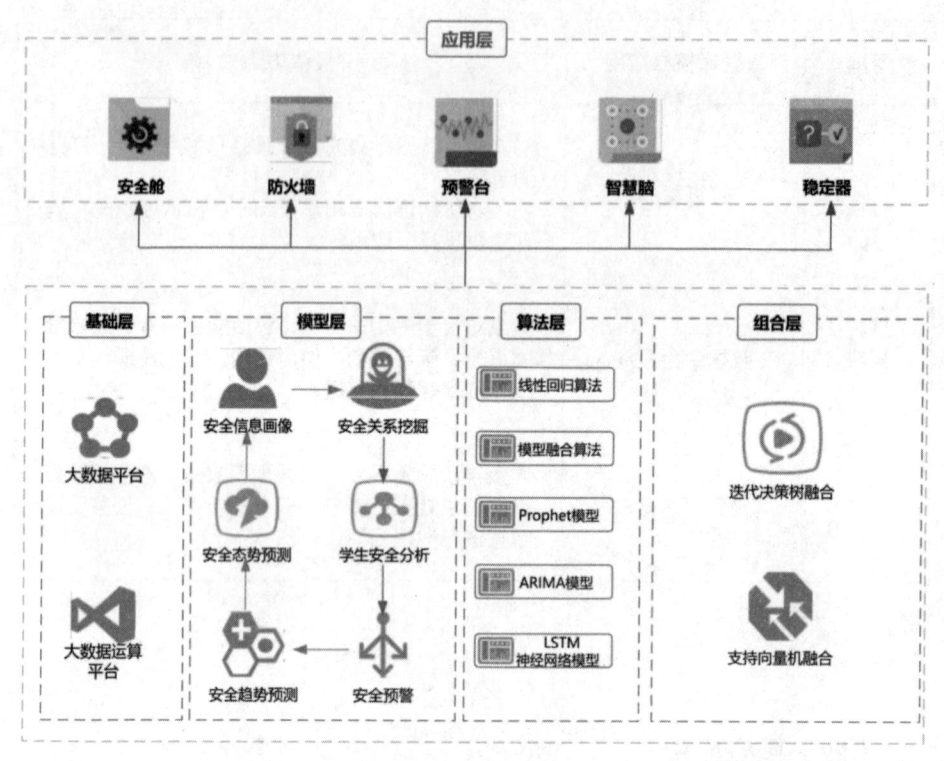

图 4-6　学生社区突发事件智能预警系统

学校基于手机智能终端、人脸识别终端，多个学生子业务系统并联，以无感知的方式实时采集学生行为数据，建立多个学生行为相关预警模型，实现学生行为数据采集、挖掘、分析、预警、处置"五位一体"的智慧思政工作的管理闭环，解决了单个学生业务系统数据准确性不高、预警误判率高的问题，预警有效率高达98%，夯实校园安全底线。通过学生思政行为数据收集、应用开发、数据分析、智能预警、智能诊断等功能的建设，形成智慧思政工作的闭环管理。智慧社区安全管理平台通过对学生社区各类突发事件进行实时智能监控、预警研判、接警处置、留档追溯，织密学生社区安全"一张网"。目前，学校全面推进学生子业务系统数据共享及治理工作，建立包含22个应用系统、3074张业务数据表、91项主题数据、697项元数据资产的数据中枢，打破各系统之间的数据交互壁垒，实现学生数据治理"一枢统管"。

通过数据中枢平台，智能辨析"预警台"看板大数据，目前已形成学生学业预警、心理预警、经济预警、行为预警的动态分析机制。以大数据分析为基础,以智能化分析为手段,以实时追踪为抓手,制定分层分级响应处置机制,实现学生安全处置"一键互联"。

**2. 智慧服务系统**

通过"智慧服务"平台建设,构建各类型体验感佳的数字应用矩阵,为学生提供多元化的服务。学工助手智慧服务系统建设内容和服务项目涵盖了目前师生常用的各项事务类型。聚焦新生入学一件事、离校一件事、评奖评优一件事、困难资助一件事、学生管理预警一件事、学生进出校门"一件事"6项关键事项,推动入学、党建、团建、教务、竞赛、上课、智慧空间、图书、学工、请假、成长画像、缴费、后勤服务、出入校门、劳动教育、疫情防控、阳光晨跑、心理咨询、就业创业服务、离校等20个数字化小场景应用,完成10幢宿舍楼智慧考勤系统、12台触屏服务终端、45间智慧教室、50套人脸识别支付终端、100台套刷卡终端、1500台套门禁终端的硬件设施建设,全方位构建智慧社区服务体系。

**3. 学生成长画像**

学工助手依托大数据技术,通过分析多元化服务数据,对数据进行全面的分析、精准地挖掘,及时发现学生个体及群体的问题,构成分层分类的成长画像,精准施策,切实提升育人精准度。

项目通过学生工作数据中枢,无感采集全场景的学生行为数据,依据学生预警、评优、成长的数据建模,进行学生信息大数据分析、AI诊断,形成底数清晰、预判准确、评价科学的各类培优纠偏的数据诊断,作为思政育人工作的重要参考依据,切实提升了育人工作的针对性和科学性。从德智体美劳五个方面设置不少于50个学生成长观测点,并制定量化指标,形成完备的学生成长雷达图、学生成长校院两级领导驾驶舱,实施学生成长"亮牌"制度,及时对学生低于全校平均水平的成长维度或产生的预警行为实行"红色""橙色""黄色""绿色"四级亮牌。进一步完善家校联系、谈心谈话制度建设,将谈心谈话、问题处置、心理援助等育人功能设置,集成至学生成长"亮牌"功能,结合AI算法的智能推荐,提升精准育人的效度。

## 三、改革创新

从AI赋能与学工业务的深入融合的角度,设计贴合师生需求的学工助手,对校园管理的主体角色提供了不同维度的价值突围：

### （一）学工领导

对学生数据从产生、跟踪、整合、应用等全生命周期进行管理，通过数据留痕、学生预警、全校画像，主管部门可以把握学生态势，保障学生安全，监控学生工作流程、进度，通过"AI+数据"为学生的全面发展提供更多可能性，实现精准育人，也为学校探索"一站式"学生社区运行机制，优化师生服务管理提供决策支撑。

### （二）辅导员、老师

对老师职责定位、管理考核等事项，进行科学规划，契合实际工作职能提供辅助性工具，并对业务开展情况直观展示，便于老师总结复盘；从辅导员的工作需求出发，结合AI技术将高频、核心的应用服务整合；帮助党团干部、辅导员、导师等下沉学生社区，与一线学生密切联系，有针对性地为学生提供成长指导和心理关怀。

### （三）学生

社区小组为学生提供活动空间，形成师生之间的共享圈、交流圈，拉近学生与辅导员之间距离；通过智慧平台，学生可在线上办理从入学至毕业的全流程业务，无须线下多次办理。

# 第五章

# 高校学生成长智慧社区的功能探析

在精准思政的视域下，高校学生成长智慧社区的建设不仅仅是技术革新的体现，更是教育理念和教育模式的创新。精准性辅助和精准性分析是高校学生成长智慧社区功能的重要组成部分，对于促进学生的个性化成长和优化教育资源配置具有重要意义。该部分将结合高校学生成长智慧社区的实际案例，深入探讨精准性辅助和精准性分析的具体应用与实践。

## 第一节　智慧化识别

随着信息技术的飞速发展，智慧社区的概念逐渐深入人心。在高等教育领域，智慧社区的构建不仅关乎学生的日常生活，更与他们的学习成长密切相关。智慧化识别作为智慧社区的核心功能之一，其重要性不言而喻。

### 一、智慧化识别的定义与重要性

智慧化识别技术能够为每位学生提供定制化的学习建议、健康指导、心理支持等个性化服务，从而助力其全面发展。随着技术的不断进步和应用场景的拓展，智慧识别将在高校学生成长智慧社区中发挥越来越重要的作用，为师生的学习、生活和工作提供更加便捷、高效、安全的支持。

## （一）智慧化识别的定义

智慧化识别，是一种集成了物联网、大数据、云计算以及人工智能等前沿技术的综合性识别体系。这一技术体系的核心在于，通过高效、精确的方式，全面采集、深度处理并智能分析高校学生在智慧社区内部的多维度信息，这些信息涵盖了学生的行为模式、情感状态、健康状况以及学习进展等多个方面。

在高校学生成长智慧社区的应用场景下，智慧化识别技术首先依赖于物联网设备，如智能手环、摄像头和各类传感器，它们实时捕捉并记录学生在社区内的活动轨迹、生理数据、学习行为等关键信息。随后，这些信息被上传至云端，借助大数据处理技术进行清洗、整合和深度挖掘，以揭示数据背后隐藏的规律和模式。在此基础上，人工智能算法，特别是机器学习和深度学习技术，被用来对处理后的数据进行智能识别与分类，如进行情感识别、学习状态评估等，以实现对每位学生的个性化理解和精准画像。

同时，这一技术也极大地提升了高校对社区资源的管理效率，优化了社区环境，使得学生能够在一个更加安全、舒适、便捷的学习和生活环境中成长。因此，智慧化识别在高校学生成长智慧社区中，不仅是一项先进的技术手段，更是一种以学生为中心，旨在通过科技赋能，实现对学生深度理解和精准服务，推动社区智能化升级和可持续发展的理念和方法论。

## （二）智慧化识别的重要性

智慧化识别在高校学生成长智慧社区中的重要性不言而喻。

首先，从安全管理的角度来看，智慧识别技术能够显著提升社区的安全防护水平。通过人脸识别、行为监控等手段，可以实时掌握社区内的人员流动情况，有效预防非法入侵、盗窃等安全事件的发生。同时，对于异常行为或潜在的安全隐患，系统能够迅速发出预警，为社区管理者提供及时、准确的决策支持。

其次，智慧识别在提升社区服务质量方面发挥着关键作用。通过精准识别社区成员的身份和需求，智慧社区能够提供更加个性化的服务。例如，根据学生的学习习惯、兴趣爱好等信息，智慧社区可以推荐适合的学习资源、活动或课程，从而满足学生的多样化学习需求。此外，智慧识别技术还可以应用于社区内的餐饮、购物、娱乐等场景，为师生提供更加便捷、高效的生活服务体验。

最后，智慧识别对于促进社区管理与运营的智能化、精细化具有重要意义。通过大数据分析，智慧社区可以深入挖掘社区成员的行为规律、需求趋势等信息，为社区管理者提供科学、客观的决策依据。这有助于优化社区资源配置、提升管理效率，进而推动社区向更加智慧、和谐的方向发展。

智慧化识别的重要性，还体现在它能够促进个性化教育的发展。在传统的教育模式中，教师往往需要面对众多的学生，难以满足每个学生的个性化需求。而智慧化识别系统能够根据学生的学习历史、行为习惯和偏好，提供个性化的学习资源和教学策略，从而提高教学效果和学生满意度。这种个性化的教育服务，不仅能够提高学生的学习效率，还能够激发学生的学习兴趣和创造力，培养学生的批判性思维和解决问题的能力。

高校学生成长智慧社区中的智慧识别技术，不仅是现代信息技术与社区管理深度融合的产物，更是提升社区安全水平、优化服务质量、推动管理智能化的重要手段。

## 二、智慧化识别的应用

在高校学生成长智慧社区中，智慧化识别技术正逐步成为提升学生服务水平的关键工具。未来，随着技术的不断进步与应用场景的拓展，智慧化识别技术将在高校智慧社区建设中发挥更加广泛而深入的作用。

### （一）智慧化识别在高校学生成长智慧社区中心理健康的应用

通过构建心理健康监测系统、实现情感识别与心理状态评估，以及进行心理健康数据的实时采集与分析，智慧化识别技术为高校学生的心理健康提供了全面、精准的支持。

**1. 心理健康监测系统的构建**

心理健康监测系统是基于智慧化识别技术的重要平台，它整合了物联网、大数据、云计算等先进技术，实现了对学生心理健康状态的实时监测和预警。

**（1）情感识别与心理状态评估**

情感识别是心理健康监测系统的重要组成部分。通过深度学习算法，系统能够对学生的面部表情、语音语调等进行分析，识别出学生的情感状态，如快乐、悲伤、愤怒等。此外，系统还能结合学生的生理指标、历史行为数据等，进行心理状态评估，判断学生是否存在焦虑、抑郁等心理问题。这种情感识别与心理状态评估的方式，不仅提高了心理健康服务的精准度，还为学生提供了个性化的心理健康支持。

#### （2）心理健康数据的实时采集与分析

心理健康数据的实时采集与分析是智慧化识别技术在心理健康领域应用的基础。通过物联网设备，系统能够实时采集学生的心理健康数据，包括生理指标、情感状态、行为模式等。这些数据被上传至云端后，经过大数据处理和分析，可以揭示出学生心理健康状态的变化趋势和潜在问题。同时，系统还能根据分析结果，为学生提供个性化的心理健康建议，如调整作息、进行心理咨询等。此外，这些数据还可以为高校心理健康教育工作者提供科学依据，帮助他们更好地了解学生的心理需求，制定更有效的心理健康服务计划。

### 2. 个性化心理健康服务的提供

在高校学生成长智慧社区中，个性化心理健康服务的提供是智慧化识别技术应用的重要方向之一。通过基于用户画像的心理健康资源推荐和心理健康干预的智能化设计，智慧化识别技术能够精准地满足学生的心理健康需求，提供高效、个性化的心理健康服务。

#### （1）基于用户画像的心理健康资源推荐

用户画像是智慧化识别技术在个性化服务中的核心应用之一。在高校学生成长智慧社区中，通过收集学生的心理健康数据，包括情感状态、心理状态评估结果、历史行为数据等，可以构建出每个学生的个性化用户画像。这一画像不仅反映了学生的心理健康状态，还揭示了其潜在的心理需求和偏好。

基于这一用户画像，智慧化识别技术能够智能地推荐适合学生的心理健康资源。例如，对于存在焦虑情绪的学生，系统可以推荐放松训练、冥想等缓解焦虑的方法；对于需要提升自信心的学生，则可以推荐积极心理学相关的书籍、讲座等资源。这种基于用户画像的推荐方式，不仅提高了心理健康资源的利用率，还使得学生能够更加便捷地获取到适合自己的心理健康支持。

#### （2）心理健康干预的智能化设计

除了资源推荐外，智慧化识别技术还能够实现心理健康干预的智能化设计。通过实时监测学生的心理健康状态，系统能够及时发现学生的心理问题，并自动触发相应的干预措施。例如，当系统监测到学生的焦虑情绪持续升高时，可以自动发送提醒信息，建议学生进行心理咨询或参加放松训练等活动。

此外，智慧化识别技术还能够根据学生的个性化需求，设计定制化的心理健康干预方案。例如，对于需要提高情绪调节能力的学生，系统可以设计一系列的情绪管理训练课程，通过逐步引导学生掌握情绪调节的技巧，帮助其提升情绪管理能力。这种智能化的干预设计，不仅提高了心理健康干预的针对性和有效性，还使得学生能够更加积极地参与到心理健康服务中来。

**3. 心理健康社区的建设与管理**

在高校学生成长智慧社区中，心理健康社区的建设与管理是促进学生心理健康、构建和谐校园环境的重要一环。通过心理健康交流平台的建设和心理健康教育的智能化推广，智慧化识别技术为心理健康社区的发展提供了有力支持。

**（1）心理健康交流平台的建设**

心理健康交流平台是心理健康社区的重要组成部分，它为学生提供了一个表达情感、分享经验、寻求帮助的空间。在智慧化识别技术的支持下，高校可以构建一个集线上与线下于一体的心理健康交流平台。线上平台可以充分利用互联网和移动设备的便捷性，为学生提供匿名交流、在线咨询、心理测评等服务。通过智慧化识别技术，系统能够自动识别学生的情感状态和心理需求，为其推荐合适的交流板块或心理咨询师。同时，线上平台还可以利用大数据分析，对学生的交流内容进行情感分析，及时发现并解决潜在的心理问题。

线下平台则可以通过设立心理咨询室、心理健康讲座、心理健康活动等形式，为学生提供面对面的心理健康服务。智慧化识别技术可以在线下平台中发挥辅助作用，为心理咨询师提供更全面的学生心理健康信息。

**（2）心理健康教育的智能化推广**

心理健康教育是提升学生心理健康水平、预防心理问题的重要手段。在智慧化识别技术的支持下，高校可以实现心理健康教育的智能化推广。一方面，智慧化识别技术可以根据学生的心理健康状态和学习需求，为其推荐个性化的心理健康教育资源。例如，对于存在焦虑情绪的学生，系统可以推荐相关的心理调适方法、案例分析等资源；对于需要提升自信心的学生，则可以推荐积极心理学、成功学等方面的资源。另一方面，智慧化识别技术还可以通过智能推送、精准营销等方式，提高心理健康教育的覆盖面和影响力。例如，系统可以根据学生的兴趣和偏好，向其推送心理健康相关的文章、视频、讲座等信息；同时，还可以通过社交媒体等渠道，扩大心理健康教育的传播范围。此外，智慧化识别技术还可以为心理健康教育提供数据支持。通过收集和分析学生的心理健康数据，系统可以评估心理健康教育的效果，为教育工作者提供科学依据，帮助他们更好地了解学生的心理健康需求，制订更有效的教育计划。

## （二）智慧化识别在学生学习与生活服务的应用

### 1. 聚焦学习资源的个性化推荐

随着信息技术的飞速发展，智慧化识别技术在高校学生成长智慧社区中的应用日益广泛，特别是在学生学习与生活服务领域，其潜力与价值得到了充分展现。其中，学习资源的个性化推荐作为智慧化识别技术的重要应用之一，不仅极大地提升了学生的学习效率，还促进了教育资源的优化配置。本文将从学术性和专业性的角度出发，深入探讨智慧化识别技术在学习资源个性化推荐中的应用。

智慧化识别技术，依托于大数据、人工智能等先进技术，能够精准捕捉并分析学生的学习行为、兴趣偏好及学习习惯，为学习资源的个性化推荐提供了坚实的基础。在高校学生成长智慧社区中，智慧化识别技术首先通过收集学生的学习行为数据，如课程选择、学习时长、成绩表现等，以及兴趣偏好信息，如专业兴趣、课外活动参与度等，构建出详尽且精准的学生用户画像。这一画像不仅反映了学生的学习特征，还揭示了其潜在的学习需求和兴趣点。

基于学生用户画像，智慧化识别技术能够智能地推荐符合学生个性化需求的学习资源。这包括根据学生的学习目标和兴趣点，推荐相关课程、教学视频、学术文献等；根据学生的学习进度和难度需求，推荐相应难度的练习题、模拟试题等；甚至根据学生的学习时间和地点偏好，推荐适合的学习时间和地点。这种个性化推荐不仅提高了学习资源的利用率，还使得学生能够更加便捷地获取到适合自己的学习资源，从而极大地提升了学习效率。

智慧化识别技术在学习资源个性化推荐中的应用，还体现在对资源的精准匹配和动态调整上。通过对学生学习行为数据的实时监测和分析，智慧化识别技术能够及时发现学生的学习需求和兴趣点的变化，并据此调整推荐策略，确保推荐的学习资源始终与学生的个性化需求保持高度一致。此外，智慧化识别技术还能够根据学生的学习反馈和成绩变化，对推荐的学习资源进行动态优化，确保推荐资源的准确性和有效性。

**2. 社区生活服务的智能化提供**

在高校学生成长智慧社区中，智慧化识别技术的深度应用正悄然改变着社区生活服务的面貌，为学生的学习与生活带来了前所未有的智能化体验。这一技术，借助大数据、物联网、人工智能等前沿科技的融合，实现了从门禁管理、健康监测到资源调度、个性化服务的全面智能化升级，为学生打造了一个既安全又舒适的学习与生活环境，而这一切均在不涉及社区安防领域的前提下实现。

智慧化识别技术在社区生活服务中的首要应用体现在智能门禁与健康监测上。通过人脸识别、指纹识别等生物识别技术，系统能够迅速且准确地识别学生身份，实现无接触通行，不仅提升了社区的通行效率，还加强了安全管理，有效防止了非授权人员的进入。同时，智能健康监测系统能够实时监测学生的体温、心率等生理指标，为疫情防控和日常健康管理提供了科学依据，确保学生在健康的环境中学习与生活。

在资源调度与个性化服务方面，智慧化识别技术同样展现出了其独特的优势。通过大数据分析，系统能够精准预测学生的需求，如餐饮、洗衣、洗浴等生活服务的使用情况，从而优化资源配置，减少等待时间，提升服务效率。更重要的是，结合学生的个人偏好和习惯，系统能够为学生提供个性化的服务推荐，如定制化餐饮、智能健身计划等，满足学生的多元化需求，让每个学生都能享受到最适合自己的服务，从而提升生活品质和学习效率。

此外，智慧化识别技术还促进了社区内信息的智能化传递与交流。通过智能服务平台，学生可以轻松获取社区内的各类信息，如活动通知、学习资源推荐等，同时也可以与其他学生、教师或管理人员进行实时沟通，增强社区的互动性和凝聚力。这种智能化的信息传递与交流方式，不仅提高了信息的传递效率，还促进了学生之间的交流与互助，为构建和谐、积极的社区氛围提供了有力支持。

智慧化识别技术在高校学生成长智慧社区中的应用，实现了社区生活服务的全面智能化升级，为学生创造了一个既安全又舒适、既个性化又高效的学习与生活环境。这一技术的应用，不仅提升了学生的生活质量和学习效率，还推动了教育现代化的全面发展。未来，随着技术的不断进步和应用场景的不断拓展，智慧化识别技术将在高校智慧社区建设中发挥更加广泛而深入的作用，为学生的学习与生活带来更加便捷、高效、智能的服务体验。

**3. 学生行为模式的识别与分析**

在高校学生成长智慧社区中，智慧化识别技术的应用正逐步深化，特别是在学生行为模式的识别与分析方面，展现出了前所未有的潜力与价值。这一技术，依托大数据、人工智能等前沿科技，通过对学生日常学习与生活数据的精准捕捉与深度分析，不仅揭示了学生在社区内的行为特征与规律，还为优化学习资源分配、提升生活服务质量、促进学生个性化成长提供了科学依据。

智慧化识别技术在学生行为模式识别与分析中的核心作用，在于其能够实时、准确地捕捉学生在社区内的各类行为数据，包括但不限于学习时间、地点、方式，以及生活消费、社交互动等。这些数据，通过大数据技术的整合与分析，能够形成对学生行为模式的全面、深入的理解。例如，系统可以识别出哪些时间段是学生的学习高峰期，哪些地点是学生的学习热点区域，以及学生的学习方式偏好，如线上学习、小组讨论或自主学习等。同时，系统还能分析学生的生活习惯，如饮食偏好、运动习惯、社交活动等，从而为学生提供更加精准、个性化的服务推荐。

在学生行为模式识别与分析的基础上，智慧化识别技术还能够进一步优化学习资源分配，提升生活服务质量。通过对学生学习行为的分析，系统可以预测学生的学习需求，如哪些课程或学习资源可能受到学生的欢迎，从而提前进行资源调度，确保学生在需要时能够便捷地获取所需资源。同时，系统还能根据学生的学习进度与效果，提供个性化的学习建议与辅导，帮助学生更加高效地掌握知识，提升学习效果。在生活服务方面，系统可以基于学生的生活习惯与偏好，提供定制化的餐饮服务、健身计划、社交活动等，满足学生的多元化需求，提升生活品质。

此外，智慧化识别技术在学生行为模式识别与分析中的应用，还有助于促进学生的个性化成长。通过对学生行为数据的深度挖掘，系统可以发现学生的潜在兴趣与特长，为学生提供更加精准的职业规划与指导。同时，系统还能监测学生的心理健康状况，如学习压力、情绪变化等，为学生提供及时的心理健康支持与干预，帮助学生保持积极向上的心态，促进身心健康。

智慧化识别技术在高校学生成长智慧社区中的应用，特别是在学生行为模式的识别与分析方面，展现出了巨大的潜力与价值。通过对学生日常学习与生活数据的精准捕捉与深度分析，系统不仅能够为学生提供更加精准、个性化的服务推荐，还能够优化学习资源分配，提升生活服务质量，促进学生的个性化成长。未来，随着技术的不断进步与应用场景的拓展，智慧化识别技术将在高校智慧社区建设中发挥更加广泛而深入的作用，为学生的学习与生活带来更加便捷、高效、智能的体验。

### （三）智慧化识别在社区安全管理与应急响应中的应用

#### 1. 实时监控与预警系统的构建

在高校学生成长智慧社区的建设中，智慧化识别技术在社区安全管理与应急响应方面的应用显得尤为重要，它不仅极大地提升了安全管理的效能，也为应急响应提供了强有力的技术支持。这一技术，融合了物联网、大数据、人工智能等前沿科技，通过构建实时监控与预警系统，实现了对校园环境的全面感知与精准分析，从而确保了校园的安全稳定。

实时监控系统作为智慧校园安全管理的基石，它通过集成多样化的监测设备，如高清摄像头、智能传感器等，对校园内外环境进行了全方位的实时监测。这些设备所收集的数据，经过 AI 智能分析技术的处理，能够准确识别异常行为和潜在的安全隐患。例如，利用人脸识别技术，系统能够实现对进出校园人员的身份快速验证，有效防止了外来人员的非法入侵；通过周界入侵算法，系统能够在围墙、大门等关键区域划定电子围栏，一旦有未经许可的入侵行为发生，系统会立即发出警报，并自动将警报信息推送给校园管理人员，以便他们迅速采取行动。

与此同时，预警系统的构建更是为校园安全管理增添了一道坚实的防线。通过对监控数据的深入分析，系统能够预测可能发生的安全隐患，并提前发出预警信息。例如，利用大数据分析技术，系统能够预测校园内人流密集区域的拥堵情况，提前进行疏导，避免了踩踏等安全事故的发生；通过烟火识别算法，系统能够实时监测校园内是否有火灾发生，一旦发现火情，系统会立即启动应急预案，通知相关部门和人员进行紧急处置，从而有效控制了火势的蔓延。

智慧化识别技术在社区安全管理与应急响应中的应用，不仅提高了安全管理的效率和准确性，更降低了安全事故的发生概率。它使得校园管理人员能够迅速识别和处理安全问题，有效避免了安全风险的扩大和蔓延。同时，它也优化了应急响应的流程，使得在紧急情况下，各个教育单位能够迅速获取相关信息，做出准确的判断和决策，从而提高了应急响应的效率和精准度。

智慧化识别技术在高校学生成长智慧社区的安全管理与应急响应中发挥着至关重要的作用。它不仅为校园安全提供了强有力的技术保障，也为学生的健康成长创造了更加安全、稳定的环境。未来，随着技术的不断创新和完善，智慧校园安全管理与应急响应将更加智能化、高效化，为高校的教育事业提供更加坚实的支撑。

**2. 应急响应机制的智能化优化**

在高校学生成长智慧社区的建设与发展中，智慧化识别技术在社区安全管理与应急响应领域的应用，特别是在应急响应机制的智能化优化方面，正逐步展现出其独特的优势与价值。这一技术，通过深度融合物联网、大数据、人工智能等前沿科技，不仅实现了对校园安全环境的实时监测与预警，更在应急响应机制的构建与优化上，实现了从被动应对到主动预防、从人工决策到智能辅助的跨越性转变。

智慧化识别技术在应急响应机制智能化优化中的核心作用，体现在对安全事件的快速识别、精准定位与高效处置上。通过集成高清摄像头、智能传感器等多种监测设备，系统能够实时捕捉校园内的各类安全事件，如火灾、人员聚集、异常行为等，并利用AI智能分析技术，对这些事件进行快速识别与分类。在此基础上，系统能够自动触发相应的应急预案，将警报信息实时推送给校园管理人员、安保人员以及相关部门，确保他们能够在第一时间获取事件信息，并迅速采取行动。

在应急响应机制的智能化优化中，智慧化识别技术还实现了对安全事件的精准定位与追踪。通过GPS定位、RFID识别等技术，系统能够准确锁定安全事件的发生地点，并实时追踪事件的发展态势，为校园管理人员提供直观、清晰的现场画面与数据支持。这不仅有助于他们快速了解事件的全貌，更能够为他们制定科学合理的处置方案提供有力依据。

此外，智慧化识别技术在应急响应机制的智能化优化中，还实现了对处置过程的智能辅助与决策支持。通过大数据分析技术，系统能够对历史安全事件进行深度挖掘与总结，提炼出各类事件的处置规律与最佳实践。在应对新的安全事件时，系统能够根据事件的类型、规模、影响等因素，自动推荐相应的处置方案与应急预案，为校园管理人员提供智能化的决策支持。同时，系统还能够对处置过程进行实时监控与评估，确保处置措施的有效性与及时性，避免安全风险的进一步扩大与蔓延。

值得一提的是，智慧化识别技术在应急响应机制的智能化优化中，还注重了与校园其他系统的协同与联动。通过与校园门禁、消防、医疗等系统的无缝对接，系统能够在安全事件发生时，自动触发相应的联动机制，如开启消防通道、启动医疗救援等，为校园师生提供更加全面、高效的应急保障。

智慧化识别技术在高校学生成长智慧社区的应急响应机制智能化优化中，发挥着至关重要的作用。它不仅实现了对安全事件的快速识别、精准定位与高效处置，更通过智能化的决策支持与协同联动，为校园安全提供了更加全面、高效的保障。未来，随着技术的不断进步与应用场景的拓展，智慧化识别技术将在高校智慧社区建设中发挥更加广泛而深入的作用，为校园安全管理与应急响应带来更加智能化、高效化的变革。

**3.安全事件的智能化处理与反馈**

智慧化识别技术的引入与应用，为安全事件的智能化处理与反馈机制带来了革命性的变革。这一技术，深度融合了物联网、大数据、人工智能等前沿科技，不仅实现了对安全事件的快速识别与精准定位，更在事件的智能化处理与即时反馈上展现了其独特的优势与价值。

智慧化识别技术通过集成高清摄像头、智能传感器、物联网设备等多元监测手段，构建了一张覆盖校园全域的安全监控网络。当安全事件发生时，如火灾、人员聚集、异常行为等，系统能够立即捕捉到异常信号，并利用AI智能分析技术对事件进行快速识别与分类。在此基础上，系统会根据事件的紧急程度与影响范围，自动触发相应的应急预案，如启动消防系统、疏散指示、医疗救援等，实现安全事件的即时响应与初步处理。这一过程，不仅极大地缩短了应急响应的时间，更通过智能化的决策支持，提升了处理效率与精准度。

在安全事件的智能化处理过程中，智慧化识别技术还通过大数据分析、机器学习等先进技术，对处理流程进行了深度优化。系统能够根据历史安全事件的处理经验，智能推荐最优的处置方案，如疏散路线、救援资源分配等，为校园管理人员提供科学、高效的决策支持。同时，系统还能够对处理过程进行实时监控与评估，确保每一步操作都符合预案要求，及时调整处理策略，避免安全风险的进一步扩散。这种智能化的处理流程，不仅提升了应急响应的灵活性与适应性，更通过数据的实时反馈与评估，为后续的预案优化与安全管理提供了宝贵的经验与教训。

在即时反馈机制的建立上，智慧化识别技术同样发挥了重要作用。系统能够将安全事件的实时信息、处理进展与结果，通过短信、邮件、APP推送等多种渠道，即时反馈给校园管理人员、安保人员以及相关部门，确保他们能够在第一时间获取事件动态，做出相应的响应与调整。这种即时反馈机制，不仅提升了信息的时效性与准确性，更通过信息的共享与沟通，促进了各部门之间的协同与联动，共同应对安全挑战。

此外，智慧化识别技术还实现了对安全事件处理效果的智能化评估与反馈。系统能够根据处理过程中收集的数据，如疏散时间、救援效率、人员伤亡情况等，对处理效果进行量化评估，生成详细的评估报告。这些报告不仅为校园管理人员提供了直观的处理效果展示，更通过数据分析，揭示了处理过程中可能存在的问题与不足，为后续的安全管理提供了宝贵的经验与教训。同时，系统还能够将评估结果反馈给相关部门与人员，促进他们之间的沟通与协作，共同提升校园安全管理水平。

智慧化识别技术在高校学生成长智慧社区的社区安全管理与应急响应中，通过安全事件的智能化识别与处理、智能处理流程的优化、即时反馈机制的建立以及安全事件处理效果的评估与反馈，实现了对安全事件的全面、高效管理。这一机制不仅提升了应急响应的效率和精准度，更为校园安全提供了更加智能、高效的保障。

## 第二节 智慧化协同

智慧化协同，作为高校学生成长智慧社区构建的核心要素之一，是指在高等教育机构内部，通过集成物联网、大数据、云计算、人工智能等现代信息技术，实现教育资源、管理服务、学习支持、社交互动等多维度、多层次的系统性协同与整合。这一过程不仅强调技术平台与数据资源的深度融合，更注重协同主体（包括学生、教师、管理人员等）之间的信息共享、决策支持、资源调配与行为协同，旨在构建一个高效、智能、可持续发展的智慧化教育生态系统。

### 一、智慧化协同的内涵和价值

智慧化协同的实现依赖于现代信息技术的发展与应用，智慧化协同在高校学生成长智慧社区中扮演着至关重要的角色，它不仅是技术创新与教育改革的交汇点，更是推动高等教育高质量发展的关键力量。

**1. 智慧化协同的技术基础**

物联网技术通过智能设备与传感器的广泛部署，实现了对校园环境、学生行为、教育资源等关键信息的实时采集与监控；大数据技术则通过对海量数据的收集、处理与分析，挖掘出隐藏在数据背后的价值信息，为决策提供科学依据；云计算技术提供了强大的数据存储与计算能力，支持大规模数据的快速处理与资源的弹性分配；人工智能技术，特别是机器学习与深度学习技术的运用，使得系统能够自动学习、自我优化，实现更高级别的智能化协同。

**2. 智慧化协同的构成要素**

智慧化协同的构成要素主要包括技术平台、数据资源、协同主体与协同机制。技术平台是智慧化协同的硬件与软件基础，提供数据处理、分析、展示等功能；数据资源是智慧化协同的核心资产，包括学生信息、课程资源、管理数据等；协同主体是智慧化协同的参与者，包括学生、教师、管理人员等，他们的行为协同是智慧化协同的关键；协同机制则是指为实现智慧化协同而设计的规则、流程与制度，确保协同过程的有序与高效。

**3. 智慧化协同的核心价值**

智慧化协同在高校学生成长智慧社区中展现出多重核心价值。首先，它提高了教育管理与服务的智能化水平，通过数据分析与预测，实现了资源的精准配置与服务的个性化定制；其次，它促进了学习方式的变革，为学生提供了更加丰富、灵活的学习资源与互动平台，提升了学习效果与创新能力；再次，它加强了师生之间的沟通与协作，通过智慧化的教学平台与社交工具，促进了知识共享与情感交流；最后，它推动了校园管理与服务的持续优化，通过不断的反馈与迭代，实现了校园环境的智能化升级与管理效能的提升。

未来，随着技术的不断进步与应用场景的拓展，智慧化协同将在高校学生成长智慧社区中发挥更加广泛而深入的作用，为师生提供更加智能、高效、个性化的教育与服务体验。

## 二、高校学生成长智慧社区的智慧化协同应用

随着技术的不断进步与应用场景的拓展，智慧化协同将在高校学生成长

智慧社区安全管理、学习支持、生活服务、社交沟通等模块中发挥更加重要的作用，为师生的幸福成长提供更加坚实的保障。

## （一）智慧化协同在安全管理中的应用

### 1. 安全监控系统的智慧化协同

安全监控系统作为守护校园安全的重要防线，其智慧化协同能力的提升至关重要。这一进程不仅依赖于物联网、大数据、云计算以及人工智能等先进技术的深度融合，更在于这些技术如何被巧妙地应用于安全监控系统的每一个环节，以实现对校园安全的全面、高效与智能化管理。

智慧化协同的安全监控系统，首先通过物联网技术，在校园内构建起一张覆盖广泛、感知灵敏的智能监控网络。智能传感器、高清摄像头、RFID标签等设备被部署在校园的各个角落，从公共区域到宿舍、图书馆、实验室等关键场所，无一遗漏。这些设备实时采集校园环境数据，包括人员流动、物品状态、异常行为等，为安全监控提供了丰富的数据源。

大数据处理与分析技术则对这些海量数据进行深度挖掘，寻找数据之间的关联性与规律。通过对历史数据的分析，系统能够预测某些区域或时间段内可能发生的安全风险，为安全管理提供决策支持。同时，大数据的实时处理能力也确保了系统能够在第一时间发现异常，并发出预警。

云计算平台为安全监控系统提供了强大的数据存储与计算能力。通过云端的资源池化，系统实现了对监控数据的实时处理与快速响应。云计算的弹性扩展能力确保了系统在高峰期的稳定运行，即使在大量数据涌入的情况下，也能保持高效的处理速度。

人工智能算法，特别是深度学习算法，是智慧化协同安全监控系统的核心。通过训练模型，系统能够自动识别异常行为、人脸特征等关键信息。当系统检测到有人闯入禁区、发生打斗或其他异常情况时，能够立即发出预警，并将相关信息推送至安全管理部门。这种智能化的识别与预警机制，大大提高了安全管理的效率与准确性。

在安全事件的应急响应与协同处置方面，智慧化协同的安全监控系统同样表现出色。当系统检测到安全事件时，能够自动启动应急预案，并协调相关部门进行快速响应与协同处置。通过智能化的调度与指挥，系统实现了对安全事件的快速控制与处理，有效降低了安全事故造成的损失。

此外，智慧化协同的安全监控系统还促进了校园安全文化的建设。通过系统的应用与宣传，师生的安全意识与防范能力得到了显著增强。他们学会了如何正确使用安全监控系统，如何在紧急情况下寻求帮助，以及如何在日常生活中遵守安全规范。

安全监控系统的智慧化协同不仅提升了校园的安全水平，还促进了安全管理效率的提高、应急响应能力的增强以及校园安全文化的建设。未来，随着技术的不断进步与应用场景的拓展，智慧化协同的安全监控系统将在高校学生成长智慧社区中发挥更加重要的作用，为师生的学习与生活提供更加安全、舒适的环境。

**2. 应急响应机制的智慧化协同**

应急响应机制的智慧化协同成为确保校园安全、提升安全管理效能的关键要素。实现了在突发事件发生时的快速响应、高效协同与精准处置，为师生提供了全方位的安全保障。

智慧化协同应急响应机制的核心在于信息的实时共享、智能分析与快速响应。物联网技术通过智能传感器、监控摄像头等设备，实时采集校园内的环境数据、人员流动信息以及异常行为等，为应急响应提供了全面、准确的基础数据支持。这些设备不仅覆盖了校园的公共区域，还深入到宿舍、实验室、图书馆等关键场所，形成了一张覆盖全校的智能监控网络。大数据处理与分析技术则对这些海量数据进行实时处理与分析，挖掘数据之间的关联性与规律，预测潜在的安全风险，为应急响应提供预警。在突发事件发生时，系统能够迅速整合相关数据，为决策者提供全面、准确的信息支持，帮助决策者快速做出决策，降低安全风险。云计算平台为应急响应机制提供了强大的数据存储与计算能力。通过云端的资源池化，实现了对海量数据的快速处理与高效协同。在突发事件发生时，云计算平台能够迅速调配资源，为应急响应提供稳定、可靠的技术支持，确保应急响应的及时性与有效性。

人工智能算法在应急响应中发挥着至关重要的作用。通过训练模型，系统能够自动识别异常行为、预测事件发展趋势，并为决策者提供智能化的建议与方案。此外，人工智能算法还能够实现应急资源的智能调度与分配，根据突发事件的性质、规模与影响范围，自动计算所需的应急资源，并快速调配至现场，提高应急响应的效率与准确性。智慧化协同应急响应机制的实现路径包括建立统一的应急响应平台，整合校园内的各类应急资源，实现信息的实时共享与协同处置；实现智能化的预警与报警，利用人工智能算法对物联网设备采集的数据进行实时分析，自动触发报警，并将相关信息推送至应急响应平台与相关人员；优化应急资源的调度与分配，通过人工智能算法实现应急资源的智能调度与分配，确保应急响应的及时性与有效性；提供智能化的决策支持，通过数据分析与模型预测，评估事件的发展趋势、可能的影响范围以及最佳的应对方案，为决策者提供科学、准确的决策依据。

智慧化协同应急响应机制的应用显著提升了应急响应的速度与效率，增强了校园整体的应急协同能力与安全风险防控水平。通过及时发现并处理潜在的安全隐患，系统为师生提供了更加安全、稳定的学习与生活环境。

**3. 安全事件的智能化处理与反馈**

安全事件的智能化处理与反馈是确保校园安全、提升安全管理效能的核心环节，实现了对安全事件的实时监测、智能分析与高效处理，为校园安全管理提供了强有力的技术支撑。安全事件的智能化处理与反馈首先依赖于物联网技术构建的智能监控网络。通过部署在校园各个角落的智能传感器、高清摄像头等设备，系统能够实时采集环境数据、人员流动信息以及异常行为等关键信息。这些信息经过初步筛选与处理，被送入大数据处理中心进行深度挖掘与分析。利用大数据技术的强大算力，系统能够识别数据间的关联性，预测潜在的安全风险，为安全事件的预防提供预警。

当安全事件发生时，系统能够迅速响应，启动智能化处理流程。基于人工智能算法的深度学习模型，系统能够自动识别安全事件的类型、规模与影响范围，并根据预设的应急预案，自动调配应急资源，如消防、医疗、安保等，进行快速处置。这一过程中，系统不仅能够实现资源的智能调度，还能根据事件的发展态势，动态调整应对策略，确保处理措施的有效性与针对性。同时，安全事件的智能化处理与反馈机制还注重信息的实时反馈与共享。在事件处理过程中，系统能够实时收集现场数据，包括人员伤亡情况、财产损失程度以及事件发展趋势等，并将这些信息及时反馈给应急管理部门与决策者。通过云计算平台的资源池化与信息共享机制，校园内的各类应急资源能够实现高效协同，形成统一的应急响应网络。这不仅提高了应急处理的效率与准确性，还增强了校园整体的应急协同能力。

此外，安全事件的智能化处理与反馈机制还具备自我学习与优化的能力。通过不断积累处理经验与分析数据，系统能够逐渐完善应急预案，优化处理流程，提高智能化处理的精准度与效率。同时，系统还能够根据师生的反馈与建议，进行功能迭代与升级，更好地满足校园安全管理的需求。

## （二）智慧化协同在学习支持中的应用

### 1. 学习资源的智慧化协同共享

在高校学生成长的智慧社区中，智慧化协同在学习支持中的应用，特别是针对学习资源的智慧化协同共享，正逐步成为提升教育质量、促进学生学习成效的重要驱动力。这一应用不仅体现了信息技术与教育深度融合的趋势，也反映了教育公平与个性化学习需求的深刻变革。智慧社区在高校环境中的构建，基于云计算、大数据、物联网及人工智能等先进技术，实现了学习资源的数字化、网络化和智能化管理。这种管理模式不仅优化了资源的存储与检索效率，更重要的是，它通过智慧化协同机制，促进了学习资源的共建共享，为学生提供了更为丰富、多元和个性化的学习材料。

在学习资源智慧化协同共享的过程中，首先，智慧社区通过构建多维教育资源库，实现了资源的广泛汇聚。这些资源包括但不限于教学课件、学习资料、教学视频等，它们经过精心筛选与组织，形成了结构化的知识网络。学生可以根据个人学习需求，自由浏览和下载相关资源，极大地拓宽了学习渠道，提高了学习自主性。其次，智慧社区利用智能推荐引擎，根据学生的学习行为和兴趣偏好，提供个性化的资源推荐。这种基于大数据分析的推荐机制，不仅节省了学生的学习时间，还能帮助他们更精准地找到符合自身需求的学习材料，从而提升学习效率和学习效果。此外，智慧社区还支持学习资源的协同编辑与分享。教师和学生可以共同参与教学资源的创建和完善，形成了一种动态的、开放的资源生成与共享模式。这种协同编辑不仅丰富了资源内容，还促进了知识的共享与创新，增强了学习社区的互动性和凝聚力。值得注意的是，智慧社区在学习资源协同共享方面的应用，还体现在对资源的动态管理和持续优化上。通过实时跟踪和分析学生的学习进度和学习成效，智慧社区能够及时调整资源分配，优化资源结构，确保学习资源始终与学生的学习需求保持同步。

高校学生成长智慧社区中，学习资源的智慧化协同共享是提升教育质量、促进学生学习成效的重要途径。它通过构建多维教育资源库、利用智能推荐引擎、支持协同编辑与分享以及实现资源的动态管理，为学生提供了更为丰富、多元和个性化的学习支持。这种智慧化的协同机制，不仅优化了学习资源的配置与利用，还促进了知识的共享与创新，为构建更加开放、包容和富有活力的学习社区奠定了坚实基础。未来，随着技术的不断进步和应用的不断深化，智慧社区在学习资源协同共享方面的潜力将得到进一步释放，为高校教育带来更加深远的影响。

**2. 学习过程的智慧化协同监控**

在构建高校学生成长智慧社区的框架内，智慧化协同在学习支持中的应用，特别是针对学习过程的智慧化协同监控，正逐渐成为提升教学质量、优化学习体验、确保学习成效的关键策略。这一应用深度融合了大数据、云计算及人工智能等前沿技术，旨在通过智能化的手段，对学习过程进行全面、细致且实时地监控，从而为学习者提供更为精准、个性化的学习支持。

智慧化协同监控机制在学习过程中的应用，首先体现在对学习数据的全面采集与分析上。通过物联网技术，智慧社区能够实时捕捉学习者在学习活动中的各种行为数据，如学习时间、学习进度、学习成效等。同时，利用大数据处理技术，这些海量数据被高效整合与深度挖掘，以揭示学习过程中的潜在规律与趋势。这不仅有助于教育者及时了解学习者的学习状态，还能为学习路径的优化、学习资源的推荐提供科学依据。在此基础上，智慧化协同监控机制还通过人工智能算法，实现了对学习过程的智能化评估与反馈。系统能够基于学习者的学习数据，智能判断其学习成效，识别学习难点与瓶颈，并据此提供个性化的学习建议与干预措施。这种智能化的评估与反馈，不仅提高了学习支持的精准度，还有助于激发学习者的学习动力，促进其学习能力的提升。

智慧化协同监控机制还强调了学习过程中的互动与协作。在智慧社区中，学习者与教师、同伴之间的交流与互动变得更加便捷与高效。通过实时通信工具、在线讨论平台等，学习者可以随时随地提出问题、分享心得，而教师则能够迅速响应，提供及时的指导与帮助。这种基于智慧化协同的互动模式，不仅增强了学习社区的凝聚力，还促进了知识的共享与创新，为学习者构建了一个更为开放、包容的学习环境。

此外，智慧化协同监控机制还具备自我学习与优化的能力。通过不断积累学习数据与分析结果，系统能够逐渐完善其监控与评估模型，提高监控的准确性与效率。同时，系统还能够根据学习者的反馈与建议，进行功能迭代与升级，以更好地满足学习者的个性化需求。

**3. 学习效果的智慧化协同评估**

智慧化协同是在学习效果评估方面的智慧化协同，已成为提升教育质量、优化学习路径、促进个性化发展的重要手段，实现了对学习效果的全面、客观、实时评估，为学习者提供了更为精准、个性化的学习反馈与支持。

智慧化协同评估机制在学习效果评估中的应用，首先体现在对学习数据的深度挖掘与分析上。通过物联网技术，智慧社区能够实时捕捉学习者在学习过程中的各种行为数据，如学习时间、学习路径、学习资源的利用情况等。这些数据经过大数据处理技术的整合与挖掘，形成了学习者学习行为的全面画像。在此基础上，系统能够运用机器学习算法，对学习者的学习成效进行初步评估，识别出学习中的强项与弱点，为后续的学习支持与优化提供依据。进一步地，智慧化协同评估机制通过人工智能算法，实现了对学习效果的深度分析与精准预测。系统能够基于学习者的历史学习数据，构建学习成效预测模型，对学习者的未来学习成果进行预估。这种预测不仅有助于教育者提前识别潜在的学习困难，还能够为学习者提供个性化的学习建议，帮助他们调整学习策略，优化学习路径。

智慧化协同评估机制还强调了学习效果的动态评估与反馈。在智慧社区中，学习者的学习效果不再是静态的、一次性的评估结果，而是一个动态的、持续的过程。系统能够实时跟踪学习者的学习进展，定期生成学习成效报告，为学习者提供全面的学习反馈。这种动态的评估与反馈机制，不仅有助于学习者及时了解自己的学习状态，还能够激发其学习动力，促进其持续改进与提升。此外，智慧化协同评估机制还促进了教育者、学习者与学习资源之间的协同与互动。通过实时通信工具、在线讨论平台等，教育者能够及时了解学习者的学习成效与困难，提供及时的指导与帮助。同时，学习者也能够根据评估结果，自主选择适合自己的学习资源与学习路径，实现个性化学习。这种基于智慧化协同的评估与反馈机制，不仅优化了学习路径，还促进了知识的共享与创新，为学习者构建了一个更为开放、包容的学习环境。

### （三）智慧化协同在生活服务中的应用

#### 1. 校园生活的智慧化协同管理

在构建高校学生成长智慧社区的广阔背景下，智慧化协同在生活服务中的应用，特别是在校园生活的智慧化协同管理方面，正逐步成为提升校园生活品质、优化资源配置、增强社区凝聚力的重要驱动力。通过智能化的手段，实现对校园生活的全面、高效、协同管理，为师生提供一个更加便捷、舒适、安全的校园生活环境。

智慧化协同管理在校园生活服务中的应用，首先体现在对校园基础设施的智能化升级上。通过物联网技术，智慧社区能够实现对校园内各类设施设备的远程监控与智能调度，如智能照明系统、智能安防系统、智能门禁系统等。这些智能化设施不仅能够提高校园管理效率，还能有效降低能耗，提升资源利用率。同时，它们还能够为师生提供更加便捷、安全的生活服务，如智能停车、智能报修等，极大地提升了师生的生活品质。进一步地，智慧化协同管理通过大数据与人工智能技术，实现了对校园生活数据的深度挖掘与分析。系统能够实时采集并分析师生的生活行为数据，如就餐习惯、运动频率、图书借阅记录等，为校园管理提供科学依据。基于这些数据，智慧社区能够精准预测师生的生活需求，优化资源配置，如合理调整食堂菜品供应、优化图书馆借阅流程等，从而提供更加个性化的生活服务。

智慧化协同管理还促进了校园生活服务的协同与互动。在智慧社区中，师生可以通过移动应用、在线服务平台等渠道，随时随地获取校园生活服务信息，如课程安排、活动通知、食堂菜单等。同时，他们还能够参与校园生活的共建共享，如通过在线投票、意见反馈等方式，为校园管理的改进提供建议。这种基于智慧化协同的互动模式，不仅增强了师生的参与感与归属感，还促进了校园生活的民主化与透明化。此外，智慧化协同管理还体现在对校园安全的智能化监控与预警上。通过智能安防系统，智慧社区能够实现对校园内各类安全隐患的实时监控与预警，如火灾、盗窃等。一旦发生异常情况，系统能够迅速响应，启动应急预案，确保师生的生命财产安全。同时，智能门禁系统还能够对进出校园的人员进行身份验证，有效防止外来人员的非法侵入，提升了校园的安全等级。

**2. 社区服务的智慧化协同优化**

社区服务的智慧化协同优化，正逐步成为提升校园生活品质、增强社区凝聚力、促进资源高效配置的关键路径。通过智能化的手段，实现对社区服务流程的全面优化与协同管理，为师生提供一个更加便捷、高效、个性化的生活环境。

智慧化协同优化在社区服务中的应用，首先体现在对服务流程的智能化改造上。通过物联网技术，智慧社区能够实现对各类服务设施的远程监控与智能调度，如智能快递柜、自助洗衣房、共享书屋等。这些智能化设施不仅提高了服务效率，还减少了人工干预，降低了运营成本。同时，它们还能够根据师生的使用习惯与需求，自动调整服务时间与资源分配，如智能快递柜能够根据师生的收件时间偏好,灵活安排投递与取件时段,从而提供更加个性化的服务体验。

进一步地,智慧化协同优化通过大数据与人工智能技术,实现了对社区服务需求的精准预测与动态响应。系统能够实时采集并分析师生的生活服务数据,如消费记录、活动参与情况、健康监测数据等,为社区服务的优化提供科学依据。基于这些数据,智慧社区能够精准预测师生的服务需求,如根据食堂的消费记录预测用餐高峰期,提前调整菜品供应与人员配置;根据图书馆的借阅记录预测热门书籍,优化图书采购与借阅流程。这种基于数据驱动的预测与响应机制,不仅提高了服务效率,还增强了服务的个性化与针对性。

智慧化协同优化还促进了社区服务资源的协同与共享。在智慧社区中,各类服务资源被整合到一个统一的平台上,师生可以通过移动应用、在线服务平台等渠道,随时随地获取所需服务信息,如预约维修、报名参加活动、租借体育器材等。同时,智慧社区还鼓励师生参与服务的共建共享,如通过志愿服务、二手物品交换等方式,促进资源的循环利用与社区凝聚力的提升。这种基于智慧化协同的资源共享模式,不仅优化了资源配置,还增强了师生的参与感与归属感。此外,智慧化协同优化还体现在对社区服务质量的智能化监控与评估上。通过智能监控系统,智慧社区能够实时监测服务设施的运行状态与服务人员的服务质量,如食堂的卫生状况、图书馆的借阅效率等。一旦发现异常情况,系统能够迅速响应,启动应急预案,确保服务质量的稳定与提升。同时,智慧社区还通过在线评价、满意度调查等方式,收集师生的服务反馈,为服务质量的持续改进提供数据支持。

**3. 校园环境的智慧化协同监测**

校园环境的智慧化协同监测,正逐步成为提升校园生活品质、保障师生健康、促进可持续发展的关键路径。通过智能化的手段,实现对校园环境的全面、实时、精准监测,为师生提供一个更加安全、健康、绿色的生活环境。

智慧化协同监测在校园环境中的应用,首先体现在对校园空气质量的实时监测上。通过部署在校园各区域的空气质量监测站,智慧社区能够实时采集空气中的$PM_{2.5}$、$PM_{10}$、二氧化硫、二氧化氮等污染物的浓度数据,并通过大数据分析技术,对这些数据进行处理与分析,生成空气质量报告。一旦监测到空气质量超标,系统能够立即发出预警,启动相应的应急预案,如关闭门窗、启动空气净化系统等,以保障师生的呼吸健康。同时,智慧社区还能够根据历史数据与天气预测,提前预判空气质量变化趋势,为师生提供出行建议与健康提示。

进一步地，智慧化协同监测还应用于校园水质与卫生的监控。通过智能水质监测仪，智慧社区能够实时监测校园饮用水源、游泳池、澡堂等场所的水质状况，包括 pH 值、余氯含量、浊度等指标。一旦发现水质异常，系统能够迅速响应，通知相关部门进行水质检测与处理，确保师生用水的安全。此外，智慧社区还通过智能监控摄像头与传感器，对校园公共卫生区域，如食堂、宿舍、图书馆等进行实时监控，确保环境卫生的达标与持续改进。

智慧化协同监测还体现在对校园噪声与光照环境的智能调控上。通过部署在校园各区域的噪声与光照监测设备，智慧社区能够实时监测噪声水平与光照强度，并根据师生的活动习惯与健康需求，自动调整校园内的噪声控制措施与照明系统。例如，在图书馆、自习室等需要安静环境的场所，系统能够自动降低背景噪声，提高照明质量，为师生提供一个更加专注、舒适的学习空间。此外，智慧化协同监测还应用于校园绿化与生态保护的智能管理。通过物联网技术，智慧社区能够实时监测校园内绿化植被的生长状况与土壤湿度，为绿化养护提供科学依据。同时，系统还能够根据气候数据与植被生长周期，自动调整灌溉计划与施肥策略，提高绿化养护的效率与效果。在生态保护方面，智慧社区通过智能监控与数据分析，能够及时发现并处理校园内的生态破坏行为，如乱扔垃圾、破坏植被等，促进校园生态的和谐与可持续发展。

## （四）智慧化协同在社交互动中的应用

### 1. 社交平台的智慧化协同构建

在构建高校学生成长智慧社区的广阔图景中，社交平台的智慧化协同构建成为连接师生、促进交流、增强社区凝聚力的重要桥梁。这一应用深度融合了大数据、云计算、人工智能及社交网络分析等前沿技术，旨在通过智能化的手段，构建一个更加开放、互动、个性化的社交平台，以满足师生在学术、生活、情感等多方面的需求，促进智慧社区内信息的流通与资源的共享。

智慧化协同构建在社交平台中的应用，首先体现在对用户画像的精准描绘上。通过大数据技术与社交网络分析，智慧社区能够实时采集并分析用户在社交平台上的行为数据，如浏览记录、互动频率、兴趣偏好等，形成个性化的用户画像。这些画像不仅有助于平台更好地理解用户需求，提供定制化的服务，还能够促进用户之间的精准匹配，如在学术合作、兴趣小组、志愿服务等方面，帮助用户找到志同道合的朋友与伙伴。进一步地，智慧化协同构建还体现在对社交平台功能的智能化优化上。通过人工智能技术，智慧社区能够自动识别并处理用户在社交平台上的需求与问题，如自动推荐相关话题、智能解答疑问、自动筛选并推送有价值的信息等。这些智能化的功能不仅提高了用户的使用体验，还促进了信息的快速流通与资源的有效利用。同时，智慧社区还鼓励用户参与平台的共建共享，如通过用户生成内容（UGC）、用户评价、反馈建议等方式，不断完善平台功能，提升服务质量。

智慧化协同构建还体现在对社交平台社交关系的智能管理与维护上。通过社交网络分析技术，智慧社区能够实时监测并分析用户在社交平台上的社交行为，如好友关系、互动模式、情感倾向等，为用户提供个性化的社交建议与指导。例如，在学术合作方面，系统能够根据用户的学术背景与研究兴趣，智能推荐潜在的合作伙伴；在情感支持方面，系统能够识别用户的情感需求，推荐合适的倾诉对象或支持团体，帮助用户建立更加紧密、健康的社交关系。此外，智慧化协同构建还体现在对社交平台安全性的智能保障上。通过大数据分析与人工智能技术，智慧社区能够实时监测并识别社交平台上的不良信息与行为，如谣言传播、网络欺凌、隐私泄露等，及时采取措施进行干预与处理，保障用户的合法权益与信息安全。同时，智慧社区还通过智能认证、数据加密等技术手段，提高用户账户的安全性，防止恶意攻击与数据泄露。

**2. 社交活动的智慧化协同组织**

社交活动的智慧化协同组织成为连接师生、促进交流、丰富校园生活的重要纽带。通过智能化的手段，实现对社交活动的高效规划、精准匹配与个性化服务，以满足师生在学术研讨、文化交流、休闲娱乐等多方面的需求，促进智慧社区内资源的优化配置与共享。

智慧化协同组织在社交活动中的应用，首先体现在对活动需求的精准识别与预测上。通过大数据技术与社交网络分析，智慧社区能够实时采集并分析用户在社交平台上的行为数据，如兴趣偏好、参与历史、时间偏好等，形成个性化的活动需求画像。这些画像不仅有助于活动组织者更好地理解用户需求，制定符合用户期望的活动计划，还能够通过机器学习算法，预测未来一段时间内用户对特定类型活动的需求趋势，为活动的提前规划与资源调配提供依据。

进一步地，智慧化协同组织还体现在对活动资源的智能匹配与优化配置上。通过人工智能技术，智慧社区能够自动识别并匹配活动的参与者、场地、设备、资金等资源，确保活动的顺利进行。例如，在学术研讨会中，系统能够根据参会者的学术背景与研究兴趣，智能推荐合适的演讲嘉宾与讨论话题；在文艺晚会中，系统能够根据节目需求与场地条件，智能分配舞台设备与技术支持。同时，智慧社区还通过云计算技术，实现活动资源的共享与远程协作，如在线会议、远程直播等，打破了地域限制，拓宽了活动的参与范围与影响力。

智慧化协同组织还体现在对活动流程的智能管理与优化上。通过物联网技术与人工智能技术，智慧社区能够实时监测活动的进展情况，如参会人数、签到情况、现场秩序等，并根据实际情况，自动调整活动流程与应急预案。例如，在大型活动中，系统能够通过智能手环、人脸识别等技术，实现快速签到与身份验证，提高入场效率；在紧急情况下，系统能够自动触发应急预案，如疏散路线指引、医疗救助等，确保活动的安全进行。此外，智慧化协同组织还体现在对活动效果的智能评估与反馈上。通过大数据分析与社交网络分析，智慧社区能够实时监测并分析活动的参与度、满意度、影响力等关键指标，为活动的持续改进提供数据支持。同时，智慧社区还鼓励用户参与活动的评价与建议，通过用户生成内容（UGC）、在线调查等方式，收集用户对活动的反馈意见，为活动的未来规划提供参考。

### 3. 社交关系的智慧化协同维护

社交关系的智慧化协同维护成为促进师生间深度互动、增强社区凝聚力与归属感的关键路径，实现对社交关系的精准识别、动态监测与个性化维护，以构建更加和谐、健康、富有活力的智慧社区生态。

智慧化协同维护在社交关系中的应用，首先体现在对用户社交行为的深度洞察与精准描绘上。通过大数据技术与社交网络分析，智慧社区能够实时采集并分析用户在社交平台上的互动数据，如好友关系、互动频率、情感倾向、兴趣偏好等，形成个性化的社交画像。这些画像不仅有助于社区管理者更好地理解用户的社交需求与偏好，还能够通过机器学习算法，预测用户未来的社交趋势，为社交关系的维护与拓展提供科学依据。

进一步地，智慧化协同维护还体现在对社交关系的动态监测与智能调节上。通过人工智能技术，智慧社区能够实时监测用户在社交平台上的社交活动，如对话内容、分享内容、参与活动的频率等，识别出潜在的社交障碍或冲突，如沟通不畅、兴趣不合、误解误判等，并自动触发相应的调节机制，如智能推荐共同话题、提供沟通技巧建议、组织兴趣小组等，以促进用户间的相互理解与和谐共处。同时，智慧社区还能够根据用户的社交需求与偏好，智能推荐新的社交伙伴与活动，拓宽用户的社交圈子，增强社区的多样性与活力。

智慧化协同维护还体现在对社交情感的智能识别与情感支持上。通过自然语言处理与情感分析技术，智慧社区能够自动识别用户在社交平台上的情感表达，如积极情绪、消极情绪、焦虑情绪等，并根据情感类型与强度，智能提供情感支持与建议。例如，在用户表达焦虑情绪时，系统能够自动推荐心理健康资源、提供情绪管理技巧、推荐专业心理咨询等，帮助用户缓解压力，提升心理健康水平。同时，智慧社区还通过智能匹配，为用户提供情感共鸣的社交伙伴，促进用户间的情感交流与共鸣，增强社区的归属感与凝聚力。此外，智慧化协同维护还体现在对社交规则的智能引导与规范上。通过大数据分析与人工智能技术，智慧社区能够实时监测并分析社交平台上的社交行为，识别出违反社区规则或道德规范的行为，如网络欺凌、恶意攻击、隐私泄露等，并自动触发相应的惩罚机制或教育引导，如警告、限制功能、提供教育课程等，以维护社区的和谐与秩序。同时，智慧社区还通过智能算法，优化社交平台的推荐算法与内容审核机制，确保信息的真实性与健康性，为用户提供更加安全、健康的社交环境。

## 第三节  精准性辅助

精准性辅助是指利用人工智能技术和数据分析方法，为决策者提供准确、实时、个性化的辅助信息，以帮助他们做出更加精准和明智的决策。在高校学生成长智慧社区构建过程当中，充分发挥精准性辅助技术，即数据收集与处理、信息过滤与汇总、数据可视化与呈现、实时监测与预警、个性化推荐与建议、协同决策与沟通，能够根据学生的个性化需求，精准挖掘数据、精准识别问题、精准对接供需、精准管理育人，提供一系列精准、细致的支持和服务。

"精准思政"作为现代思想政治教育的崭新范式，其核心理念在于秉持精准思维，开展细致而准确的教育实践活动，以达成精准育人的目标。这一精准性的特征，不仅是高校思想政治教育领域对于当前"供给侧"改革理念的积极响应，更是为了克服传统教育模式中普遍存在的"一刀切"弊端，即那种被形容为"大水漫灌"式的教育方法。为了进一步提升教育的针对性和实效性，高校正致力于构建学生成长智慧社区，这一社区的建设旨在通过精准把握教育方向、精准识别教育对象及其问题，以及精准对接学生的个性化需求，从而实现对教育资源的精准管理和对学生的精准培养。这种模式的引入，将有力地推动高校思政教育的精准化发展，实现更加科学、高效的育人目标。

## 一、精准挖掘数据

精准挖掘数据是实现精准性辅助的基础。在这个环节当中，需要收集、整合、分析和利用学生的各类数据，以揭示隐藏在其中的有价值信息。这一过程的目的是建立一个全面、精准、实时的学生数据画像，为后续的问题识别、供需对接和育人管理提供坚实的数据基础。

高校学生成长智慧社区通过 10 幢宿舍楼智慧考勤系统、12 台触屏服务终端、45 间智慧教室、50 套人脸识别支付终端、100 台套刷卡终端、1500 台套门禁终端的硬件设施建设，多渠道、多维度的方式收集学生的各类数据，全方位构建智慧社区服务体系，精准挖掘智慧社区中的一手数据。在数据收集的过程中，确保数据的真实性和准确性。其次，利用人工智能等智慧化技术，对数据进行深度挖掘，揭示学生的行为特点和需求偏好。例如，可以使用聚类分析对学生群体进行划分，发现不同学生群体的共同特征和差异；可以使用关联规则挖掘发现学生行为之间的关联关系，预测学生的未来行为趋势；可以使用预测模型对学生的学习成绩、职业发展等进行预测和分析等。同时，为了让决策者更容易理解和利用分析结果，需要将分析结果进行可视化展示。通过图表、图像等形式直观地展示数据分析结果，帮助决策者快速把握学生的整体情况和个体特点。还需要对分析结果进行解读和说明。这包括对数据分析结果的意义进行解释、对潜在问题进行揭示、对支持措施提出建议等。通过解读分析结果，决策者可以更加清晰地了解学生的需求和问题，为后续的精准性辅助提供有力的数据支持。

为增强思想政治教育的实效性，精准识别教育对象显得尤为关键。为实现此目标，要坚持数据驱动的原则，即让数据成为决策的依据，构建"智慧思政"大数据集成教育平台。通过该平台深度挖掘学生数据，精准描绘学生特征，并通过数据分析预测教育结果，以直观可视的方式展现。同时，可基于高校学生成长智慧社区平台，协同校内多个职能部门，实时收集各类数据信息。通过这一平台，能够全面、系统地收集涉及学生思政工作的海量数据，实现数据的即时采集、集中管理、多方共享和即时调用，确保数据的高效互联互通。其次，常态化地开展"精准画像"工作。通过开发学生"特征分析系统"，运用大数据分析技术，深入剖析学生的价值取向、学习能力、行为习惯等多维度信息，形成学生的"全面画像"。这一做法不仅为每个学生建立个性化档案，还能精准识别和预警异常行为，深化对学生成长规律的认知，为精准思政工作提供有力支撑。此外，可以抽取其在学业、实践、文体活动等方面的共性特征，构建关联模型，形成学生成长的"路径模型"，为在校学生提供可借鉴的优秀成长范例。在各类组织评选中，如优秀班集体、先进党支部、学生社团等，可以利用云端数据进行前置评估，确保评选的公正性和客观性，进而激发学生组织的活力，提升组织建设的质量。

## 二、精准识别问题

精准识别问题是精准性辅助中的关键环节。它建立在精准挖掘数据的基础上，通过对数据的深入分析和对比，旨在准确识别出学生在学习、生活、职业发展等方面存在的问题和困难。这一环节的核心在于运用数据分析的结果，结合学生的个体特征，实现问题的精准定位。在精准挖掘数据的基础上，高校学生成长智慧社区通过"智慧思政""智慧服务""智慧学习空间"等平台的建设，一站式构建各类型体验感佳的数字应用矩阵，为学生提供多元化的服务。

### （一）数据驱动的问题诊断

在精准识别问题的过程中，首先需要对学生在各个领域的表现进行全面的数据诊断，这包括学业成绩、课堂参与度、社交互动、心理健康等多方面的数据。依托大数据技术，对学生信息大数据进行全面的分析、AI 诊断，形成底数清晰、预判准确、评价科学的各类培优纠偏的数据诊断，精准地挖掘、及时发现学生个体及群体的问题，构成分层分类的成长画像，精准施策，切实提升育人工作的针对性和科学性，为后续的精准对接供需提供了重要依据。

### （二）个性化问题识别

精准识别问题需要结合学生的个体特征，进行个性化的问题识别。需要了解每个学生的背景、兴趣、能力等方面的信息，将这些信息与数据分析结果相结合,从而识别出每个学生独特的问题和困难。例如,对于不同专业的学生,可能存在不同的学习难点和职业发展挑战;对于不同性格的学生,可能存在不同的社交困扰和心理压力。通过个性化问题识别,教育者可以更加精准地为学生提供针对性的支持和帮助。

### (三) 问题分类与优先级排序

在识别出学生的问题后,还需要对问题进行分类和优先级排序。这有助于教育者更加清晰地了解问题的性质和严重程度,从而制定出更加有效的解决方案。

问题分类可以根据问题的性质和影响范围进行,如学习问题、心理问题、生活问题等。优先级排序则可以根据问题的紧急程度和影响程度进行,以确保优先解决对学生影响最大、最紧迫的问题。

### (四) 问题反馈与沟通

精准识别问题还需要将识别结果及时反馈给学生,并与他们进行充分的沟通。这有助于确保学生了解自身存在的问题和困难,从而积极参与到问题的解决过程中。同时,通过与学生的沟通,教育者还可以了解学生对问题的看法和感受,进一步完善问题识别的准确性和有效性。这种双向沟通有助于建立教育者与学生之间的信任关系,为后续的精准性辅助奠定良好的基础。

在教育模式的实施过程中,深入了解教育对象情况是不可或缺的先决条件。但是由于以往技术和资源的制约,传统的教育模式很难依据学生的个性化特点和需求来制定个性化的教育内容,在很大程度上存在着教育内容同质化的问题[1]。精准思政模式则强调通过精准把握大学生在思想、学习以及生活中的关键点,经过系列的数据分析,构建学生的个人画像,从而实施有针对性的教育模式,从而达成精准思政教育的目标[2]。

## 三、精准对接供需

精准对接供需是实现精准性辅助的核心环节。在明确思想政治教育方向的基础上,紧密围绕精准供需对接这一核心,借助大数据等前沿的信息技术

---
[1] 申小蓉,潘云宽.大数据时代高校精准思政的主要特征、运行机制和实践策略[J].学校党建与思想教育,2023(23):15-19.
[2] 潘云宽.大数据时代高校精准思政建设研究[D].电子科技大学,2023.

手段，深入细致地识别教育对象的独特特征和个性化需求。同时，精准提供与教育对象需求相契合的思想政治教育内容，确保供给能够紧密贴合需求的变化，以实现育人工作的科学性与合理性。通过这样的方式，不仅能够提升教育效果，还能够更好地满足学生的成长需求，为培养全面发展的优秀人才奠定坚实基础。高校学生成长智慧社区通过全场景上线学生服务，一站式打造了集学生思想调研、学习、实践、生活、管理于一体的全场景智慧服务集群，学生服务事项全覆盖。依托智慧社区平台，学生的行为数据和异常信息能够随时反馈到学生本人、班主任、辅导员和相关党政领导，做到供需精准匹配，及时做好对学生的教育、管理和服务工作，通过对接供需，实现资源的优化配置和高效利用，为学生提供更加个性化、精准的支持和服务。

### （一）需求分析与评估

在精准对接供需的初始阶段，需要对学生的需求进行深入的分析和评估。这建立在精准识别问题的基础上，进一步细化学生对学习、生活、职业发展等各方面的具体需求。例如，学习方面可能包括特定的课程资源、辅导服务或学习方法指导，生活方面可能涉及住宿、餐饮、健康管理等，职业发展方面则可能关注实习机会、职业规划指导或行业信息获取等。

### （二）资源梳理与分类

与此同时，需要对学校或社区内可供学生利用的资源进行全面的梳理和分类。这包括教育资源（如图书馆、在线课程、实验室等）、生活支持资源（如宿舍管理、校园超市、健康服务中心等）以及职业发展资源（如企业合作、职业咨询中心、校友网络等）。通过对资源的细致梳理，可以形成一份清晰、全面的资源清单，为后续的供需对接提供基础。

### （三）供需匹配策略制定

在明确了学生的具体需求和可用资源后，需要制定一套科学的供需匹配策略。这要求根据学生的个性化需求和问题，结合资源的特性和数量，进行精确匹配。例如，对于学习成绩落后的学生，可以匹配相应的辅导课程或学习指导服务；对于社交能力欠缺的学生，可以提供社交技能培训或参与社交活动的机会；对于职业规划迷茫的学生，则可以对接职业咨询师或相关行业的实习机会。

### （四）动态调整与反馈机制

精准对接供需不是一次性的过程，而是需要持续动态调整和优化。因此，需要建立一套有效的反馈机制，及时收集学生对资源和服务的使用反馈，评估供需匹配的效果。根据学生的反馈和评估结果，可以及时调整资源分配和服务提供策略，以确保供需对接的精准性和有效性。

### （五）技术支持与系统建设

随着信息技术的发展，可以利用大数据、人工智能等先进技术手段来支持精准对接供需的实现。通过建立学生信息管理系统、资源服务平台等数字化工具，可以更加高效地进行数据分析、需求识别、资源匹配和反馈收集等工作。这些技术手段的应用不仅可以提高供需对接的准确性和效率，还可以为学生提供更加便捷、个性化的服务体验。

高校学生成长智慧社区在育人实践中成功实现了供需的精准对接，确保了教育活动的科学性和合理性。这一过程以精准把握思想政治教育方向为引领，以精准供需对接为核心，充分利用大数据等现代信息技术，对教育对象的特征及其个性化需求进行了细致识别。在此基础上，以需求为导向，推动供给的创新与优化，确保供给内容能够精准匹配学生的需求变化。具体主要体现在以下两个方面：一是精心策划和组织教育引导内容。通过深入分析学生群体的兴趣、特点、需求和反馈，精选与之相匹配的教育内容，并采用多样化的教育形式，设计精细化的实施方案。同时，紧跟时代步伐，提供与时俱进、反映时代主题的教育内容。通过建立网络内容智能推荐系统，促进学生主动获取信息与自我内容生产的融合，以此推动学生的个性化发展和网络育人的精准化。此外，我们还实施了"一院一品"学生思想政治工作品牌项目，旨在塑造和弘扬具有学院特色的学生思想教育品牌。二是建立涵盖"劳动育人""体育育人""服务育人""实践育人""管理育人"等多个方面的服务平台。针对传统思政工作中普遍存在的对象识别不精确、服务供给不够贴合、工作协同机制不完善等问题，采取全面整合育人资源和力量的策略。通过技术的革新、队伍的协同以及环境的优化，打破数据壁垒，形成强大的育人合力。这一创新性的举措不仅为"精准思政"的实践路径开辟了新的方向，而且为学生的全面发展提供了更为全面、更为高效的育人支持。

## 四、精准管理育人

精准管理育人是实现精准性辅助的重要保障。通过精准了解学生信息，动态把握学生思想动态，提供高效教育引导和便捷的管理服务，实现全面联通学生的思想、学习、生活、心理、安全信息，对学生进行成长画像，及时介入对学生的思想引导、教育帮扶和服务管理，实现"被动应对"向"主动防控"转变，有助于让教育引导更"高效"、管理服务更"便捷"。

### （一）个性化发展规划

精准管理育人首先要求为每个学生制定个性化的发展规划。这需要根据学生的兴趣、特长、目标等因素，结合学校的教育资源和培养要求，为学生量身定制一套符合其个性化需求的发展计划。这个计划应该包括学习目标、课程选择、实践机会、导师指导等多个方面，以确保学生在大学期间能够全面发展。

### （二）精细化管理过程

在实施个性化发展规划的过程中，需要实施精细化管理。这包括对学生学习过程的实时监控、对课程质量的严格把控、对实践活动的有效组织等。通过精细化管理，可以确保学生按照规划有序地进行学习和实践，及时发现问题并进行调整。同时，精细化管理还可以提高教育资源的利用效率，确保每个学生都能够获得充分的支持和帮助。

### （三）多元化评价体系

精准管理育人需要建立多元化的评价体系，以全面评估学生的综合素质和发展成果。这个评价体系应该包括学业成绩、实践能力、创新能力、社交能力等多个方面，以反映学生的全面发展情况。同时，评价体系还应该注重过程评价和结果评价的相结合，以鼓励学生积极参与学习和实践过程。

### （四）及时反馈与调整

精准管理育人需要建立及时反馈与调整机制。教育者需要定期与学生进行沟通，了解他们的学习进展、困惑和需求，并根据反馈结果及时调整教育策略和资源分配。这种及时反馈与调整可以确保教育过程与学生的实际需求保持高度一致，提高教育的针对性和有效性。

要想实现精准化思想政治教育，施教模式的革新至关重要，需由广泛覆盖的"普遍灌溉"转向针对个体的"滴灌滋养"。高校学生成长智慧社区巧借新兴科技与媒介工具，为大学生构建个性认知模型、技能图谱及全面画像，并利用人工智能算法量身定制学习路径与计划，通过算法推荐系统精筛并推送适宜的学习材料。教育流程融入多维媒体生态，利用增强现实(AR)、虚拟现实(VR)及混合现实(MR)等技术拓宽学习疆域，创设情境化、沉浸式及交互性课堂环境，全方位激活学生的感知参与，焕发学习热情与潜在能力。同时，高校学生成长智慧社区在丰富思想政治教育话语体系方面也发挥了重要作用。智慧社区紧贴当代大学生特性和网络语言风格，结合实际案例生动解读政治理论，将其由抽象概念转化为具象实例，以学生易于接受和吸收的方式提升内容的吸引力和亲和力[1]。

针对当前思想政治教育在针对性和有效性方面存在的不足，大数据的融入为精准思政给予了强有力的支撑。一方面，通过大数据的收集、跟踪、分析，可以实现持续跟踪学生的行为轨迹，从而可以帮助教育工作者分析学生的行为习惯以及思想动态，可以进一步分析学生的心理状况和需求。另一方面，大数据对于受众群体的精准性分析可以帮助教育者准确分析每一位学生的个性化特点和多元化的需求，从而可以更好地提供有针对性的教育模式和方案。因此，通过大数据技术的支撑，教育者可以更加精准地匹配教育资源与受众需求，实现供需双方的高效对接，进一步提升思想政治教育的针对性和实效性。大数据技术的运用，帮助精准思政实现了思想政治教育的智能化升级，包括信息的汇集、分析、生产、推送和管理。通过全媒体平台，主流意识形态得以精准传播。同时，大数据也推动了思想政治教育管理模式的革新，实现了"无纸化"和"信息化"管理。智慧社区的学生信息管理系统实时记录了学生的各项信息，为个性化管理提供了数据支持。其科学的管理理念和手段，促进了精细化、科学化管理的实现。此外，科学的评估机制和激励机制，有助于激发学生的内在动力和潜力，促进其全面成长。智慧社区完善的学生信息管理系统实时记录着学生的学习、生活、社交等方面的信息，为个性化定制学生管理方案提供了重要依据。智慧社区先进的管理理念和手段，有助于实现精细化、科学化管理。智慧社区科学的评估机制和激励机制，对学生的成长进步进行定期评估和激励，有助于激发其内在动力和潜力。

---

[1] 罗红杰.大数据赋能精准思政：运行机制与推进策略[J].中国远程教育，2023，43(8)：79-86.

## 第四节 精准性分析

　　精准性分析是指通过深入挖掘和分析数据，找出其中的关联规律、趋势变化和异常情况，为决策者提供准确的信息和洞察，以支持精准决策的过程[1]。在高校学生成长智慧社区中，精准性分析可以为大数据助力实现精准思政提供有力的支撑。在精准性分析的过程中，可以把来自各个不同领域的静态数据整合到系统性和整体性的分析框架之中，发掘出那些往往被忽视却具有显著价值的信息点，进而预见并提前应对可能存在的问题。同时，针对动态数据，可以运用差异性和动态性的分析模型，分析学生思想和行为变化。因此，精准性分析这个过程可以帮助将学生行为数据中隐藏的问题呈现出来，为精准思政的实施提供有效的数据支持和判断依据，从而在高校学生成长智慧社区中更有效地推进思政工作，为培养具备综合素质的新时代青年人才贡献力量。

　　精准分析作为一种基于大数据技术的系统性研究方法，为精准思政的实施提供了坚实的数据支撑。在庞大的数据库支持下，可以通过整体性、差异性、动态性、关联性等分析，帮助高校给学生形成全面的立体画像。通过整体性分析，高校能够更加系统地了解学生当前思政教育的全局状况，从而有效调整教育策略和方法。差异性分析则侧重于个性化和复杂性的探讨。它通过对不同个体、不同环境、不同模式的数据进行深入分析，能够发现不同群体的独特需求和个体间的差异性。这种分析有助于高校开展个性化培养，从而提升思政教育的针对性和实效性。在精准思政的实践中，动态性分析占据了举足轻重的地位，它主要是强调变化性和发展性，可以帮助对未来趋势进行一个预测。在实施精准思政的过程当中，动态分析可以帮助学校实时捕捉学生的思想动态和行为变化，为后续精准施策提供有力的数据支撑。关联性分析则注重于用勾连性和牵引性来挖掘隐藏在数据下的深层关联。除此之外，精准分析还涵盖了多种分析方法，通过这些方法的综合应用，可以使得精准思政能够更加全面、深入地理解和分析数据，为精准施策提供更为精准、科学的依据。

　　习近平总书记提出："办好思想政治理论课，最根本的是要全面贯彻党的教育方针，解决好培养什么人、怎样培养人、为谁培养人这个根本问题。"在解决这个根本问题时，我们的核心关注点始终聚焦于"人"。思想政治工作的本质在于深入理解和关心人，尤其是高校作为培养未来社会栋梁的重要阵地，

---

[1] 杨贤金. 以"精准"为要推动高校思政工作高质量发展[J]. 思想政治工作研究, 2024(1):21-23.

更应坚持以学生为中心的发展理念。在这一理念的指导下，高校必须凸显学生在思政工作中的认识主体、实践主体和价值主体地位，持续强化问题导向和目标导向，积极运用新技术手段，以不断增强思想政治工作的针对性、亲和力和实效性。为实现这一目标，高校应积极推动思想政治工作传统优势与信息技术的深度融合。这种融合不仅能够使思政工作更加符合当代青年的认知特点，还能通过创新方式和方法，增强其时代感和吸引力，让思政工作焕发新的活力。为实现这一融合，我们需要借助新技术精准了解学生的行为习惯、家庭情况、个人技能等多维度信息。通过数据分析，我们可以更全面地了解学生特点，精准定位他们的需求，从而为他们提供更具针对性和个性化的思政教育。此外，高校学生成长智慧社区的建设也至关重要。这是一个集学习、交流、互动于一体的平台，能够通过智慧服务系统、安全预警系统、学情数据系统等对学生在各个平台上的成长数据进行深入挖掘和分析，以便能够更加准确地识别学生的潜能和优势，为他们提供个性化成长路径的发展建议和指导。这有助于学生更好地认识自己、发掘自己的潜力，实现全面发展和成长。

## 一、技术方法

精准性分析在高校学生成长智慧社区构建中的应用，主要依赖于大数据、人工智能和云计算等先进技术的支持。通过收集学生在智慧社区中的学习、生活、社交等多维度数据，运用数据挖掘、机器学习等技术对数据进行深度处理和分析，从而实现对学生成长需求的精准识别。具体来说，可以利用大数据技术构建学生信息数据库，包括学生的基本信息、学习记录、行为轨迹等。然后，通过人工智能算法对数据进行筛选、分类和预测，发现学生的潜在需求和成长趋势。最后，借助云计算平台实现数据的高效存储和共享，为智慧社区提供精准的服务支持。精准性分析的实现需要运用大数据分析、数据挖掘等技术手段，具体如下：

数据分析方法：运用大数据分析技术，对学生的各类数据进行全面、深入的挖掘和分析。这包括但不限于学习成绩、课外活动参与情况、社交关系、心理健康状况等。通过数据清洗、整合、转换和建模等步骤，提取出有价值的信息和规律。在数据收集阶段，大数据技术通过多样化的渠道收集学生在智慧社区中的行为数据。这些数据可能来自学生的在线学习平台、图书馆借阅记录、校园卡消费记录、社交网络平台等。每个数据源都为学生画像提供了不同维度的信息,使得我们能够更全面地了解学生的学习、生活和社交状态。在数据整合阶段,收集到的原始数据往往分散在不同的系统和平台中,需要通过数据整合技术将其汇集成一个统一的数据库。数据整合是一个综合性的过程,它涵盖了多个关键步骤,以确保数据的准确性和一致性。在这个过程中,数据清洗、去重和格式转换是不可或缺的环节。在数据存储阶段,整合后的数据需要存储在高效、可靠的数据仓库中。现代大数据技术提供了分布式存储解决方案,如Hadoop、Spark等,能够处理海量数据并保证数据的安全性和可访问性。在数据检索阶段,为了支持后续的精准性分析,大数据技术还需要提供高效的数据检索功能。通过索引和查询优化技术,可以快速定位到特定学生的相关数据,为后续的分析工作提供便利。

人工智能算法:人工智能算法是实现精准性分析的核心,通过对大数据进行深度处理和分析,发现数据中的模式和规律。利用人工智能算法,对学生的数据进行模式识别、分类、预测等分析。通过训练模型,发现数据背后的关联性和趋势,为学生提供更加精准的发展建议和指导。机器学习算法确实是人工智能(AI)领域的重要分支,它通过让计算机系统从数据中自动学习和提取特征来构建模型,从而实现对未知数据的预测或分类。在精准性分析中,可以利用机器学习算法对学生的学习成绩、行为习惯等数据进行预测和分类。例如,通过构建分类模型,可以识别出具有潜在学习困难的学生;通过构建回归模型,可以预测学生的未来学习成绩。深度学习是机器学习的一个子领域,它通过模拟人脑神经网络的结构和功能来处理和分析数据。在精准性分析中,深度学习算法可以应用于处理文本、图像等复杂数据类型。例如,通过文本挖掘技术,可以分析学生在论坛或社交平台上的言论,提取出情感倾向和主题信息;通过图像识别技术,可以分析学生在校园中的活动轨迹和社交关系。强化学习是一种通过试错来学习的算法,它根据环境的反馈来调整自己的行为策略。在精准性分析中,强化学习算法可以用于优化智慧社区的服务策略。例如,它可以根据社区中学生的学习进度以及反馈来动态调整学习资源的推荐,从而提高学生的学习效率和学习效果。

云计算平台:云计算平台为精准性分析提供了强大的计算和存储支持,使得分析工作能够高效、稳定地进行。云计算平台提供了弹性的计算资源,使得用户能够根据分析任务的需求动态调整计算节点的数量和配置[1]。这种弹性特性是云计算的一个重要优势,使得它特别适合于处理各种规模的计算任务,从简单的数据处理到复杂的科学计算和大数据分析。这也有利于高校应

---

[1] 周玮.基于云计算技术的财务数据分析管理平台[J].中国新技术新产品,2023(16):36-38.

对大规模数据处理和分析的挑战，确保分析的实时性和准确性。云计算平台提供了海量的存储资源，可以存储整合后的学生数据以及分析过程中产生的中间结果和最终报告。通过分布式存储和备份机制，可以确保数据的安全性和可靠性。云计算平台还提供了丰富的服务接口，使得开发者能够方便地调用各种分析工具和算法库。这使得我们能够快速构建和部署精准性分析系统，提高开发效率和质量。

数据挖掘技术：数据挖掘技术是从海量数据中提取有价值信息和知识的重要手段，在精准性分析中发挥着关键作用。在数据挖掘的领域中，关联分析被视为一种不可或缺的技术手段，旨在揭示数据项之间深藏的潜在联系。当进行精准性分析时，该技术能够有效应用于研究学生的学习成绩与其行为习惯之间的关联性。通过这种分析方法，我们能够更深入地理解不同因素之间的相互作用，为教育领域的决策提供有力支持。例如，通过分析学生的学习时间和成绩之间的关系，可以发现学习时长对成绩的影响程度，从而为学生提供合理的学习建议。分类和聚类是数据挖掘中的两类主要任务。分类是将数据项划分为预定义的类别，而聚类则是将数据项按照相似性进行分组。在精准性分析中，可以利用分类算法来识别具有特定属性的学生群体，如学习困难群体、优秀学生群体等；利用聚类算法可以发现学生之间的潜在结构和关系，为个性化服务提供支持。文本挖掘是处理和分析文本数据的一种技术，包括文本预处理、特征提取、情感分析等步骤。在精准性分析中，可以利用文本挖掘技术来分析学生在论坛、社交平台等渠道上发表的言论，提取出他们的观点、情感倾向等信息。这些信息有助于我们更深入地了解学生的需求和想法，为他们提供更贴心的服务。

大数据技术、人工智能算法、云计算平台和数据挖掘技术是实现精准性分析的关键技术方法。它们各自具有独特的优势和功能，相互协作、相互支持，共同构成了精准性分析的技术体系。通过综合运用这些技术方法，我们可以深入挖掘学生数据中的价值，实现对学生成长需求的精准识别和支持，为学生的全面发展提供有力保障。

## 二、实施步骤

### （一）数据预处理与清洗

在进行精准性分析之前，需要对原始数据进行预处理和清洗。这包括去除重复数据、处理缺失值和异常值等，使得数据的质量更加可靠，从而提高分析结果的准确性和可信度[1]。

数据的收集和预处理，首先确定数据源，包括学习平台、图书馆系统、校园卡系统等，确保能够全面收集学生的多维度数据。其次，要对收集到的原始数据进行清洗，去除重复、错误或无关的数据，确保数据的准确性和一致性。最后，对数据进行整合和格式化，将不同来源的数据整合到一个统一的数据库中，并转换成适合分析的数据格式。

## （二）探索性数据分析

探索性数据分析旨在通过统计描述和可视化方法，对数据进行初步的探索和发现。通过观察数据的分布、集中趋势、离散程度等，可以对数据的特征有更深入的了解，并发现数据中存在的隐藏模式。

完成数据预处理与清洗后，我们进行探索性数据分析。首先，通过描述性统计方法，计算数据的均值、中位数、众数、标准差等统计量，了解数据的分布情况。接着，利用可视化工具，如直方图、箱线图、散点图等，直观地展示数据的分布和关系。通过这些图表，我们能够发现数据中的异常值、缺失值以及潜在的规律和趋势。在探索过程中，我们还会提取出与学生成长相关的关键特征，为后续的相关性分析和回归分析奠定基础。

要利用数据挖掘技术，如关联分析、分类与聚类等，对整合后的数据进行深入分析，发现数据中的潜在模式和规律。通过机器学习算法，构建预测模型，对学生的学习成绩、行为习惯等进行预测和分类，识别出具有特定属性的学生群体。利用文本挖掘技术，分析学生在论坛、社交平台上的言论，提取出情感倾向、观点等信息，了解学生的需求和想法。

## （三）相关性分析与回归分析

相关性分析被广泛应用于探索不同变量之间的关联程度。这一过程涉及计算变量间的相关系数，进而衡量它们之间的线性关系强弱。回归分析则可以进一步建立变量之间的数学关系模型，通过拟合和预测来揭示变量之间的因果关系。

在探索性数据分析的基础上，我们进一步进行相关性分析和回归分析。首先，利用相关系数矩阵或热力图，计算关键特征之间的相关系数，了解它们之间的相关程度和方向。通过相关性分析，我们可以初步判断哪些特征对

---

[1] 陈子涵.网络社交媒体数据挖掘与情感分析[J].国际公关,2024(4):139–141.

学生成长具有重要影响。接着，利用回归分析，构建以学生成长关键特征为因变量，其他相关特征为自变量的回归模型。通过回归分析，我们可以深入探索自变量对因变量的影响程度和方向，并量化这种影响。在模型构建过程中，我们还会考虑模型的拟合程度、预测精度等性能指标，确保模型的可靠性和有效性。

### （四）时序分析与趋势预测

时序分析主要用于研究数据随时间的变化规律。通过对时间序列数据的分析，可以揭示出周期性、趋势性和季节性等模式。基于这些模式，可以进行趋势预测，为决策者提供未来一段时间内的预测结果。

为了更好地了解学生成长随时间的变化情况，我们进行时序分析和趋势预测。首先，利用时间序列分析方法，对学生成长关键特征的历史数据进行处理和分析，识别出数据中的季节性、周期性等特征。接着，利用趋势预测模型，如 ARIMA 模型、神经网络等，对学生成长的未来趋势进行预测。通过时序分析和趋势预测，我们可以提前发现学生成长的潜在问题和风险，为决策者提供有力支持。

### （五）异常检测与风险评估

精准性分析还可以帮助识别数据中的异常情况和风险点，并进行风险评估。通过统计方法和机器学习技术，可以寻找数据中的离群值、异常模式和异常行为，从而提前发现潜在的风险和问题。

在精准性分析中，异常检测和风险评估也是非常重要的环节。通过构建异常检测模型，我们可以自动识别出学生数据中的异常值或异常模式。这些异常值可能代表着学生的学习困难、生活问题或其他潜在风险。一旦检测到异常，我们会立即进行风险评估，分析异常值对学生成长的可能影响，并制定相应的应对措施。这有助于我们及时发现并解决学生成长中的问题，确保他们的健康成长。

### （六）决策支持与优化

精准性分析最终的目标是为决策者提供有效的决策支持和优化方案。通过以数据为基础的模型和算法，可以对不同的方案进行评估和比较，为决策者提供全面、准确的信息和建议，帮助其做出更加精准和合理的决策。

在以上分析的基础上，进入决策支持与优化阶段。首先，根据分析结果，为决策者提供具体的建议或方案,以支持其制定针对学生的个性化成长计划。这些建议可能包括学习资源推荐、心理辅导、职业规划等方面。其次,通过反馈机制,不断收集和分析学生在实施这些计划后的数据,评估其效果并进行优化。这包括调整计划内容、改进推荐算法、优化资源分配等,以确保决策的有效性和可持续性。

### (七)持续监测与更新

定期对分析结果进行监测和评估,确保分析的准确性和有效性。同时,根据实际情况以及反馈情况,不断更新分析方法和模型,以适应学生成长的新变化和需求。

精准性分析是一个持续的过程,需要不断地监测和更新数据和分析结果。我们会定期收集新的学生数据,并对其进行预处理和清洗。然后,利用更新后的数据进行探索性数据分析、相关性分析与回归分析等步骤,重新评估学生成长的趋势和风险。此外,我们还会对已有的分析模型进行调优和改进,以提高分析的准确性和可靠性。通过持续监测与更新,我们能够及时捕捉学生成长的新变化和新问题,为决策者提供最新的分析结果和建议。

## 三、应用场景

在高校学生成长智慧社区中,精准性分析扮演着至关重要的角色。通过精准性分析,社区管理者能够深入了解学生的成长需求、学习状态和生活习惯,进而为他们提供个性化的服务和支持[1]。以下将详细展开精准性分析在高校学生成长智慧社区中的几个关键应用场景。

### (一)个性化学习资源推荐

在智慧社区中,学生的学习资源需求各异。通过精准性分析,我们可以根据学生的学科背景、学习兴趣和学习成绩等信息,为他们推荐适合的学习资源,如课程视频、学习资料、在线辅导等。这不仅可以帮助学生更高效地获取所需知识,还能提升他们的学习体验和学习效果,同时也能为高校智慧社区的建设和发展提供有力的支持。

---

[1] 安利利,陈卿庆.大数据思维下高校精准思政的意义、问题与路径[J].教学管理与教育研究,2024,9(8):62-65.

首先，精准性分析在个性化学习资源推荐中发挥着关键作用。智慧社区通过收集学生的学习数据，包括课程成绩、学习时长、学习进度等信息，进行深度挖掘和分析。利用先进的算法和模型，智慧社区能够识别出学生的学习特点和需求，如学生的学习风格、兴趣爱好、薄弱环节等。基于这些分析结果，智慧社区能够为学生推荐符合其个性化需求的学习资源。其次，个性化学习资源推荐涵盖了多种形式的资源。针对学生的学习风格，智慧社区可以推荐视频教程、音频讲解、图文资料等不同形式的学习材料，以满足学生的多样化学习需求。对于学生的学习兴趣，智慧社区可以推荐与其专业相关或兴趣相符的学术文献、研究报告等，以拓宽学生的知识视野。对于学生的学习薄弱环节，智慧社区可以推荐针对性的习题集、模拟考试等，帮助学生巩固知识和提升能力。此外，个性化学习资源推荐还注重与学生的学习进度和反馈相结合。智慧社区会根据学生的学习进度，推荐相应难度的学习资源，确保学生能够循序渐进地掌握知识。同时，智慧社区还会收集学生对学习资源的反馈和评价，不断优化推荐算法和资源内容，提高推荐的准确性和满意度。通过个性化学习资源推荐，学生可以获得更加符合自身需求的学习支持，提高学习效果和学习动力。他们可以根据自己的兴趣和特长，选择适合自己的学习资源，进行深入学习和探索。同时，个性化学习资源推荐也能够帮助学生更好地解决学习中的困惑和问题，提高自主学习能力和解决问题的能力。

## （二）心理健康监测与干预

在高校学生成长智慧社区中，心理健康监测与干预是精准性分析应用的重要领域。学生在成长过程中常常面临各种心理挑战和压力。通过精准性分析，我们可以识别出存在心理问题或成长困惑的学生，并为他们提供及时的心理辅导和成长支持。例如，对于学习困难的学生，我们可以提供学习方法和策略的指导；对于社交障碍的学生，我们可以组织相关的社交活动和训练，帮助他们建立良好的人际关系。智慧社区可以通过分析学生的行为模式、情绪状态以及社交互动等信息，及时发现学生的心理问题或风险。一旦发现问题，智慧社区可以迅速进行干预，为学生提供心理咨询、疏导等帮助，确保其心理健康和成长安全。

首先，精准性分析在心理健康监测中发挥着核心作用。智慧社区通过收集学生的多种数据源，包括心理测评结果、日常行为记录、社交互动数据等，进行深度分析和挖掘。利用先进的算法和模型，智慧社区能够识别出学生的情绪状态、压力水平、人际关系等关键指标，并构建心理健康指数或风险评估模型。这些分析结果为后续的干预措施提供了科学依据。其次，心理健康监测与干预注重个性化和精准化。每个学生的心理特点和需求都是独特的，因此，在深入理解和分析每个学生的具体情况后，智慧社区会精心定制个性化的干预方案，以更好地满足学生的需求，促进他们的全面发展。例如，对于存在焦虑问题的学生，智慧社区可以提供针对性的心理疏导资源，如心理自助手册、在线心理课程等，帮助他们缓解焦虑情绪；对于存在抑郁问题的学生，智慧社区可以安排专业的心理咨询师进行线上或线下的咨询辅导，提供情感支持和心理指导。此外，心理健康监测与干预还强调及时性和连续性。智慧社区通过实时监测学生的心理健康状况，一旦发现异常情况，会立即触发预警机制，通知相关人员进行干预。同时，智慧社区还会定期对学生的心理健康进行评估和跟踪，确保干预措施的有效性，并根据学生的反馈进行调整和优化。心理健康监测与干预的应用场景还涉及学生群体的整体心理健康管理。智慧社区在整合并分析整个学生群体的心理健康数据后，能够洞察出普遍存在的心理健康问题及其发展趋势，从而为高校管理者提供宝贵的决策支持。这些数据驱动的见解不仅有助于制定更为精准和有效的心理健康教育政策，还能指导高校构建更为健全和适应学生需求的心理支持体系。例如，如果发现某个年级或专业的学生普遍存在较高的压力水平，智慧社区可以建议学校组织相应的心理健康教育活动或提供集体辅导服务，以缓解学生的压力。

在实际应用中，心理健康监测与干预还需要与学校的其他资源和服务进行协同。例如，智慧社区可以与学校的心理健康中心、学生工作部门、辅导员等紧密合作，共同构建全方位的心理健康支持体系。通过整合各方资源，为学生提供更加全面、细致的心理健康服务。

### （三）职业规划与就业指导

在智慧社区中，学生的职业规划和就业指导是重要的一环。通过精准性分析，我们可以根据学生的专业背景、职业兴趣和能力特长，进而为他们量身打造个性化的职业规划和就业指导方案。例如，基于学生的兴趣和能力倾向，我们精准推荐与其匹配的实习岗位或工作机会，助力他们在实践中积累经验，为未来的职业生涯奠定坚实基础。同时，我们还提供一系列职业培训和辅导服务，旨在帮助学生更好地适应职场环境，提升职业素养和竞争力。

首先，精准性分析在职业规划中扮演着关键角色。智慧社区通过收集学生的学业成绩、实习经历、兴趣爱好、技能特长等数据，进行深度挖掘和分析。利用先进的数据分析工具和算法，智慧社区能够识别出学生的优势和潜力，以及适合他们的职业领域和发展方向。同时，智慧社区还可以结合市场需求和行业趋势，为学生提供最新的就业信息和职业发展建议。其次，个性化就业指导是精准性分析在职业规划中的具体应用。智慧社区根据学生的个人特点和职业规划需求，提供针对性的就业指导服务。例如，对于有意向进入某个特定行业的学生，智慧社区可以推荐相关的实习机会、行业研究报告和职业发展路径规划，帮助他们更好地了解行业需求和就业前景。同时，智慧社区还可以为学生提供简历制作、面试技巧、职场礼仪等方面的指导，帮助他们提升就业竞争力。此外，智慧社区还可以通过建立企业与学生的对接平台，进一步推动学生的职业发展。通过与企业的合作，智慧社区可以获取最新的招聘信息和行业动态，并为学生提供实习、就业等机会。学生可以通过平台了解企业的需求和用人标准，有针对性地提升自己的能力和技能。同时，企业也可以通过平台了解学生的特点和优势，更精准地选拔适合的人才。

在职业规划与就业指导过程中，智慧社区还注重跟踪与反馈。通过对学生的职业规划进展和就业情况进行定期跟踪和评估，智慧社区可以及时调整指导策略，确保学生能够在职业道路上不断发展和成长。同时，智慧社区还可以收集学生的反馈和建议，不断优化服务内容和质量，提升用户体验和满意度。

### （四）生活服务与安全保障

在智慧社区中，学生的生活服务和安全保障也是不可忽视的方面。通过精准性分析，我们可以根据学生的生活习惯和需求，为他们提供个性化的生活服务，如宿舍管理、餐饮服务、健康监测等。同时，我们还可以利用分析技术识别出潜在的安全风险，如校园欺凌、网络诈骗等，并采取相应的措施进行预防和干预，确保学生的生命安全和身心健康。

首先，精准性分析在生活服务中的应用主要体现在个性化推荐和智能化管理上。智慧社区通过收集学生的生活数据，如消费习惯、兴趣爱好、健康状况等，进行深度分析。基于这些分析结果，智慧社区能够为学生推荐符合其需求的个性化服务。例如，根据学生的饮食偏好和健康需求，智慧社区可以推荐合适的餐厅或健康食谱；根据学生的出行习惯，智慧社区可以提供校园内的交通指引或共享单车服务。此外，智慧社区还可以通过智能化管理，提高生活服务的效率和便利性。例如，通过智能门禁系统，学生可以便捷地进出宿舍楼；通过智能洗衣服务，学生可以随时随地预约洗衣、取衣。其次，安全保障是智慧社区生活服务的另一重要方面。精准性分析在安全保障中的应用主要体现在风险预警和紧急响应上。智慧社区通过集成视频监控系统、入侵检测系统、消防报警系统等，实现对校园内各区域的全面监控。同时，智慧社区还可以利用大数据分析和人工智能技术，对校园内的安全事件进行预测和预警。一旦发现异常情况，智慧社区会立即触发预警机制，通知相关人员进行处置。此外，智慧社区还可以提供紧急救援服务，如一键报警、医疗救助等，确保学生在遇到危险时能够得到及时帮助。在实际应用中，确保生活服务与安全保障的同时，隐私保护和信息安全的重视不可或缺。智慧社区在收集、存储、分析学生数据时，必须始终坚守隐私保护的原则，严格遵守相关的法律法规，确保学生的个人信息得到妥善保护，不被非法获取、泄漏或滥用。为了保障信息安全，智慧社区还需构建严密的信息安全防护体系。这包括但不限于加强网络安全防护，及时修补系统漏洞，防止黑客攻击；采用数据加密技术，确保数据在传输和存储过程中的安全性；以及建立严格的数据访问权限控制机制，防止未经授权的数据访问和篡改。通过这些措施，智慧社区不仅能够为学生提供便捷、高效的生活服务和安全保障，还能够保障学生的隐私权益和信息安全，实现真正意义上的智慧化管理和服务。

### （五）社区管理与决策支持

精准性分析还为智慧社区的管理和决策提供了有力支持。通过对社区内各类数据的分析，我们可以了解社区的运行状况、学生的满意度和需求等信息，进而优化社区的服务内容和流程。例如，我们可以根据学生的学习和生活需求，调整图书馆的开放时间或增加自习室的座位数量；我们还可以根据学生的反馈意见，改进食堂的菜品选择或提升宿舍的居住环境。

首先，精准性分析在社区管理中发挥着重要作用。智慧社区通过收集学生的行为数据、活动记录、意见反馈等信息，进行深度挖掘和分析。这些数据可以揭示学生的生活习惯、活动规律、兴趣爱好等方面的特征，为管理者提供关于学生社区状况的全面了解。基于这些分析结果，管理者可以更加精准地制定管理策略，优化资源配置，提升社区服务的针对性和有效性。其次，精准性分析为社区决策提供了有力支持。智慧社区可以利用大数据分析和人工智能技术，对社区内的各种问题和挑战进行预测和预警。例如，通过分析学生的投诉和意见反馈数据，智慧社区可以识别出社区内存在的热点问题和矛盾点，为管理者提供决策参考。同时，智慧社区还可以利用历史数据和趋势分析，为管理者提供关于社区未来发展的预测和建议，帮助他们制定更加科学合理的社区发展规划。此外，精准性分析还可以帮助社区管理者优化管理流程。智慧社区可以通过数据分析和模型预测，自动识别出管理过程中的瓶颈和问题，并提出相应的优化建议。例如，通过分析学生的活动参与度和满意度数据，智慧社区可以评估社区活动的效果，为管理者提供改进方案。同时，智慧社区还可以利用自动化和智能化的技术手段，实现部分管理流程的自动化处理，减轻管理者的工作负担，提高管理效率。值得注意的是，在利用精准性分析进行社区管理与决策支持时，需要注重数据的准确性和可靠性。智慧社区需要建立完善的数据采集、存储和处理机制，确保数据的真实性和完整性。同时，还需要加强数据安全和隐私保护，防止数据泄露和滥用。

精准性分析在高校学生成长智慧社区中具有广泛的应用场景。通过对学生数据的深入挖掘和分析，我们能够更好地满足学生的个性化需求，提供精准的服务和支持，促进他们的全面发展。这些应用场景的实现，不仅有助于提升学生的学习效果和生活质量，为智慧社区的建设和管理提供有力的数据支撑和决策依据，同时也为高校的学生管理和服务工作提供了有力支撑。

## 四、潜在价值

高校学生成长智慧社区精准性分析的潜在价值体现在多个方面，它不仅能够满足学生个体的发展需求，也能推动高校教育的整体进步。具体来说，这种潜在价值在个性化教育路径规划、预测与预防潜在问题、优化资源配置与决策、促进教育公平与包容性、增强学生的学习体验与满意度以及推动教育创新与改革等方面得到了充分体现。

### （一）个性化教育路径规划

个性化教育路径规划的核心在于深度挖掘学生的个性化特征。智慧社区通过收集学生的学习成绩、兴趣爱好、技能特长、性格特点等多方面的数据，进行综合分析。这些数据不仅包括学生的学业表现，还包括他们在校园生活中的各种行为、社交互动等信息，从而构建出每个学生的个性化画像。其次，基于学生的个性化画像，智慧社区能够为学生推荐符合其特点和需求的学习资源、课程和活动。这样的个性化推荐不仅有助于满足学生的兴趣和需求，还能激发他们的学习动力和创造力。此外，个性化教育路径规划还注重学生的职业发展规划。智慧社区通过分析学生的专业背景、技能特长以及市场需求等信息，为学生提供职业倾向测试、职业规划咨询等服务。通过这些服务，学生可以更清晰地了解自己的职业倾向和发展方向，从而制定更加明确的职业目标和发展计划。在个性化教育路径规划的过程中，智慧社区还注重与学生的互动和反馈。学生可以根据自己的需求和变化，随时调整学习计划和路径。同时，智慧社区也会定期收集学生的反馈意见，对规划方案进行持续改进和优化，以确保其始终符合学生的实际需求和发展方向。个性化教育路径规划通过精准性分析技术的应用，实现了对学生个体需求的精准把握和满足。它不仅有助于提升学生的学习效果和满意度，还能促进学生的全面发展和个性成长。未来，随着技术的不断进步和应用场景的不断拓展，个性化教育路径规划将在高校学生成长智慧社区中发挥更加重要的作用，为每位学生提供更加优质、个性化的教育服务。

### （二）预测与预防潜在问题

通过分析学生的行为模式和趋势，精准性分析可以预测学生可能面临的问题，如学业困难、心理健康问题等。预测与预防潜在问题是高校学生成长智慧社区精准性分析中的关键应用之一，它通过数据的实时监测和深度分析，帮助高校管理者及时发现并应对可能存在的风险和挑战，从而确保学生的安全和校园的稳定。首先，预测与预防潜在问题的基础在于对学生行为数据的全面收集与分析。智慧社区能够实时监测学生在校园内的各种活动，包括学习、生活、社交等方面，从而获取大量关于学生行为的数据。通过对这些数据的深入挖掘和分析，智慧社区能够揭示出学生的行为模式、兴趣爱好、情感状态等信息，为预测潜在问题提供有力的数据支持。其次，基于数据的分析，智慧社区能够预测学生可能面临的心理问题、学习困难等风险。例如，通过对学生学习成绩的连续跟踪和比较，智慧社区可以发现学生的学习成绩突然下滑或波动较大的情况，进而预测学生可能面临学习困难或心理压力。此时，智慧社区可以及时发出预警，提醒相关人员进行干预，为学生提供必要的帮助和支持，防止问题进一步恶化。此外，智慧社区还能预测并预防校园安全事件的发生。通过对校园内各类安全数据的实时监测和分析，智慧社区能够发现可能存在的安全隐患和风险点。在预测与预防潜在问题的过程中，智慧社区还注重与相关部门的协同合作。它可以将分析结果及时共享给学校管理部门、心理咨询中心、安保部门等，促进各部门之间的信息共享和协同工作。通过跨部门合作，高校可以形成合力，共同应对潜在问题，确保学生的健康成长和校园的和谐稳定。

## （三）优化资源配置与决策

精准性分析可以为教育管理者提供关于学生需求、资源使用情况和效率的数据支持。这有助于优化教育资源的配置，提高教育服务的质量和效率，同时降低浪费。首先，精准性分析能够揭示学生需求与资源利用之间的关系。通过对学生学习、生活、社交等多方面的数据进行综合分析，智慧社区可以深入了解学生的实际需求和行为习惯，如学生对图书馆、体育设施、实验室等公共资源的使用频率和时间分布等。这些数据为高校管理者提供了关于资源需求与利用情况的直观展示，有助于发现资源利用中的瓶颈和不合理之处。其次，基于精准性分析的结果，高校可以优化资源配置，提升资源利用效率。例如，根据学生对图书馆的使用情况，高校可以调整图书馆的开放时间、座位数量以及图书资源的更新频率，以满足学生的实际需求。对于体育设施，可以根据学生的使用习惯和偏好，合理规划不同设施的布局和开放时间，确保资源的充分利用。此外，通过对学生学习数据的分析，高校还可以调整教学资源的配置，如增加热门课程的开设频率、优化实验室设备的配置等，以支持学生的学习和发展。同时，精准性分析还能够为高校的决策提供有力支持。在制定校园发展规划、调整学科布局、优化课程设置等方面，高校需要充分考虑学生的需求和特点。通过对学生数据的分析，智慧社区可以为高校提供关于学生兴趣、能力、就业需求等方面的洞察，为高校制定科学、合理的决策提供数据支持。例如，根据学生对不同专业的兴趣和就业市场的需求情况，高校可以调整专业设置和招生计划，以更好地满足社会的需求和学生的期望。优化资源配置与决策是高校学生成长智慧社区精准性分析的重要应用之一。通过对学生数据的深度挖掘和分析，智慧社区能够为高校提供科学、合理的资源配置和决策支持，提升校园资源的利用效率和管理水平，为学生创造更好的学习和生活环境。随着技术的不断进步和应用场景的不断拓展，精准性分析在优化资源配置与决策方面的应用将更加广泛和深入，为高校的发展注入更多活力和动力。

## （四）促进教育公平与包容性

通过深度挖掘和分析学生数据，智慧社区能够揭示出教育资源分配的不均衡现象，为高校提供改进教育公平性的决策依据，从而确保每个学生都能享受到优质的教育资源和服务。首先，精准性分析有助于发现教育资源分配中的不公平现象。在传统的教育模式中，往往存在着城乡差异、地域差异以及不同社会阶层之间的差异，导致某些学生群体无法获得公平的教育机会。而智慧社区通过对学生数据的分析，能够揭示出这些差异和不公平现象，为高校管理者提供直观的数据支持。例如，通过比较不同地区、不同专业学生的学业成绩和资源使用情况，可以发现某些地区或专业的学生在资源获取上存在明显劣势。其次，基于精准性分析的结果，高校可以制定针对性的政策和措施，促进教育资源的公平分配。针对上述提到的地域差异和专业差异，高校可以加大对弱势地区或专业的投入，增加教育资源的供给，提高这些地区或专业的教育水平。同时，智慧社区还可以提供个性化的学习支持和资源推荐，确保每个学生都能得到适合自己的学习资源和机会。这种个性化的资源配置方式，有助于弥补传统教育模式中的不足，促进教育公平性的提升。此外，精准性分析还能够促进不同学生群体之间的包容性。在高校中，学生来自不同的背景、文化和社会阶层，他们的需求和特点各不相同。通过对学生数据的分析，智慧社区能够了解不同学生群体的特点和需求，为高校提供多元化、包容性的教育服务。例如，对于来自不同文化背景的学生，智慧社区可以提供跨文化交流和融合的平台，促进不同文化之间的理解和尊重；对于有特殊需求的学生，智慧社区可以提供个性化的学习支持和辅助服务，确保他们能够在校园中得到充分的关注和帮助。

### （五）增强学生的学习体验与满意度

通过提供个性化的学习支持和资源推荐，精准性分析可以增强学生的学习体验，提高他们的学习满意度。这有助于增强学生对教育的信任和投入，促进他们的积极参与和长期发展。首先，智慧社区可以通过精准分析学生的学习数据，为他们提供个性化的学习资源和路径规划。每个学生都有自己独特的学习方式和进度，智慧社区可以根据学生的学习历史、成绩表现以及兴趣偏好等信息，为他们推荐合适的学习资源、课程和活动。这样，学生可以根据自己的需求和兴趣进行学习，提高学习效率和兴趣度，从而提升学习体验。其次，智慧社区还可以利用精准分析的结果，为学生提供智能化的学习辅导和反馈。通过对学生学习数据的实时监测和分析，智慧社区可以及时发现学生在学习过程中遇到的问题和困难，为他们提供及时的辅导和帮助。同时，智慧社区也能够在一定程度上优化学生的学习体验。通过深入分析学生的学习表现，可以为学生提供个性化的学习建议和反馈，帮助他们更加精准地把握学习重点，掌握关键知识和技能，从而进一步提升学习效果。这种定制化的学习支持有助于学生更高效地学习，更快地实现自我提升和成长。此外，智慧社区还可以构建互动性强、参与度高的学习环境，增强学生的学习体验。通过社交化学习平台、在线讨论社区等功能，智慧社区可以促进学生之间的交流和合作，激发他们的学习动力和创造力。学生可以在这样的环境中相互学习、分享经验、解决问题，从而更加深入地理解和掌握知识，提升学习效果和满意度。同时，智慧社区还注重学生的情感需求和心理健康。通过对学生情感状态、压力水平等数据的分析，智慧社区可以及时发现学生的情感困扰和心理问题，为他们提供必要的心理支持和疏导。这样不仅可以帮助学生更好地应对学习和生活中的挑战，还可以提升他们的学习体验和幸福感。

### （六）推动教育创新与改革

精准性分析的结果可以为教育创新和改革提供数据支持和实证依据。通过分析学生的需求和反馈，教育者可以了解教育的痛点和改进方向，推动教育系统的持续改进和发展。首先，精准性分析有助于发现教育过程中的瓶颈和问题。通过对学生学习数据的深入分析，智慧社区能够揭示出教育过程中存在的不足和痛点，如教学方法的落后、课程设置的不合理、教育资源的浪费等。这些问题制约了教育质量的提升和学生的发展，需要通过创新和改革来解决。其次，基于精准性分析的结果，高校可以引入新的教育理念和教学方法。例如，智慧社区可以推广混合式教学、在线教育等新型教学模式，打破传统课堂的时空限制，提供更加丰富多样的学习资源和互动方式。同时，高校还可以引入项目制学习、问题导向学习等创新的教学方法，激发学生的学习兴趣和主动性，培养他们的创新能力和实践能力。此外，智慧社区还能推动课程体系的改革和优化。通过对学生学习需求和兴趣的分析，高校可以调整课程设置，增加与市场需求和社会发展紧密相关的课程，减少过时或重复的课程内容。同时，高校还可以加强跨学科课程的融合，培养学生的综合素质和创新能力。在推动教育创新与改革的过程中，智慧社区还注重与高校内外部资源的整合与协同。通过与企业、行业、研究机构等合作，智慧社区可以引入外部优质资源，为高校提供创新的教育方案和技术支持。同时，智慧社区还可以促进高校内部的资源共享和合作，打破部门之间的壁垒，形成合力推动教育创新与改革。最后，智慧社区还通过数据监测和反馈机制，对教育创新与改革的效果进行持续评估和改进。通过对学生学习成果、满意度等数据的收集和分析，智慧社区可以评估创新与改革措施的有效性，及时发现并解决问题，为持续改进提供依据。

# 第六章

# 高校学生成长智慧社区的展望

在精准思政的理念下，高校学生成长智慧社区的探索与实践已迈入深化与拓展的关键阶段。本书不仅全面剖析了智慧社区在提升思政教育实效、促进学生全面发展中的显著成效，还以其作为新时代高等教育创新重要载体的身份，揭示了其广阔前景。本章基于现有研究成果，从理论和实践两个层面出发，总结了高校学生成长智慧社区的建设经验，展示了其在学生全面发展上的卓越成效，还直面挑战，就数据伦理、跨学科合作、用户体验提升等关键问题提出了针对性建议。同时，本章展望了未来研究方向，聚焦社区文化与学生归属感、心理健康监测、智能决策支持、自主学习能力影响及国际交流拓展等前沿领域，为智慧社区的持续发展提供了宝贵思路与实践路径。我们坚信，随着国家教育数字化战略行动和"时代新人铸魂工程"的持续推进，高校学生成长智慧社区将在构建个性化、数字化、智能化教育生态中发挥重要作用，为培养担当民族复兴大任的时代新人贡献力量。

## 第一节 本书研究结论总结

本书研究深入探讨了高校学生成长智慧社区的建设及其在精准思政视域下的应用与实践。研究证实了高校学生成长智慧社区在精准思政实践中的有效性。通过技术驱动，不仅能够提升思想政治教育的针对性和实效性，还能促进学生的全面发展。同时，精准性分析也显示出在优化资源配置、提升决策质量等方面的巨大潜力。通过系统性的分析和实践探索，本研究得出以下主要结论：

# 一、高校学生成长智慧社区：打造学生全面成长新范式

在人工智能时代，高校学生成长智慧社区作为一种新型的教育管理模式，正逐渐成为推动学生全面发展的重要力量。通过整合先进的信息技术，智慧社区打破了传统校园的时空限制，为学生提供了更加个性化、高效化、互动化的学习与生活体验。本段材料全面阐述了高校学生成长智慧社区的实践探索，从构建原则、基本路径、构建方法到具体步骤，展现了智慧社区在促进学生成长中的重要作用与广阔前景。

## （一）构建原则与基本路径

高校学生成长智慧社区的构建是一个复杂而系统的工程，需要遵循一系列原则以确保其有效性和可持续性。通过系统性思维、动态适应、科学规划、普适性与个性化服务的平衡、安全可靠与隐私保护以及可持续发展等原则的深入理解和应用，我们可以构建出更加符合学生需求、高效便捷、安全可靠的智慧社区环境。这将为学生的全面成长和发展提供有力支持，同时也为高校教育模式的创新和发展注入新的活力。

### 1. 系统性思维的重要性

系统性原则强调了在构建智慧社区时，需要全面考虑社区内部的各个要素以及它们之间的相互作用。这要求我们在规划初期就建立全面的视角，将智慧社区视为一个整体系统，而非简单的功能堆砌。这种系统性思维有助于确保社区内部各系统间的协调运行，避免信息孤岛和重复建设，从而实现资源的最优配置。

### 2. 动态适应与持续进化

动态性原则揭示了智慧社区建设过程中的不确定性和变化性。由于学生需求、技术发展和外部环境都在不断变化，智慧社区必须具备动态适应的能力。这意味着我们需要建立灵活的调整机制，以便根据实际情况快速响应变化，持续进化以满足新的需求。这种动态适应的能力是智慧社区保持活力和竞争

力的关键。

### 3. 科学规划与决策支持

科学性原则强调了在构建智慧社区时，需要基于科学的方法和原则进行规划和决策。这要求我们在制定建设方案时，充分利用大数据、人工智能等先进技术，进行深入的需求分析和数据挖掘，确保方案的合理性和有效性。同时，科学性原则也要求我们在实施过程中建立科学的评估机制，对社区的运行效果进行定期评估，以便及时调整和优化方案。

### 4. 普适性与个性化服务的平衡

普适性原则要求智慧社区的建设具有广泛的适用性，能够适应不同高校、不同学生的需求。然而，这并不意味着我们需要牺牲个性化服务。相反，普适性与个性化服务的平衡是智慧社区建设的重要目标。通过建立弹性的运行机制和个性化的服务机制，我们可以在确保广泛适用性的同时，为不同学生提供符合其需求的个性化服务。

### 5. 安全可靠与隐私保护

安全性原则是智慧社区建设不可忽视的一环。随着信息技术的广泛应用，数据安全和隐私保护成为公众关注的焦点。因此，在构建智慧社区时，我们必须采取严格的技术和管理措施，确保学生数据和信息的安全可靠。这包括建立完善的数据加密和访问控制机制，制定严格的数据使用和管理规范，以及加强网络安全防护等。

### 6. 可持续发展与长期效益

可持续性原则强调了在构建智慧社区时，需要考虑其长期发展和社会影响。这要求我们在规划初期就充分考虑资源的合理利用、环境保护和社会责任等因素，确保智慧社区的建设符合可持续发展的要求。同时，我们还需要关注智慧社区对学生成长、教育质量提升等方面的长期效益，确保项目的可持续发展和长期价值。

## （二）构建方法与具体步骤

在深入探讨构建高校学生成长智慧社区的方法与具体步骤时，我们需认识到这不仅仅是一个技术整合的过程，更是一个涉及教育理念、管理策略、文化塑造等多方面的系统工程。构建高校学生成长智慧社区是一个复杂而富有挑战性的过程。通过技术集成与理念融合、需求分析与数据驱动、平台搭建与生态构建、用户培训与社区文化培育以及持续改进与创新驱动等多方面的努力，我们可以逐步推进智慧社区的建设与发展，为学生创造一个更加智能化、个性化、人性化的成长环境。

### 1. 技术集成与理念融合

在构建过程中，虽然技术集成是核心环节，但技术的运用必须与高校的教育理念和管理策略相融合。例如，利用城市信息模型（CIM）进行智慧社区的整体规划时，需要考虑如何将这一技术框架与高校的教育目标、学生发展需求相结合，从而设计出既符合技术逻辑又体现教育理念的社区架构。

### 2. 需求分析与数据驱动

需求分析是构建智慧社区的基础。通过深入调查学生的实际需求，结合大数据分析技术，我们可以更精准地把握学生的行为模式、学习偏好和成长路径。这种数据驱动的分析方法有助于我们制定更具针对性的服务策略和管理措施，实现资源的优化配置和个性化服务的提供。

### 3. 平台搭建与生态构建

平台搭建是智慧社区建设的关键步骤。一个稳定、高效、易用的平台能够为学生提供便捷的服务入口和丰富的互动空间。同时，我们还需要注重平台的生态构建，通过引入优质的教育资源、建立多样化的互动机制、促进师生之间的有效沟通等方式，营造一个充满活力、积极向上的社区氛围。

### 4. 用户培训与社区文化培育

用户培训是确保智慧社区顺利运行的重要环节。通过培训，我们可以帮助学生和教师熟悉平台操作、掌握服务使用方法，从而提升他们的使用体验和满意度。同时，社区文化的培育也是不可忽视的一环。通过组织各类文化活动、建立激励机制、营造积极向上的社区氛围等方式，我们可以增强学生对社区的归属感和认同感，促进他们的全面成长和发展。

### 5. 持续改进与创新驱动

持续改进是智慧社区建设的永恒主题。随着技术的不断进步和学生需求的不断变化，我们需要不断地对平台功能、服务内容和管理策略进行调整和优化。同时，创新驱动也是推动智慧社区持续发展的重要动力。通过引入新技术、尝试新模式、探索新应用等方式，我们可以为智慧社区注入新的活力，推动其不断向前发展。

### （三）学生成长智慧社区的引领作用

高校学生成长智慧社区在促进学生全面发展、提升教育质量、推动相关产业创新与发展等方面发挥着重要作用。随着技术的不断进步和教育的持续深化改革，智慧社区将继续发挥其在教育领域中的引领作用，为培养更多优秀人才、推动经济社会可持续发展做出更大贡献。

**1. 个性化教育与学生成长的深度融合**

智慧社区通过个性化的服务设计，使得教育不再是一刀切的模式，而是真正关注学生的个体差异和需求。这种深度融合不仅体现在学习资源的个性化推荐上，更贯穿于学生的学习路径规划、职业发展规划等方面。智慧社区利用大数据和人工智能技术，能够深入挖掘学生的学习偏好、能力特长以及潜在兴趣，从而为他们提供定制化的教育服务。这种服务模式不仅提升了学生的学习效率和兴趣，更重要的是，它促进了学生的全面发展，帮助他们更好地认识自己、发掘潜能，为未来的职业生涯和人生规划奠定坚实基础。

**2. 互动活动的组织与社区文化的塑造**

智慧社区通过组织丰富多样的互动活动，为学生提供了展示自我、交流思想、合作创新的平台。这些活动不仅丰富了学生的课余生活，更重要的是，它们促进了学生之间的交流与合作，培养了学生的团队协作能力和创新精神。同时，智慧社区还注重社区文化的塑造，通过营造积极向上的社区氛围，弘扬社会主义核心价值观，引导学生树立正确的世界观、人生观和价值观。这种社区文化的塑造，有助于培养学生的社会责任感和公民意识，促进他们的全面发展和成长。

**3. 数据收集与分析对教育质量的提升**

智慧社区通过收集和分析学生在学习过程中的各类数据，为教师提供了宝贵的教学反馈和决策依据。这些数据不仅反映了学生的学习状况和学习效果，还揭示了学生在学习过程中遇到的问题和困难。通过深入分析这些数据，教师可以更加精准地把握学生的学习需求，及时调整教学策略和方法，从而提升教学质量和效果。同时，这些数据还可以用于评估教育资源的配置和使用情况，为教育资源的优化配置和共享提供科学依据。这种基于数据的决策和管理模式，有助于实现教育资源的最大化利用和教育质量的持续提升。

**4. 带动相关产业的创新与发展**

智慧社区的建设和发展，不仅促进了教育领域的创新和发展，还带动了相关产业的创新与发展。例如，随着智慧社区对信息技术的广泛应用，推动了信息技术产业、大数据产业、人工智能产业等相关产业的发展和创新。同时，智慧社区的建设也促进了教育服务产业、文化创意产业等相关产业的发展和繁荣。这些产业的发展不仅为经济社会的发展提供了有力支撑，也为高校学生的就业和创业提供了更多机会和选择。

## 二、学生成长智慧社区与精准思政的融合：超越技术边界，深化人文关怀

随着信息技术的飞速发展，智慧社区作为一种新型的社区管理模式，已经逐渐渗透到高校学生的生活和学习中。特别是在思想政治教育领域，学生成长智慧社区与精准思政的融合，为高校思想政治教育工作带来了新的机遇和挑战。本文将从数据共享与精准识别、智能分析与精准供给、人机协同与智慧管理、全员参与与协同育人等方面，深入探讨学生成长智慧社区与精准思政的融合点，并分析其超越技术边界、深化人文关怀的深远意义。

### （一）数据共享与精准识别

在传统的高校思想政治教育工作中，教育者往往难以全面、准确地了解学生的个性化需求和发展动态。而学生成长智慧社区通过大数据技术，实时收集学生的学习、生活、社交等多维度数据，为精准思政提供了丰富的数据源。这些数据不仅包括学生的基本信息、成绩数据，还包括学生在校园内的消费记录、社交互动、网络行为等。通过对这些数据的分析，教育者可以深入了解学生的个性特征、兴趣爱好、学习风格等，为精准思政的实施提供有力支撑。

数据共享是实现精准识别的基础。学生成长智慧社区打破了传统信息孤岛的现象，将校内各部门的数据进行整合和共享。教育者可以通过智慧社区平台，实时查看学生的各项数据，了解学生的最新动态。同时，智慧社区还提供了可视化的数据分析工具，帮助教育者更加直观地了解数据背后的含义，从而更加精准地识别学生的需求和发展潜力。

精准识别是精准思政的前提。在学生成长智慧社区的支持下，教育者可以根据学生的个性化需求和发展潜力，为他们量身定制个性化的教育方案。例如，对于学习成绩优秀的学生，可以提供更高层次的学习资源和实践机会；对于学习成绩较差的学生，可以提供针对性的辅导和支持。这种精准识别的方式，不仅提高了教育资源的利用效率，更重要的是满足了学生多样化的学习需求，促进了学生的全面发展。

### （二）智能分析与精准供给

基于大数据分析的结果，精准思政能够根据学生的需求差异，提供个性化的教育内容和服务。这种精准供给的方式，不仅提高了教育资源的利用效率，更重要的是满足了学生多样化的学习需求，促进了学生的全面发展。

智能分析是精准供给的关键。学生成长智慧社区利用人工智能技术，对收集到的数据进行深度分析和挖掘。通过对学生的行为模式、兴趣爱好、学习风格等方面的分析，智慧社区可以预测学生的未来发展趋势和潜在需求。这种智能分析的方式，使得教育者能够提前了解学生的需求变化，从而提前制订相应的教育方案和服务策略。

精准供给是智能分析的目标。在学生成长智慧社区的支持下，教育者可以根据智能分析的结果，为学生提供个性化的教育内容和服务。例如，根据学生的兴趣爱好和学习风格，为他们推荐适合的课程资源和阅读材料；根据学生的社交互动情况，为他们组织相应的社交活动和志愿服务等。这种精准供给的方式，不仅提高了教育资源的利用效率，更重要的是满足了学生多样化的学习需求，促进了学生的全面发展。

### （三）人机协同与智慧管理

学生成长智慧社区利用人工智能技术，实现了对学生行为的智能分析和预测，为思政工作者提供了科学的管理依据。同时，人机协同的工作模式也提高了思政工作的效率和精准度，使思政工作更加贴近学生实际，更具针对性和实效性。

人机协同是智慧管理的核心。在学生成长智慧社区中，人工智能技术与思政工作者形成了紧密的合作关系。人工智能技术负责数据的收集、分析和预测工作，为思政工作者提供科学的管理依据；思政工作者则负责具体的教育方案的制定和实施工作，确保教育方案的针对性和实效性。这种人机协同的工作模式，使得思政工作更加高效、精准地满足学生的需求和发展潜力。

智慧管理是人机协同的目标。在学生成长智慧社区的支持下，思政工作者可以实时监测学生的行为数据和学习情况，及时发现并解决潜在问题。同时，智慧社区还提供了智能化的推荐和提醒服务，帮助思政工作者更好地规划和管理教育工作。例如，当学生的学习成绩出现下滑趋势时，智慧社区可以自动提醒思政工作者关注该学生的情况，并提供相应的辅导和支持；当学生的社交互动出现异常时，智慧社区可以自动提醒思政工作者关注该学生的心理健康状况，并提供相应的心理辅导和支持。这种智慧管理的方式，使得思政工作更加贴近学生实际，更具针对性和实效性。

### （四）全员参与与协同育人

学生成长智慧社区打破了传统思政工作的界限，将全体师生纳入思政育人的体系中。通过智慧社区平台，思政工作者可以与学生、家长、社会各方建立紧密联系，形成协同育人的合力，共同促进学生的健康成长。

全员参与是协同育人的基础。在学生成长智慧社区中，全体师生都是思政育人的参与者和受益者。教育者可以通过智慧社区平台，了解学生的个性化需求和发展潜力；学生可以通过智慧社区平台，获取个性化的教育资源和服务；家长可以通过智慧社区平台，关注孩子的成长情况并参与教育过程；社会各方也可以通过智慧社区平台，为学校提供支持和帮助。这种全员参与的方式，使得思政育人工作更加全面、深入地渗透到学生的日常生活中去。

协同育人是全员参与的目标。在学生成长智慧社区的支持下，教育者、学生、家长和社会各方可以形成紧密的合作关系，共同为学生的健康成长贡献力量。例如，教育者可以根据学生的个性化需求和发展潜力制定个性化的教育方案；学生可以积极参与各种教育活动和实践机会提升自我能力；家长可以关注孩子的成长情况并参与教育过程提供支持和帮助；社会各方可以为学校提供实践基地和就业机会等资源支持。这种协同育人的方式不仅增强了思政工作的针对性和实效性还促进了学生、家长、社会之间的沟通和交流共同为学生的健康成长贡献力量。

## 三、智慧引领成长：浙江旅游职业学院"一站式"学生成长智慧社区的实践探索

浙江旅游职业学院在智慧社区构建和育人方面的多个创新实践。通过精

准思政的引领，学院不仅在智慧社区建设中明确了目标，还通过强化组织、搭建信息共享平台等措施，形成了清晰可行的构建路径。同时，学校还通过劳动育人、体育育人、服务育人、实践育人以及管理育人等多个方面的数字化应用，实现了对学生全面、个性化的培养和管理。这些实践不仅丰富了教育的内容和形式，提高了教育的针对性和实效性，还通过智慧化的手段，提升了教学效果和管理效率。更重要的是，这些举措体现了学院以学生为中心的教育理念，致力于促进学生的全面发展，充分展现了教育信息化和数字化的巨大潜力和价值。这些实践为高等教育在智慧社区建设和育人方面的创新提供了有益的参考和借鉴，也预示着未来教育信息化将更加注重学生的个性化和全面发展，推动教育质量和效率的全面提升。

### （一）劳动育人：实践啦·劳动在线

通过"实践啦·劳动在线"应用，浙江旅游职业学院成功将劳动教育与精准思政相结合，推动了劳动教育的数字化革新。该应用不仅丰富了劳动教育的内容和形式，还通过数据分析为学生提供了个性化的成长建议，有效提升了劳动教育的针对性和实效性。

### （二）体育育人：每天运动1小时·活力在线

"每天运动1小时"特色应用鼓励学生走出宿舍，参与体育锻炼，促进了学生身心健康的全面发展。通过智慧化的手段，该应用实现了对学生运动数据的实时跟踪和分析，为学生提供了个性化的运动指导和建议，提升了体育教学的效果和质量。

### （三）服务育人：智慧后勤·服务在线

智慧后勤应用通过整合校园资源，为学生提供了便捷、高效的后勤服务体验。该应用不仅解决了学校和学生两端的后勤服务问题，还通过数据分析为后勤管理提供了科学决策依据，推动了后勤服务的创新与发展。

### （四）实践育人：综合素质·成长在线

通过构建学生综合素质成长画像，浙江旅游职业学院实现了对学生成长的全维度管理。该画像不仅全面反映了学生的综合素质发展状况，还为学校提供了深入了解学生需求的途径，为思政教育提供了精准施策的可能。

### （五）管理育人：学工助手·帮扶在线

学工助手作为智慧社区的重要组成部分，通过智能预警系统、学生成长画像等功能模块的建设，实现了对学生成长过程的精准管理和帮扶。该应用不仅提高了学生管理的效率和质量，还为学生提供了个性化的成长指导和心理关怀。

## 四、学生成长智慧引擎：四维社区功能深度解析

高校学生成长智慧社区的建设，不仅彰显了技术革新的强劲趋势，更是教育理念和教育模式创新的集中体现。精准性辅助、精准性分析、智慧化识别以及智慧化协同作为智慧社区功能的核心组成部分，通过运用大数据、人工智能等现代信息技术手段，实现了对学生个性化需求的精准识别与支持，为学生的全面发展提供了坚实保障。

### （一）智慧化识别：学生个性化需求的精准洞察

引入机器学习和人工智能技术，实现对学生行为模式的动态跟踪和预测，提前洞察学生可能的需求变化，从而提供更加及时、有效的个性化服务。在高校学生成长智慧社区中，智慧化识别功能通过先进的数据分析技术，对学生的行为模式、学习状态、兴趣偏好等进行深度挖掘，从而精准洞察学生的个性化需求。这一功能不仅限于传统的学生信息管理，而是拓展到对学生多维度数据的整合和分析，如在线学习记录、社交互动数据、生活消费习惯等。通过对这些数据的综合分析，智慧化识别能够形成每个学生的个性化画像，为后续的精准性辅助和精准性分析提供坚实的数据基础。

### （二）智慧化协同：跨部门、跨领域的资源整合与共享

构建以学生为中心的协同育人机制，将学校、教师、学生、家长等多方主体纳入协同育人网络，通过智慧社区平台实现信息的实时共享和高效沟通，共同为学生的成长提供全方位支持。智慧化协同功能打破了传统高校学生管理中部门间信息孤岛的局限，通过智慧社区平台实现跨部门、跨领域的资源整合与共享。这一功能不限于学生信息的共享，更涉及教学、管理、服务等多个领域的资源整合。通过智慧社区平台，学校各部门可以实时共享学生数据，共同参与到学生的成长支持中，形成育人合力。

### （三）精准性辅助：个性化成长路径的精准规划与引导

引入自适应学习技术和个性化推荐算法，根据学生的学习进度和反馈动态调整学习资源和路径规划，实现真正意义上的个性化教育。同时，结合大数据分析技术，对学生的学习行为和成长轨迹进行长期跟踪和预测，为学生提供更加精准、科学的成长建议。精准性辅助功能基于智慧化识别和精准性分析的结果，为学生提供个性化的成长路径规划与引导。通过对学生个性化画像的深入分析，结合学校的教育资源和培养要求，智慧社区能够为学生量身定制一套符合其个性化需求的发展计划。这一计划不仅涵盖学习、实践、社交等多个方面，还注重学生的职业规划和长远发展。

### （四）精准性分析：学生成长趋势的深度挖掘与预测

结合情感分析和自然语言处理技术，对学生的言论和社交媒体内容进行深入分析，挖掘学生的情感状态和潜在需求。同时，利用时间序列分析和预测模型，对学生的成长趋势进行长期预测和规划，为学校的教育改革和决策提供有力支持。精准性分析功能通过对学生数据的深入挖掘和分析，揭示学生成长的内在规律和潜在趋势。这一功能不仅限于对学生当前状态的描述，更能够预测学生未来的发展趋势和可能面临的问题。通过对学生行为数据的持续监测和分析，智慧社区能够及时发现学生的异常行为和潜在风险，为学校和家长提供预警信息。

## 第二节　对高校学生成长智慧社区建设的建议与对策

近年来，以人工智能、云计算、区块链、大数据等为代表的数字技术发展迅猛，高校学生成长智慧社区的建设已成为推动教育数字化、提升育人质量的重要载体。为促进学生成长智慧社区的持续健康发展，本节针对当前建设中的关键问题，提出了一系列建议与对策，旨在强化数据伦理保护、促进跨学科合作、创新服务模式、建立评估改进机制及拓展应用场景，为构建更加完善、高效的学生成长智慧社区提供有力支撑。

## 一、强化数据伦理与隐私保护

随着大数据和人工智能技术在智慧社区中的广泛应用，数据伦理和隐私保护问题越发凸显。建议高校在构建智慧社区时，建立严格的数据收集、存储、使用和销毁流程，确保学生数据的安全性和隐私性。加强师生数据安全意识教育，让师生充分认识到保护个人隐私的重要性，并自觉遵守相关规定。

### （一）建立严格的数据管理流程

**1. 数据收集**

高校在收集学生数据时，应明确告知学生数据收集的目的、范围和方式，并征得学生的明确同意。同时，要遵循最小必要原则，只收集与实现服务目的直接相关的数据。

**2. 数据存储**

存储学生数据的系统应采用先进的加密技术，确保数据的安全性。此外，定期对数据进行备份，以防数据丢失或损坏。

**3. 数据使用**

在使用学生数据时，应严格遵守相关法律法规和学校规定，确保数据的合法、合规使用。同时，要避免数据的过度分析和滥用，保护学生的隐私权。

**4. 数据销毁**

当学生数据不再需要时，应按照相关规定进行安全销毁，确保数据不会被非法获取或利用。

### （二）加强师生数据安全意识教育

**1. 开展专题培训**

定期组织师生参加数据安全和隐私保护相关的培训活动，提高他们对数据伦理和隐私保护的认识和重视程度。

**2. 制定宣传资料**

制作并发放数据安全和隐私保护的宣传资料，让师生在日常生活中随时了解和学习相关知识。

### 3. 举办主题活动

通过举办数据安全和隐私保护的主题活动,如知识竞赛、讲座等,增强师生的参与感和实践能力。

## (三)创新性的隐私保护策略

### 1. 采用差分隐私技术

在高校智慧社区中,可以采用差分隐私技术对敏感数据进行脱敏处理,既保护了个体隐私,又能满足数据分析的需求。

### 2. 建立隐私预算机制

通过设定隐私预算,限制对学生数据的访问和使用频率,从而降低隐私泄露的风险。

### 3. 引入第三方监管

邀请独立的第三方机构对高校智慧社区的数据管理进行定期审计和监管,确保数据的合规使用和隐私保护。

# 二、推动跨学科合作与知识融合

学生成长智慧社区的建设不仅涉及信息技术领域,还需要教育学、心理学、社会学等多学科的参与和支持。建议高校加强跨学科合作,共同探索智慧社区在学生成长中的最佳实践模式。通过知识融合,将不同学科的理论和方法应用于智慧社区的建设中,以提供更加全面、科学、个性化的支持和服务。

## (一)设立跨学科社区研究中心

为了有效推动跨学科的合作,高校可以设立专门的跨学科社区研究中心。这样的机构可以作为不同学科专家交流和合作的平台,共同研究智慧社区建设中遇到的问题。研究中心可以定期组织研讨会和工作坊,让信息技术、教育学、心理学和社会学等领域的专家能够面对面交流,分享最新的研究成果和实践经验,从而加速知识融合和创新。

### （二）开展跨学科课程设计与实践活动

高校可以设计一系列跨学科课程，将智慧社区作为实际案例或实践平台，让学生在解决实际问题的过程中学习和运用多学科知识。此外，还可以组织跨学科的实践活动，如"技能微创新"式的创新竞赛或社区服务项目，鼓励学生运用所学知识解决实际问题，同时培养他们的团队协作能力和创新思维。

### （三）建立多学科数据共享和分析平台

为了促进知识融合，可以建立一个多学科数据共享和分析平台。该平台可以汇集来自不同学科的研究数据，通过统一的数据格式和标准，实现数据的互通互用。这样，不同学科的专家可以基于同一套数据进行分析和研究，从而更全面地理解学生在智慧社区中的成长需求和行为模式。此外，该平台还可以利用先进的数据分析技术，挖掘隐藏在数据中的规律和趋势，为智慧社区的建设提供科学依据。

## 三、创新服务模式与增强用户体验

针对当前学生个性化需求日益多样化的趋势，建议智慧社区不断创新服务模式，如推出定制化学习计划、个性化推荐系统、智能辅导等，以满足学生多样化的学习需求。同时，注重提升用户体验，通过优化界面设计、简化操作流程、提供及时反馈等方式，增强用户对智慧社区的满意度和忠诚度。

### （一）推出定制化与个性化的学习服务

为了满足学生多样化的学习需求，智慧社区可以引入先进的算法，根据学生的学习历史、成绩、兴趣等多维度数据，推出定制化的学习计划。例如，通过智能分析，为每个学生推荐适合他们的学习资源、课程和学习路径。同时，可以建立个性化推荐系统，不限于学习资源，还包括社区活动、实习机会等，确保每位学生都能在智慧社区中找到符合自己需求的内容。

### （二）智能辅导与实时反馈系统

智慧社区可以引入智能辅导系统，该系统能针对学生的具体问题提供解答和建议。此外，建立实时反馈系统，确保学生在学习过程中能够及时得到指导和建议。这种即时的互动不仅可以帮助学生及时解决问题，还能增强他们的学习动力。

### （三）优化用户界面与简化操作流程

为了提升用户体验，智慧社区的界面设计应简洁明了，避免过多的复杂元素干扰用户的使用。操作流程也应尽量简化，确保用户可以轻松上手。同时，社区应提供详细的使用指南和在线客服支持，帮助用户更好地使用社区的各项功能。此外，定期收集和分析用户的反馈，针对问题进行持续优化，确保用户体验的不断提升。

## 四、建立动态评估与持续改进机制

智慧社区的建设是一个持续发展的过程，需要不断评估其运行效果并进行相应的改进。建议高校建立动态评估机制，定期对智慧社区的各项功能和服务进行评估，并根据评估结果进行针对性的改进。同时，鼓励师生积极参与智慧社区的建设和改进过程，收集他们的反馈意见和建议，作为改进的重要依据。

### （一）建立定期评估体系

高校应建立一个定期的评估体系，对智慧社区的各项功能和服务进行全面评估。这可以包括用户满意度调查、系统性能检测、服务流程效率分析等方面。通过收集和分析定量与定性的数据，评估团队能够准确了解社区的运行状况，并识别出存在的问题和改进的空间。例如，可以每季度进行一次全面的评估，同时每月或每周对特定功能或服务进行专项评估。

### （二）建立反馈与改进循环

为了持续改进智慧社区，需要建立一个有效的反馈循环。高校应鼓励师生积极参与反馈过程，提供他们的使用体验和改进建议。这可以通过设置在线反馈表单、定期举办座谈会或焦点小组讨论等方式实现。收集到的反馈应被及时整理和分析，并转化为具体的改进措施。同时，改进后的效果也需要再次进行评估，以确保改进措施的有效性。

## （三）利用数据分析支持决策

智慧社区在运行过程中会产生大量的用户数据和行为记录，这些数据是宝贵的资源，可以用于支持决策和优化服务。高校应利用数据分析技术，深入挖掘这些数据中的信息，了解用户的行为习惯、偏好和需求。基于这些数据，可以更有针对性地进行功能优化和服务改进，从而提升用户体验和满意度。例如，通过分析用户在学习资源的使用情况，可以优化资源的推荐算法；通过分析用户在社区中的互动行为，可以改进社区的交流与协作功能。

## 五、拓展智慧社区的应用场景与功能

除了传统的教育服务外，智慧社区还可以拓展更多的应用场景和功能，如校园安全管理、健康管理、职业规划等，为学生提供更加全面、便捷的服务。通过拓展应用场景和功能，智慧社区可以更好地融入学生的日常生活和学习中，成为他们成长道路上不可或缺的一部分。

### （一）加强校园安全预警功能

智慧社区可以整合校园内的各种监控资源，建立起一个全方位的校园安全态势感知预警系统。通过在关键区域设置高清摄像头、人脸识别系统和智能分析软件，实时监控校园内的安全状况，并自动识别异常行为。此外，还可以建立紧急报警系统，一旦检测到异常情况，立即向校园安保部门及相关人员发送报警信息，确保学生的安全。

### （二）完善健康管理服务

在智慧社区中，可以引入健康管理功能，为学生提供个性化的健康服务。例如，建立健康档案，记录学生的体检数据、就医记录等，以便及时跟踪和管理学生的健康状况。同时，可以提供在线健康咨询服务，让学生随时随地都能获得专业的健康指导。此外，还可以与校园内的健身房、食堂等部门合作，共同推出健康饮食和运动计划，帮助学生养成良好的生活习惯。

### （三）提供职业规划与就业指导服务

智慧社区可以设立"乐业空间"，为学生提供一站式的职业规划服务。这包括职业兴趣测试、职业技能评估、行业趋势分析等，帮助学生更好地了解自己的职业倾向和市场需求。同时，可以邀请行业专家和企业 HR 进行线上线下的职业讲座和招聘活动，为学生提供更多的就业信息和机会。此外，还可以建立校友网络，让已经毕业的校友分享他们的职业经验和建议，为在校学生提供更广阔的视野和人脉资源。

## 第三节 对未来研究的展望与期待

展望未来，高校学生成长智慧社区的研究将迈向更广阔的领域，需紧跟时代步伐，不断探索新方法、新技术以适应不断变化的教育需求和社会环境。本节将重点展望社区文化营造、心理健康监测、智能决策支持、自主学习能力提升以及国际交流拓展五个关键领域，通过深入剖析与前瞻规划，为构建更加完善、高效、人性化的高校学生成长智慧社区提供有力支撑。

### 一、社区文化与学生归属感研究

未来研究可以深入探讨如何通过智慧社区平台的建设，营造积极向上的社区文化，从而增强学生对社区的归属感和认同感。研究可以关注社区活动的组织、学生参与度，以及社区文化对学生成长的影响等方面。

#### （一）社区活动的组织与影响

研究如何通过智慧社区平台更有效地组织各类社区活动，如文化活动、志愿服务、学术交流等，以及这些活动如何促进学生之间的交流与合作。分析这些活动对学生归属感的影响，探讨活动类型、频率、参与度等因素与学生归属感之间的关联。

#### （二）学生参与度及其提升策略

深入调查学生在社区活动中的参与度，了解他们的参与动机、体验感受以及面临的障碍。研究如何通过智慧社区的功能设计来提升学生的参与度，例如通过个性化推荐、积分激励、社交互动等方式。

### （三）社区文化对学生成长的影响

分析积极向上的社区文化如何影响学生的价值观、学习态度、社交技能以及心理健康等方面。探讨社区文化在塑造学生人格、提升学生综合素质方面的作用，并尝试量化这种影响。

### （四）智慧社区平台在营造社区文化中的作用

研究智慧社区平台如何通过其技术特性和功能设计来支持社区文化的营造，如信息传播、互动交流、资源共享等。评估智慧社区平台在提升学生归属感方面的实际效果，并提出改进建议。

## 二、学生心理健康监测与干预机制创新

除了传统的心理咨询服务外，未来研究可以探索如何利用智慧社区平台，结合人工智能、大数据分析等技术，建立学生心理健康的实时监测与预警系统。同时，研究还可以探讨如何通过创新干预机制，及时为学生提供个性化的心理支持和帮助。

### （一）利用智慧社区和先进技术进行实时监测与预警

未来的研究可以深入探索如何结合智慧社区平台、人工智能和大数据分析技术，建立学生心理健康的实时监测与预警系统。这样的系统能够通过分析学生在社区中的行为数据、语言模式、情感表达等信息，及时发现学生可能存在的心理问题或风险。例如，可以利用自然语言处理技术来分析学生在社区论坛或聊天室中的发言，从而识别出消极情绪或潜在的心理困扰。同时，预警系统可以设定不同的警戒级别，并根据监测结果的严重程度，自动触发相应的干预措施，如发送关怀信息、推荐心理资源或建议寻求专业帮助等。

### （二）个性化心理支持与帮助的创新

研究还应关注如何通过创新干预机制，为学生提供个性化的心理支持和帮助。基于智慧社区平台，可以构建一个心理健康知识库，并根据学生的个人情况和需求，智能推荐相关的心理调适方法、自助资源或在线咨询服务。

此外，可以利用虚拟现实（VR）或增强现实（AR）技术，开发沉浸式的心理健康教育和辅导工具，以更直观、有趣的方式帮助学生了解和管理自己的情绪。通过这些个性化的支持措施，不仅能够增强学生的心理健康意识，还能在问题初期就提供有效的干预，防止问题进一步恶化。

### （三）构建多方联动的心理健康支持网络

未来的研究还应致力于构建一个多方联动的心理健康支持网络。这个网络可以整合学校、家庭、社会和专业机构等多方资源，共同为学生的心理健康保驾护航。例如，通过智慧社区平台，学校可以定期发布心理健康教育和宣传资料，与家长共享学生的心理状态信息；家长则可以更方便地了解孩子在校的心理状况，并与学校共同制定干预策略；同时，专业心理咨询机构或医院也可以接入这个网络，提供远程咨询或紧急援助服务。这样的支持网络能够确保学生在遇到心理问题时，能够得到及时、全面的支持和帮助。

## 三、智能决策支持系统的开发与应用

随着数据量的不断增加，如何高效地利用这些数据为教育决策提供支持成为一个重要问题。未来研究可以关注智能决策支持系统的开发与应用，通过利用机器学习、数据挖掘等技术，自动分析数据，为教育者提供科学、准确的决策建议。

### （一）数据整合与深度挖掘

研究如何更有效地整合来自不同源的数据，如学生信息系统、课程管理系统、在线教育平台等，以构建一个全面的教育数据仓库。利用数据挖掘技术，深入探索这些数据中隐藏的模式、关联和趋势，从而为教育决策提供更加精确和有价值的见解。开发高级的数据分析工具，使教育者能够直观地理解数据，并基于数据做出明智的决策。

### （二）智能决策算法的优化与创新

不断优化现有的机器学习算法，以提高预测和推荐的准确性，特别是在处理复杂和非线性关系时。探索新的算法和技术，如深度学习、强化学习等，以适应教育领域不断变化的需求和挑战。研究如何将领域知识融入算法中，以增强决策支持系统的专业性和实用性。

### （三）用户界面与交互设计

设计直观、用户友好的界面，使教育者能够轻松理解和使用智能决策支持系统。提供个性化的用户体验，根据教育者的需求和偏好定制界面和功能。研究如何通过自然语言处理、可视化等技术手段，增强系统与用户之间的交互性，使系统更加智能和易用。

## 四、智慧社区对学生自主学习能力的影响研究

智慧社区为学生提供了丰富的学习资源和个性化学习路径，未来研究可以深入探讨这些资源和路径如何影响学生的自主学习能力。研究可以通过对比实验、问卷调查等方式，收集数据并分析智慧社区对学生自主学习能力的具体影响。

### （一）智慧社区资源丰富性与自主学习能力的关系研究

智慧社区为学生提供了海量的学习资源，包括视频教程、在线课程、互动模拟等。未来研究可以通过实证方法，探索资源的丰富性如何影响学生的自主学习动力和能力。例如，对比在资源受限和资源丰富两种环境下，学生自主学习效果的差异，从而分析资源多样性对学生学习兴趣、学习持久性和学习成效的具体影响。

### （二）个性化学习路径与学生自主学习效率的研究

智慧社区能够根据学生的学习特点和兴趣，推荐个性化的学习路径。研究可以关注这种个性化学习路径如何提升学生的自主学习效率。通过实验组和对照组的对比研究，分析个性化学习路径在促进学生深入理解知识、提高问题解决能力以及增强学习自信心等方面的作用。

### （三）智慧社区互动环境对学生自主学习态度的影响

智慧社区的互动环境，如线上线下融合空间、学习小组等，为学生提供了与他人交流合作的机会。未来研究可以探讨这种互动环境如何影响学生的自主学习态度。例如，通过问卷调查和访谈收集数据，分析学生在互动环境

中的参与程度与其自主学习积极性的相关性，以及这种互动对学生自主学习能力发展的长期影响。

## 五、国际交流与合作拓展

面对全球化的趋势，未来研究可以关注如何通过智慧社区平台拓展国际交流与合作。例如，研究可以探讨如何与国外高校建立智慧社区合作机制，共享教育资源、开展学生交流项目等，从而拓宽学生的国际视野和跨文化交流能力。

### （一）建立国际智慧社区合作网络

未来的研究可以探索如何与国外高校、研究机构等建立智慧社区的合作网络。这种合作可以是双向的资源共享、课程互认、学分互换等，通过云计算等技术实现教育资源的无缝对接。例如，可以设立国际智慧教育资源共享平台，汇聚世界各地的优质教育资源，为学生提供更多元化的学习选择。

### （二）推动学生国际交流项目

借助智慧社区平台，可以设计和推动各种学生国际交流项目，如线上学术研讨会、国际文化周、虚拟实习交流等。这些项目旨在增强学生的跨文化交流能力，拓宽他们的国际视野。通过实时视频交流、在线协作等工具，学生可以足不出户地与世界各地的学生进行深度互动，了解不同文化背景下的思维方式和观念。

### （三）开展国际合作研究

除了学生交流，智慧社区还可以成为国际学术合作的桥梁。研究团队可以利用这一平台进行远程协作，共同开展课题研究、数据分析等工作。这种合作模式不仅有助于提升研究水平，还能促进国际的学术交流和成果共享。例如，可以设立国际学生智慧社区研究论坛，定期发布最新的研究成果和趋势分析，为全球范围内的研究者提供一个交流和学习的平台。

# 致　谢

《精准思政视域下高校学生成长智慧社区构建的理论与实践》即将付梓，本书是"2023年度教育部人文社会科学研究规划基金项目——精准思政视域下高校学生成长智慧社区构建研究"的重要建设成果。

学校领导为本书的顺利编纂提供了坚实的后盾，先后出台了《关于进一步推进"一站式"学生社区建设的工作方案》《浙江旅游职业学院领导干部深入一线"面对面"联系学生的工作意见（修订）》等文件，为项目研究提供了必要的政策支持与资源平台。同时，行业专家的深度参与与悉心指导，为本书增添了丰富的实践色彩与专业深度，使得研究内容更加贴近实际，更具指导意义。

在此也感谢徐敏、徐千惠、柴钧杰、颜育众、王琼琼、林昕玥、陆甜甜、俞丹茗、陈雪琪、杨婷等几位团队成员，从最初的选题论证，到内容的精心编排，再到后期的审校修订，每一步都凝聚着团队成员的智慧与汗水。正是有了他们的无私奉献与共同努力，本书才得以顺利出版。

本书的完成是集体智慧的结晶，在此，谨以最真诚的心意，向所有为本书的问世付出过努力的学校领导、行业专家和团队成员们表示最深切的感谢。由于时间仓促，本书仍有不足之处，欢迎广大读者批评指正！

徐初娜

2024年10月

项目策划：段向民
责任编辑：沙玲玲
责任印制：钱　宬
封面设计：弓　娜

---

图书在版编目（CIP）数据

精准思政视域下高校学生成长智慧社区构建的理论与实践 / 徐初娜著 . -- 北京：中国旅游出版社，2024. 11. -- ISBN 978-7-5032-7480-0

Ⅰ．G641

中国国家版本馆 CIP 数据核字第 2024KZ7144 号

---

| 书　　名： | 精准思政视域下高校学生成长智慧社区构建的理论与实践 |

作　　者：徐初娜
出版发行：中国旅游出版社
（北京静安东里 6 号 邮编：100028）
https://www.cttp.net.cn E-mail:cttp@mct.gov.cn
营销中心电话：010-57377103，010-57377106
读者服务部电话：010-57377107
排　　版：北京数启智云文化科技有限公司
经　　销：全国各地新华书店
印　　刷：三河市灵山芝兰印刷有限公司
版　　次：2024 年 11 月第 1 版 2024 年 11 月第 1 次印刷
开　　本：720 毫米 ×970 毫米　1/16
印　　张：16.25
字　　数：271 千
定　　价：59.80 元
ＩＳＢＮ 978-7-5032-7480-0

版权所有　翻印必究
如发现质量问题，请直接与营销中心联系调换